本书为教育部课程教材研究所委托项目
"教研员专业标准研究"和"教研员研修范式与机制研究"的
阶段性成果。

明远教育基金
MING YUAN EDUCATION FOUNDATION

"四有"好老师系列丛书

顾明远 总主编

相伴成长

来自海淀的教学与教研三十年实践

罗滨 著

北京师范大学出版集团
北京师范大学出版社

特别感谢顾明远教育研究发展基金
对丛书的大力支持!

总序："四有"好老师引领教师成长

2024年是习近平总书记提出"四有"好老师10周年。10年前的教师节前夕，习近平总书记来到北京师范大学考察，与师生代表座谈。会上，他勉励师生从事教师这一崇高的职业，论述了教师的作用："教师是人类历史上最古老的职业之一，也是最伟大、最神圣的职业之一。"[①]习近平总书记引用人们常说的一句话："教师是太阳底下最崇高的职业。"并提到，自古以来，中华民族就有尊师重教、崇智尚学的优良传统，"国将兴，必贵师而重傅；贵师而重傅，则法度存"。中华民族5000多年文明发展史上，英雄辈出，大师荟萃，是与一代又一代教师的辛勤耕耘分不开的。教师之所以重要，是因为教师的工作是塑造灵魂、塑造生命、塑造人的工作。习近平总书记说："一个人遇到好老师是人生的幸运，一个学校拥有好老师是学校的光荣，一个民族源源不断涌现出一批又一批好老师则是民族的希望。"继而，他希望教师在科技进步日新月异、国际竞争日趋激烈的形势下，认

---

① 习近平：《做党和人民满意的好老师——同北京师范大学师生代表座谈时的讲话》，载《人民日报》，2014年9月10日。

清肩负实现"两个一百年"奋斗目标、中华民族伟大复兴中国梦的使命和责任，努力为发展具有中国特色、世界水平的现代教育，培养社会主义事业建设者和接班人作出更大的贡献。

怎样才能成为好老师呢？习近平总书记提出了四条标准。

第一，做好老师，要有理想信念。习近平总书记从我国历史上对教师的理解一直谈到今天对教师的要求，提出教师应是"经师"和"人师"的统一。他说，正确的理想信念是教书育人、播种未来的指路明灯。教师要始终同党和人民站在一起，自觉做中国特色社会主义的坚定信仰者和忠实实践者，忠诚于党和人民的教育事业，自觉把党的教育方针贯彻到教学管理工作全过程，严肃认真地对待自己的职责。

第二，做好老师，要有道德情操。习近平总书记说："老师的人格力量和人格魅力是成功教育的重要条件。"合格的老师首先应该是道德上的合格者，好老师首先应该是以德施教、以德立身的楷模。他希望老师把正确的道德观传授给学生。好老师的道德情操还包括师德。习近平总书记说，师德是深厚的知识修养和文化品位的体现，师德需要教育培养，更需要老师自我修养。习近平总书记非常关心教师，他说："现在，很多地方做老师还比较清苦，特别是农村基层小学老师很辛苦，收入不高，物质生活不是很宽裕，有些家庭负担较重的老师生活还比较困难。"他要求各级党委和政府都要关心广大老师的生活。同时，教师要有"衣带渐宽终不悔，为伊消得人憔悴"的精神，兢兢业业做好工作。做老师最好的回报是学生成人成才，桃李满天下。

第三，做好老师，要有扎实学识。习近平总书记说，扎实的知识功底、过硬的教学能力、勤勉的教学态度、科学的教学方法是老师的基本素质，其中知识是根本基础。所谓学识，不仅要有学问，还要有见识。习近平总书记认为，在信息时代做好老师，不仅要有胜任教学的专业知识，还要有广博的通用知识和宽阔的胸怀视野。他要求老师始终处于学习状态，站在知识发展前沿，刻苦钻研、严谨笃学，不断充实、扩展、提高自己。

第四，做好老师，要有仁爱之心。习近平总书记说："教育是一门'仁而爱人'的事业，爱是教育的灵魂，没有爱就没有教育。"他说，教育风格可以各显身手，但爱是永恒的主题。爱心是学生打开知识之门、启迪心智的开始，爱心能够滋润浇开学生美丽的心灵之花。他特别强调，老师要有尊重学生、理解学生、宽容学生的品质。老师要热爱每个学生，不能因为有的学生不讨自己喜欢、不对自己胃口就冷淡、排斥，更不能把学生分为三六九等。他说，老师在学生心目中具有重要地位，老师无意间的一句话，可能造就一个天才，也可能毁灭一个天才。这些讲话都具有很强的针对性，值得老师们认真思考。

习近平总书记所述好老师的标准，既有理论的论述、历史经验的解释，又有对现状的分析和具体的要求，具有很强的针对性和现实性。"四有"好老师一直引领着我国教师队伍的建设。

这十年来，习近平总书记到学校考察时，都要提到教师，提出对教师的要求。2016年9月9日，习近平总书记在与北京市八一学校师生座谈时，再一次提到教师的重要，他鼓励教师做学生锤炼品格的引路人、学习知识的引路人、创新思维的引路人、奉献祖国的引路人。[①] 同年12月，习

---

① 《全面贯彻落实党的教育方针　努力把我国基础教育越办越好》，载《人民日报》，2016年9月10日。

近平总书记在全国高校思想政治工作会议上强调，教师是人类灵魂的工程师，承担着神圣使命。[1] 2021年，习近平总书记在视察清华大学时提出教师要做"大先生"。在党的二十大报告中，习近平总书记进一步强调："加强师德师风建设，培养高素质教师队伍，弘扬尊师重教社会风尚。"上述讲话为教师的培养和专业成长指明了方向。2022年9月8日，习近平总书记给北京师范大学"优师计划"师范生回信，希望他们努力学习，毕业以后到祖国和人民最需要的地方去，努力成为党和人民满意的"四有"好老师。2023年9月9日，在第三十九个教师节到来之际，习近平总书记致信教师代表时又提出了"教育家精神"。

从"四有"好老师、"四个引路人"、大先生，再到教育家精神，习近平总书记关于教师的一系列论述，形成了对广大教师思想、道德、学识、能力、作风、纪律等方面全方位的系统要求，赋予了人民教师崇高的地位和神圣的职责使命，是新时代进一步打造高素质教师队伍，推进教育高质量发展的行动指南。学习好、领会好、贯彻好、落实好习近平总书记关于教师队伍建设的重要论述精神，对于全面提升教师队伍质量和水平、加快推进教育现代化、建设教育强国具有重大而深远的现实意义。

顾明远
2024年6月

---

[1] 《把思想政治工作贯穿教育教学全过程　开创我国高等教育事业发展新局面》，载《人民日报》，2016年12月9日。

自序　行走在教学与教研的路上

2013年12月17日，中共北京市海淀区委教育工作委员会(海淀区委教育工委)、海淀区教育委员会(海淀区教委)为我举办了一场教育教学实践研讨会。在会上播放了一个短片，短片的名字叫《22年一节课》。一转眼，时间又过去了十多年。这十多年，是那节课的延续和拓展。课程内容有变，实施方式有变，不变的是，我一直努力行走在教学与教研的路上。幸运的是在这条我无比热爱的路上，一直与学生相伴、与教师相伴、与教研员相伴、与校长相伴、与局长相伴。相伴是为了更好地成长。在这条成长的道路上，每个人都是学习者，每个人都是支持者，大家相互借鉴，相互启发，共同构建一个充满活力与智慧的教育共同体。

与学生相伴，是我成长的基石。学生的健康成长是教育教学工作的出发点和落脚点。与学生相伴，要有理想信念、仁爱之心，要深入了解每一个学生的特点和需求，尊重他们，激发他们的潜能。在学生成长的过程中，教师不仅是知识的传递者，也是引导者和伙伴。教师通过精心设计学习任务、耐心地指导，帮助学生建立起对世界的好奇心和探索欲，发展学生的批判性思维和解决问题的能力。应该说我是特别幸运的。我出生在教育世家，受家人影响从小就树立了成为一名人民教师的理想。1991年，我从北京师范大学化学系毕业后坚定地选择了做中学教师。在中国人民大学附属中学(人大附中)和北航实验学校中学部(北航附中)工作的18年间，我对学生倾注了爱和心血。我珍爱学生，努力为学生点燃科学梦想；我与学生坦诚相待，谈心聊天，把学生的需求和想法记在心间，学生们亲切地叫我"罗妈妈"；我不断努力改进我的教学方式，在入职的最初10年，从讲授式到启发式、实验探索式、问题解决式和探究式教学，每一次改进，都是从学生学习出发的。现在回头来想，自己也恰恰是在这个不断改进的历程中成长的，从原来重视自己的教到关注学生的学，激发了学生的学习兴趣，增大了学生的思维容量，增加了学生主动学习的时间。同时，教师的责任感不断地被强化。知识是学习的载体，学生在问题解决的过程中建构知识，同时获得更加丰富、更加个性化、更加深刻、可以迁移的体验和能力，更重要的是学生被激发、被唤醒。总之，以学生的成长为初心和使命，我努力践行了用生命影响生命的教育过程。

与教师相伴，是我成长的摇篮。教育强，必先教师强。教师是教育改革和发展的基础力量，做校长、做教研员，都要陪伴教师成长。与教师相伴，要有道德情操、扎实学识，为教师提供持续的专业发展平台，鼓励和带领他们进行教学研究和创新实践。通过深入课堂、参与教学设计、定期的教学研讨、同行观摩和专业培训等方式，帮助教师将最新的教育理念和方法应用到实际教学中，促进教育教学质量的提升。2009年，我被调入北京市海淀区教师进修学校(海淀进校)，成为一线教师背后默默的专业支持者。无论是教研还是培训，都与教师的发展息息相关。我们建立了一个又一个团队，带领教师开展基于真实问题解决的专题研究和基于证据的教学改进。从学业标准研究到学科关键能力研究，从深度学习研究到学业评价研究，从学科教学研究到跨学科教学研究，教研员和教师一起在研究中实践，在实践中研究，研究让我们一起成长；我们通过专业的需求分析、专业的课程设置、专业的研修方式、专业的研修评估和管理，让教师研修一步步走向更加专业，让教师的成长看得见。岁月更迭十余载，我与教师之间相互学习、相互支持，形成了无数个积极向上的研究实践共同体，这些研究实践共同体诠释着"教"与"研"的完美结合。总之，以教师的成长为初心和使命，我努力践行了用生命影响生命的教研过程。

与教研员相伴，是我成长的助推器。教师强，则先教研强。教研员是连接理论与实践、政策与教师的桥梁。与教研员相伴，就是为他们提供更好的教研资源，营造更好的教研氛围，搭建更好的成长平台，进而更好地实现教研在基础教育的专业强支撑。2012年，海淀进校成立40周年，我和海淀教研员们一起为优秀教研员"画像"。两年，七个轮次的讨论，在不知不觉中，我们为教研员这个角色定了一个最高标准，每个教研员比照着它，反思自己，努力前行。我和同事们一起明确了海淀进校的办学宗旨——"成就教师，发展学生"，明确了发展愿景——"做世界一流的教师教育"，提炼了海淀进修精神——"责任与担当、团队与研究、拼搏与奉献、海纳百川、协同创新"。这一切，构成了海淀进校作为一个区域教研机构的文化价值系统。这个系统使我和教研员们在接下来的十多年教研转型过程中，始终心有方向，行有路径。教研理念、教研内容、教研方式、教研机制、教研能力等全方位转型发展，教研成果不断涌现。2022年，海淀进校成立50周年，我们在"面向未来的智慧型海淀教师之家"，即我们的新大楼里，梳理工作经验，形成教研智慧：素养导向的"大教研"海淀范式，在新时代育人实践的道路上，不断促进学生素养发展；我们深度学习，全面实施，建立多轮次设计实施、反思改进的实践模式，为教师赋能；标准导向的"5（必修）＋M（选择性必修）＋N（任选）"学科教研课程，以教师需求为核心不断迭代升级，成为促进海淀区教师专业发展的加速器；海淀区"三维四级"教师研修课程体系，持续赋能区域教师队伍建设，示范引领北京市及全国教师培训工作；"海淀区义务教育学业标准与教学指导"丛书，体现年级进阶，为一线教师提供精准的教学指导；"教学关键问题解析"丛书，持续助力教师课堂教学提质；名师再成长的生态系统和典型范式的构建，形成了教育家型卓越教师培育的海淀经验……每一项成果，都有我和教研员们日夜奋斗的影子，都是一个个教研员成长的故事，何其幸运，这故事中也有我！

与校长相伴，努力做学校发展的铺路者。"一个好校长就是一所好学校"，校长是学校教育的领导者和决策者，对学校的发展方向和教育质量有着决定性的影响。与校长相伴，意味着要专业支持校长在学校管理、课程建设、教学、德育、科研、教师队伍建设等方面的能力提升。基于调研，调配资源，支持校长建立现代学校管理制度，推动学校文化建设，提升课程教学质量。我做过人大附中的副校长、北航附中的校长、海淀进校教育集团的总校长，深知校长办学的种种不易。多年来，我数不清深入学校调研过多少次，在常规调研、驻校调研、专题调研、毕业年级调研、线上调研等各种形式的调研中，倾听校长的心声，了解校长的需求，从而采取有针对性的专业供给：我们研发学校课程方案评价指标，研发《海淀区课程建设指导手册》，促进了学校课程发展从思考到行动、从外求到内寻、从散点到系统的积极转变，助力学校课程建设从规范走向优质和特色；我们承载着学校的期待，汇聚教研员和教师的智慧，研发海淀进校教育集团共享课程，这些共享课程成为集团校学生成长的"营养餐"，赢得了社会的认可和家长的满意；我们带领校长参加高水平的学术会议，为校长聘请校长顾问，我们派优秀的教研员去做校长助理，去做教学副校长；我们做素养导向的学业评价体系，运用科学的分析方法，基于证据的精准反馈，让校长管理更有抓手；我们带领45所实验校开展学科德育的实践探索，引领学校从学科教学走向课程育人；我们组织开展的技术助力的"一体化联研"和"双师课堂"实践，实现师生跨校、跨地区深度互动，实现优质资源共享和普通校教师集群成长，让好课惠及更多学生……从校长战略领导力、课程领导力等方面的提升，到学校具体课程教学的设计与实施，我们一直与校长并肩奋斗，一直为师生发展、教育教学质量提升而奋斗！

　　与局长相伴，努力做区域发展的开拓者。2011年年初，我从海淀进校党委书记兼常务副校长转任校长兼党委副书记，刚刚任职，时任海淀区教委主任孙鹏就对我说："你要做教委主任助理，参加每周碰头会和两周一次的主任办公会。"随着时间的推移，我慢慢体会到，参会不是目的，全面了解全区教育工作、理解教育两委工作重点，并站在海淀区教育发展的角度主动地出主意、给建议，主动为教研员提供更好的专业服务，才是目的。一个地区的教育局局长（教委主任），是当地教育行政管理的领导，负

相伴成长

责制定地区教育发展规划，出台政策、提供经费、建设校长队伍和教师队伍等。与局长相伴，意味着要对区域教育形势有科学的研判，要积极参与教育政策的制定和实施，为局长提供一线的教育实践信息和建议，从而更好地做出教育决策，更好地引领区域教育事业的持续发展和进步。我在任海淀进校校长的12年时间里，有将近4年的时间曾兼任海淀区教委副主任，更加深刻体会到教研与行政紧密合作对一个地区教育发展的重大意义和价值。一个专业机构的负责人，要努力从行政与专业兼具的视角，协助行政进行教育发展战略规划，包括五年发展规划、年度工作计划等。我们协助行政制定相应的教育改革政策。比如，海淀区义务教育课程实施指导意见、海淀教研成果陆续转化为5个区政府和区教委教学改革文件，更好地将新课程改革要求直接落实到学校、教师和课堂，对提升区域教育品质发挥了重要作用。我们协助行政建立有效的学校监督和评估体系，科学监测学校的教育质量和办学效果。我们协助行政推动教育创新和改革，以适应快速变化的教育需求。比如，我们利用教研优势，积极建设教师教育与学科教学资源，2014—2022年，共建设2 700余节教师教育微视频资源和16 000余节学科教学微视频资源包，推动了区域教学与教研的数字化转型。我们协助行政承担教育帮扶和成果推广的社会责任，制定了教育帮扶的海淀教研方案，以专业的视角精确诊断、精细指导、精准发力，为6个省(区、市)17个被帮扶地区的教育发展持续赋能，基于国家级优秀教学成果的推广应用，为10个省(区、市)11个示范区的教研能力提升赋能……从区域教育的长远规划，到区域教育政策的制定，再到区域教育的督导与评价，以及课改的创新与突破，我们一直与教育行政在一起，这意味着责任,形成合力,共克难关,与时俱进,系统发展!

相伴成长是教育共同体的协同进化过程。在这个过程中,每个人都扮演着重要的角色,每个人的成长都离不开他人的支持和帮助。就像两棵树,根植于同一片土壤,枝丫伸向广阔的天空;又像两条小溪,汇聚成河,流向浩瀚的大海。同行时的点点滴滴,是我们曾经共同成长的见证。我们为共同推动教育的发展,培养出更多有能力、有担当的未来建设者而努力着。

本书共分为五章,即五个相伴,是对我在海淀区这片教育沃土上教学与教研的 30 多年探索的小结和整理,有青春的汗水和记忆,有每个阶段的思考与实践。我愿意与教育同行分享,并请指正!书中每一件事、每一个阶段,背后都有坚定的支持者,他们是我的几位校长、教研组长、年级组长、教育工委书记、教委主任和来自各地的专家,还有和我并肩前行的同事。正是有了大家的持续指导和支持、鼓励和包容,才有了我的成长,我深深感恩并铭记在心。

未来,我要践行教育家精神,牢记为党育人、为国育才的初心使命,认真领悟新时代"四有"好老师爱岗敬业、教书育人、勇于创新的奋斗精神,努力当好"四个引路人"。

期待同行人,再携手,继续相伴!

目　录

第一章　与学生相伴，为学生成长而教 ………… 1

1　让好课更多些　　5

2　面向未来的教与学　　26

3　为了每个学生更好地发展　　48

第二章　与教师相伴，为教师成长而研 ………… 77

1　教师成长的内涵及关键　　80

2　丰富教师的学习供给　　109

3　创新教师学习方式　　132

第三章　与教研员相伴，为教研发展深耕 ………… 159

1　中国教师背后那群"神秘的人"　　162

2　教研转型的系统设计　　180

3　海淀"大教研"的实践成效　　204

第四章 与校长相伴，为学校发展搭桥 239
1 教研要为校长办学服务　242
2 集团化办学的教研使命　266
3 特殊时期的教研担当　288

第五章 与局长相伴，为地区教育发展服务 305
1 以优秀教研成果赋能区域育人质量提升　308
2 以有组织的教研攻坚直面新挑战　321
3 以"大教研"成果助推多个地区教育发展　337

参考文献 360

后　记 366

第一章

与学生相伴,为学生成长而教

21世纪的教师，要从传道授业解惑走向师生共同成长。教师要研究课程，研究学生，从学的角度解决教的问题，帮助学生在"学会"的基础上，实现"会学"和"爱学"，激励学生成为最好的自己。

1991年，大学毕业的我，如愿成为一名中学化学教师。

我的职业生涯从人大附中启航：教化学课、开选修课、当班主任、带化学竞赛、做教学管理。18年后，我因工作调动而到海淀进校，当教研员，任党委书记、校长、教委副主任、教育集团总校长，就这样，在海淀教育的沃土上，走了一段30余年的育人之路。

2008年5月，受学校委派，我开始兼任北航附中校长，当年教师节，我没有带到毕业的人大附中高二(13)班学生送给我一份特别的礼物——自创诗歌《浣溪沙·致罗老师》。这份礼物让我至今难忘，也一直激励着我。

这份特别的礼物，带着学生们满满的爱，带着对我的化学课的深刻理解，突然就飞到我身边，如此真情让我感动不已。原来，我做的，他们都知道，并悄悄地记在了心里；我的严格管理，他们都理解。

再看一张小小的卡片，这张小小的卡片让我的思绪回到从前，想起与学生们在一起的点点滴滴：一起做实验，一起讨论，下课了也不肯走；在我家狭小的房间里边哄孩子边为即将会考的学生补课；住校的学生放学后和我玩捉迷藏，越野赛时男生女生一起奔跑；操场上打雪仗时弄了满脖子的雪，鼻尖冻得通红；一起植树、爬山、划船、做饭、刨红薯、挖花生、徒步去观升旗、做拓展训练；上了大学的、工作了带着女朋友的、带着几个月大孩子的，回国任教、任职的过来与我聊天……数不清的回忆。在这个过程中，我继续成长，又慢慢老去。

一直以来，我都知道，"学为人师、行为世范"，自己不仅要做学生为学、为事、为人的示范，而且要做有理想信念、有道德情操、有扎实学识、有仁爱之心的好老师。我很幸运，在职业生涯的每一段都能和我的学生一起成长。我是一名幸福的化学老师。

当前,世界百年未有之大变局加速演进。我们重新定义知识,重新定义学习,不断地回答"培养什么人、怎样培养人、为谁培养人"的根本问题。全面落实立德树人根本任务,帮助学生获得适应未来社会发展的正确价值观念、必备品格和关键能力,使他们成为全面发展的人,是每一位教育工作者的责任与担当。

与学生相伴,为学生成长而教,不仅是对教师的职业要求,还是教育适应社会发展的必然选择。我们需要不断更新教育观念,提高专业素养,创新教学方式,创造出更新、更适应时代、更具美感的教育。

1

让好课更多些

　　课堂是学校教育教学工作的主阵地。以学生成长为中心，面向全体学生，兼顾个体差异，提高课堂教学质量是教师的核心任务。教师要有精深的专业知识、过硬的教学能力、勤勉的教学态度、科学的教学方法，让学生"吃得饱"也"吃得好"。作为教师和教研员，每年都和学生一起面对高考的我，无时无刻不在思考：学生怎样学化学更好？什么样的课是一节好课？如何帮助学生在学习知识的同时提升素养和创造力？从学科本质出发，突出"以实验为基础"的学科学习特征和"经历问题解决"的学习方式，我进行了系列的教与学的研究和实践，为学生搭建通向未来的桥梁而努力。

　　我希望，好课越来越多。

相伴成长

一、让化学引领学生走进科学

在多年的化学课堂教学及研究改进过程中，我一直在思考，自己是应该做一名学科教师，还是应该做一名科学教师。多年之后，答案是做科学教师，帮助学生通过学习化学提高科学素养。

(一)在原子、分子水平上研究物质

化学是一门有着严密体系的学科，化学与每个人的生活密切相关，化学为现代文明做出了巨大贡献。从国家发展、社会发展对人才要求的角度看，化学家和化学工程师必不可少，化学学科素养是公民必须具备的基本素养之一。化学是材料科学、环境科学、能源科学、信息科学和航空航天工程等现代科学技术的重要基础，很多人说"21世纪将是化学的黄金时代"。

化学主要是在分子、原子或离子层面上研究物质的组成、结构、性质、转化和应用，以及变化过程中能量关系的一门基础学科。物质是由分子、原子或离子构成的，物质的性质及其变化特点总是直接或间接地与构成它们的分子、原子或离子的种类以及这些粒子之间的作用方式有关。特殊的研究对象决定了化学学科基本的研究方法、研究手段和研究过程。

立足学生适应现代生活和未来发展的需要，教师要充分发挥化学课程的育人功能。学科知识的发生发展过程能够反映人类对该门学科认知的一般规律，教师对学科知识内在联系的掌握有助于学生在理解的基础上，形成科学的认知结构。因此，教师对学科教学内容的处理要尽可能符合知识的发生发展规律和内在联系，开展"以素养为本"的教学，应该符合学科知识的发展规律和学生学习的发展规律，应该帮助学生理解现代意义上的化学。强调化学学科本质，即学生在教师的指导下，开展基于问题、基于探究、基于项目和基于合作的学习，在分子、原子或离子层面上思考问题，把握知识之间以及该学科与生活、其他学科之间的联系，理解化学学科的基本原理和方法，提升化学学科核心素养，能迁移应用解决真实情境中的问题。在这个过程中，学生形成人与自然和谐共生的观念，增强社会责任感和参与意识，提高研判决策能力。

教师只有把握学科本质，深刻理解课程内容、教学方式和学习评价的教育价值，才能更好地设计与实施素养导向的化学教学，才有利于学生实现深度学习，提高思考问题的深刻性，提高解决问题的综合能力。

(二)通过实验学习化学

化学学科的魅力，主要体现在化学反应复杂多变，贴近生活，具有强烈的真实感。通过实验学习化学，学生巧妙地跨越微观结构与宏观世界之间认识上的鸿沟，观察实验现象；教师用简明扼要的、语法规则严格的化学语言来描述物质的化学结构和化学变化，帮助学生学习物质的基本性质和物质之间的转化。

在教学过程中，教师要充分发挥实验的教学功能，可把一些演示实验变为边讲边实验，将验证性实验变为探索性实验，增加学生自主实验的机会。增加基于实验证据的逻辑推理和化学学习，能充分调动学生学习的积极性，使学生深刻理解化学知识的形成并保持对化学的学习兴趣。同时，学生通过化学的学习理解科学探索。下面以"实验化学"选修模块的学习为例说明。

1. "实验化学"让学生亲密接触真实的化学

化学实验是一种科学实践活动，是人们根据特定目的，借助于实验仪器、设备等手段来认识事物及其变化规律的一种活动。化学实验还具有方法论意义，化学实验方法就是科学探究的一类重要研究方法，化学实验方法的进步也是推动化学科学逐步发展和成熟的重要因素。例如，定性分析方法、定量分析方法、滴定分析方法等实验方法是人们认识客观世界的有效手段和工具。做化学实验时要认真观察、实事求是、如实记录，这是对科学工作者的基本要求。

我一直非常重视实验教学，在国家必修课上尽可能通过实验教学引导学生学习化学，在校本选修课中开设了"化学实验"选修课。2007年9月，北京市引入高中新课程，高中化学国家课程"实验化学"选修模块让我有机会系统地带领学生通过实验学习化学。在人大附中，我和孔瑛、闫艳晨、曹葵等老师组成团队，开设了"实验化学"选修模块。在这门课上，食用醋、海带、果汁、污水等来自生活中的物质成为研究对象，吸引了学生的注意力，激发了他们的学习动机。有学生说："'实验化学'让我亲密接触了真实的化学。"

在通过实验学习化学的过程中，学生这样说：

我觉得在实验室会学到更多，而不是仅停留在记忆一些方程式、原理上。因为在观察实验现象与书本的异同，尤其是分析异常现象的过程中，我们的分析能力、思考能力都得到了提高。

我觉得化学实验的原理很简单，但是真正做起来并不简单，从设计到操作再到分析，都有很多要求。平时的实验多是老师提供现成的设计，自己的设计能力不足，现在这种设计能力提高了很多。

2. "实验化学"让学生真正地通过实验学习化学

宏观看现象，微观找原因，宏观和微观层面，是化学研究的重要视角。

"实验化学"各主题的实验，都创设了生动活泼的教学情境，激发了学生学习化学的兴趣。学生通过做化学实验，基于实验证据来记忆、理解和掌握化学知识，并获得基本的化学实验技能和方法。通过"实验化学"的学习，学生们在实验过程中的统筹安排能力和依据实验目的设计实验方案的能力提高了很多。

"通过'实验化学'，我不仅学到了许多新物质的化学性质，了解了它们的反应，而且在实验操作方面有了进步。我发现在反应中反应物的数量、反应条件，都会影响实验结果。以后我会尝试不同的实验，探究更多物质的化学性质。"一名经历了多次实验不成功的学生如是说。用最朴实的语言表达自己的切身体会和收获，正是"实验化学"模块要达到的目的之一。

3. "实验化学"满足了学生的个性发展需要

面对"实验化学"这门挑战性极强的课程，学生们表现出了极大的兴趣。面对查阅资料、学习元素化合物知识、做实验设计、实验、完成实验报告、反思分析等一系列动脑、动手的高难度活动，他们迎难而上。面对老师的严格要求，他们依然开心、细致、专注地完成各项内容，对数据进行分析，对各类现象进行深入探究，不放过任何异常。他们享受实验带来的收获和满足，在学习过程中充满了好奇，充满了欣喜。

"实验化学"给了学生更多的时间和更大的空间进行探究式学习。那么，"实验化学"模块的学习与其他模块的学习相比较最大的不同是什么呢？学生们一致认为"实验化学"模块重视理论与实践的联系，每一个主题实验，都是学生自己进行实验探究的全过程，他们有更多的时间思考、设计实验方案、进行实验，有更大的空间进行讨论、交流，表达自己的观点，修正自己的思路和方案。坦诚的分享让每个人都有收获。

"实验化学"给了喜爱化学和未来想在化学相关领域发展的学生更大的空间，满足了学生个性的发展需要。在学习过程中，学生是有变化的：遇到困难时，从开始希望"老师告诉答案"，到学习后期希望"老师指导自己探索"找到路径方法。这个变化说明学生越来越乐于独立思考、深层思考和深入研究问题。恰恰是这种变化，让学生的高阶思维得以发展。当然，这也对教师提出了更高的要求。

(三)提升学生科学素养

科学素养包括科学知识、科学方法、科学态度、科学精神，以及对科学本质的理解等。

化学是一门以实验为基础的科学，它在培养学生的科学态度、训练学生的科学思维方法，特别是培养学生的创新思维和实践能力方面，具有独特的作用。化学教学要根据学科自身的特点，将合成、蒸馏、溶解、沉淀、结晶等各种方法用于获得化学事实、得出结论，发挥学科优势，引导学生寻求解决问题的科学方法，直至解决问题。

1. "实验化学"让学生的科学探究能力和创新精神得到发展

定量实验和制备实验是培养学生实事求是的科学态度和进行科学研究的基本方法，让学生的探究能力、创新精神以及合作能力得到长足的发展。通过一个学期"实验化学"模块的学习，学生们这样表达自己的收获：

> 我最大的收获是在做化学实验的过程中形成的那种严谨的探究精神：必须全神贯注，避免一丝一毫的差错。另外即使出现的现象与自己想象的或同学的不同，也要如实记录下来，这可能导致新的发现。
>
> 我深刻体会了实验前的计划、安排是多么重要。若前期制定的方案有一些疏漏，后来也许会遇到更大的麻烦。此外，通过这学期的课程，我更加熟练地掌握了操作规范、技巧。从今以后我再也不敢自己盲目做危险实验了。
>
> 我最大的收获是具备了对科学的探究精神和对化学的热爱。以前，我遇事不爱多想，但上了一学期的"实验化学"课程后，我对许多事情有了"钻进去"的精神，会自觉、主动地思考一些问题，而且学会了以严谨的态度去思考每一件事。

这些收获，与我们课程开设的目标是一致的。

2."实验化学"提升了学生的综合能力

实验探究帮助学生形成化学概念、理解基础理论、掌握化学知识和技能,帮助学生发展思维能力和训练实验技能。"实验化学"模块给学生的空间很大,思考的机会多,动手的机会多,允许学生出错,但是要完成一个实验,学生要具备综合能力和处理好各环节细节问题的能力。

当初,在模块学习结束后,我做了问卷调查。调查显示,学生们认为在探究过程中,教师给予一定的指导和提示就是最有效的指导方式(见图1-1)。可见,学生们在学习过程中希望拥有更大的自主空间,即使遇到困难也愿意独立解决或者在教师的指导下解决,不希望教师代劳。

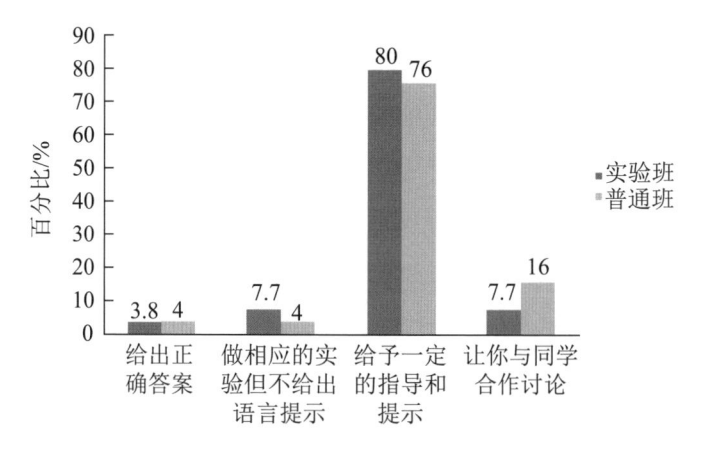

图 1-1 遇到困难时学生希望教师给予的指导方式

"实验化学"学习过程中一系列困难的解决,不仅提高了学生的综合能力,还让他们有了强烈的成就感,更加自信,也激发了他们继续学习化学的愿望。

一名学生发自内心的感想是:

以前我认为化学实验是老师带着大家，把这个东西扔进那里，把那个东西倒回这里；上了'实验化学'课后我才知道事情远没有这么简单！老师只是引导大家寻找实验方法，具体操作细节要自己动脑完成。半个学期下来，我在思维、逻辑、考虑问题的全面性方面得到了很大的提升。在下课后与同学缠着老师问问题的过程中，在为实验报告查找资料的过程中，我增长了知识，提升了能力。

　　学生的专注、投入、执着和收获感动着我和其他教师，激励着我们投入进去，研究和解决化学实验教学问题，在艰难的开课过程中坚持、再坚持，为学生搭建好这个实践实验的平台。

二、什么课算是一节好课

　　在入职之初，我听师父的课最多，开始时特别关注教科书上的一页纸怎样才能讲45分钟，每学期还能听上2～3节市、区级研究课，那时特别关注教师的语言表达，以及每一部分内容是怎样引入的，教师是怎样提问的，等等。后来，我做主管教学的副校长，听过不同时期教师的课——新手教师、成熟期教师、特级教师等；听过不同学科教师的课——化学、语文、数学、体育、音乐、心理等；听过不同年级教师的课——七年级到高三。那时，我开始关注学生是怎么学的，教师是怎样回应课堂上学生的不同表现的。我每年梳理听课情况，找到优点和不足，然后在教研组活动、学校教学研讨、暑期教师培训中与教师们研讨、交流。再后来，我成为教研员，又做了进修学校的校长，听课成为我日常工作的一部分。听多了，我常想的问题是：什么课算是一节好课？人们都说教无定法，那一节好课是不是就没有标准了呢？我不这样认为，好课是有标准的。

(一)好课的标准是超越学科、超越今天的

从学习内容来看，一节好课，应该是基于课程标准和教材内容、符合学生实际情况的课。从学习结果来看，一节好课，除了使学生收获学科知识和技能外，还要使其在学科思想方法上、迁移所学创造性地解决问题的思路和方法上有所进步，也就是人们常说的在"学会"和"会学"上有所进步。从学习过程来看，一节好课是教师讲授的内容清晰、有条理，表达逻辑严密，情感积极投入，能吸引学生、感染学生；但是，更好的是学生要独立或者合作完成具体的任务，学生是主动学习者，有分析预测、设计方案、动手实践、评价、质疑、表达观点等行为，有一定的思维容量，并可以进一步发展高阶思维能力。从学习感受来看，一节好课是学生听了还想听、不愿意下课的课。学生只有经历了困难，解决了问题，完成了任务，成功的喜悦才会更强烈。所以，好课的重要标准是看学生的收获：收获了什么、收获了多少、有多少学生有收获。学习真正发生了，学生有实际获得的课，就是好课。

(二)好课的标准是动态发展的

随着时代的发展，学科教育的目标从基础知识和基本技能发展到三维目标，再发展到学科核心素养，发生了很大的变化，好课的标准也就随之变化了。曾经，很多教师认为讲清楚、有逻辑就是好课，却忽视了学生有没有学会、是否理解了、是否会应用等。在那个"学好数理化，走遍天下都不怕"的年代，记住了就可以，而现在，能举一反三都无法适应社会和时代的要求。为培养社会主义事业的建设者和接班人，每个学科都要有贡献。学科核心素养是学科教育对全面贯彻党的教育方针、落实立德树人根本任务、发展素质教育的独特贡献，是学科育人价值的集中体现，是学生通过学科学习而逐步形成的正确价值观念、必备品格和关键能力。好课要以学科知识为载体，发展学生的批判性思维、创新能力、合作能力、沟通交流能力等。今天，好课就是有利于发展学生核心素养的课。

(三)好课需要好的学习设计和实施

一是要有好的情境素材。将学习内容和真实生活联系起来，能造成认知冲突，挑战学生的认识角度。针对学生认知障碍、需要厘清认识思路的素材是好的素材。二是要有好的驱动任务。教师要能够设计出有价值的学习任务——为什么？怎么办？思路性、关系性的任务是好的任务。三是要有好的学习活动。思考、研讨、探究，概括、分析、解释、预测、设计、评价、建构模型等，凡是有利于学生主动、深度参与课堂的活动都是好的学习活动。四是要有好的教师行为。连续追问、证据反驳、思路外显、教师指导、搭设支架、引导启发、对认识方式评价模型化，这些行为有利于学生深度参与学习，有利于兼顾学生的个性差异和发展需求，是好的教师行为。

那么，教师怎样做才能持续地上好课呢？一是要永远关注学生是否学会了，而不是自己有没有教到，发展核心素养的学习具有综合性、群体性特征。学生的理解和应用是交义进行的，在理解中应用，才能在应用中理解、建构新的认识，形成新的思路。二是让学生与任务持续互动。解决问题的过程就是建构新知识、新认识，创生新意义的过程，因此，重要的是学生要有经历和体悟，没有任何人能够替代他们。三是不断学习，在实践和反思中不断改进自己的教学，学会专业化的教学设计，以便让更多的学生主动参与到学习中，边思考边讨论，边实践边解决，从而帮助学生"学会"。教师要把学生的成功放在更长的时间轴上来考量，这也是对教育目的和教学价值的追问。

好课可能没有绝对的标准，但是有基本要求。学生被触动、被激发，深度学习发生了，学生的成长有增值，这样的课就是好课。好课是有爱心、有责任、有智慧的课，是教师以实践者和研究者的双重身份，在每一天、每一年的教学实践探索中，在体验、感悟、改进中创造出来的。

我相信，只要努力，好课就会越来越多！

三、再说好课

教育要面向学生的未来，而不是我们的过去。教师用已有经验上课，但着眼点应该是学生的未来。在经济全球化、科技迅猛发展、文化多元交流的时代，跨界创新成为未来世界的特征。因此，现在学生在获得学科关键能力的基础上，更加需要全球胜任力、数字读写能力等跨学科能力，更加需要懂得理解和尊重，具备坚毅的性格，敢于承担责任，在困境中能够积极努力想办法，能够不断地创造新价值。

这些素养的获得不能靠学生倾听，也不能靠增加新的学科来实现，因为既没有课时，也没有这样的课程。这就要求学生在现有的学科学习过程中，特别是在国家课程的学习过程中获得这些素养。我们强调让学生学会学习，就是要深化学生对学习本身的认识和理解，使学生拥有自己的学习策略，能够调控自己的学习，特别是有体悟、善于反思地学习，并根据学习诊断和反馈改进自己的学习能力。

(一)怎样的好课才能面向未来

在课堂观察中我发现，目前，还有不少课堂以讲解为主，很多学生的学习是被动的、机械的，学习动机不强，学习目标不明确，课堂参与度不高，越是高年级学生表现得越明显。从学习的结果来看，学生对学科本质缺乏理解，也不能迁移应用，这属于浅层学习、无意义理解的学习。从书本上找答案、听老师正确解析、看视频直观感受，都是获取信息的学习，而面向未来的好课，应该是生成新信息、形成新思路、触动心灵的学习。好课的标准在发展，教师要特别关注以下两点。

第一，让学生有更多自主实践的机会。学生只有在活动中才能积累活动经验，因此，应多给学生获取直接经验和体悟的"做中学""议中学""言语活动中学"的机会。设计学习活动时，要从学生收获的角度来设计学习任务和学习方式。用学习资源形成好的挑战性任务，促成学生的理性思考、动手实践、成果展示；以证据支持假设来帮助学生体会学科本质和学科思想方法；用具有单元学习特征的、长周期的、校内校外相结合的实践，突破课时学习的限制，打破教室学习的边界；用技术提供大数据反馈，帮助学生改进学习。例如，在探究式学习中，学生通过发现与提出问题、猜想与假设、设计方案与计划、进行实验与收集证据、分析与论证、评估与交流等一系列任务的完成获得相应的能力。又如，教师引导学生通过陌生知识的"现场学习"来解决问题，这就要求教师在备课时增加视角，从学科思想方法的角度思考教学内容：每个单元的核心概念（知识）是什么？概念的内涵是什么？意义和价值是什么？背后的思考是什么？概念和其他概念之间关联的逻辑是什么？需要什么类型的学习实践？

第二，让学生有更多学以致用的机会。要根据不同内容的特点、学习目标，提供多样化的学习方式供学生选择。学以致用是一种重要的策略，关注应用性实践，需要给学生面向真实情境的学以致用的机会，将方案和创意实现并表现出来。学以致用需关注三个转向：学习的内容从孤立、有限，转向学科内主题间和跨学科的关联；学习的方式从倾听、记忆和模仿练习，转向动脑想、动手做、动嘴说、动笔写；学习的结果从掌握技能技巧、解题的套路，转向获得方法、理解本质、构建思路。在这样的学习中，学生常常会遇到困难，但是解决困难的经历和结果往往可以激发学生学习的动机，使其想象力得到发展，增加了解决问题的视角，增进了彼此的理解，特别是提高了解决复杂的、不确定性的、有冲突的真实问题的能力，有利于唤醒每个学生身上隐藏的智慧，使他们获得超越学科的、面向未来的素养。

(二) 教研共同体可以帮助教师上好课

当前课堂教学现状还存在一些需要解决的问题，包括教学目标虚化泛化、教学方式表面化、教学活动缺少层级性、师生和生生之间缺少深度对话、教师缺少引导追问和模型化等。这些问题都难以通过教师个体的努力来改进，但可以通过校内或校际的教研共同体务实、系统地改进教学来实现。

教研共同体是一个专业的学习共同体、实践共同体，是以教学实践性问题的解决为导向，强调教师彼此深度互动、教与研交替进行、教师教学能力不断提升的学习团队。

教研共同体进行集体性教学改进时，可以从五个要素（目标和内容、素材和情境、问题和任务、活动和指导、反思和改进）出发对教学设计进行研讨，逐一说明每个要素背后的考量，以及学生在学习时可能的表现；在课后，逐一讨论实际情况，并与预期进行比较，从多个维度来评估学生学习的效果，对教师教、学生学的实际表现进行分析。在这个过程中，教研共同体特别关注任务与学习目标的契合性，任务的开放度、复杂性，学习活动之间的内在关联，学生高阶能力发展的表现，关注教师在学生问题解决过程中的支架提供、追问、引导和思路建构等行为。

"课比天大"，这是刚入职时校长对我说的，我一直铭记在心。

用爱和责任，上好每一节课，是教师的职责。

上的每一节课都是好课，是学生的幸福！

四、三说好课

2020年年初，经历了"寒冬"之后，北京的春天如约而至。在"停课不停学"的特殊时期，开学延迟，但是学生的成长不能延期。在这个"加长版的假期"里，面对突然而来的线上教学，教师们没有犹豫，立刻联手为学生们准备了居家的"课程大餐"。可是，不熟悉教学平台、没用过工具、见不到学生、对不上眼神……困难接踵而至。那么，对于大规模、长时间的线上教学，好课又应该是什么样的？

(一)线上育人：从"应急"走向"常态"

学生们在居家的日子里，和教师之间的物理距离被大大拉长，但学习还要延续，于是，各地、各校大规模的网络教学开始了。面对众多的线上学习平台，教师们边学边用。仅仅用了一周的时间，绝大部分教师就可以比较熟练地应用平台上直播课了，云班会、云运动会、云才艺展示、云家访等也开始了。

一个重大事件往往会推动一个领域的重大变革。这次的"停课不停学"推动线上教学前进了一大步，这是需求导向应急的一大步，更是教师们敢于直面挑战、探索前进的一大步。进行线上教学，教师们从初期的担心焦虑，迅速进入比较适应的阶段，"直播课堂"成为主要的教学方式。然而第三周，面向师生的调研却显示，线上的"直播课堂"应急尚可，学生更喜欢"录播为主、直播为辅"的线上学习。

未来，以线下为主的混合式学习将成为重要的常态，因此，线上教学会从"应急"走向"常态"。

(二)线上"好课"的四个关键要素及相互之间的关系

延期开学四周后的调研显示，在线上学习的过程中，师生互动不够充分，教师对学生的学习状态难以把握，而且，学生学习兴趣在第一周最高，随后逐渐降低。那么，线上高质量的学习怎样才能发生呢？通过在"空中课堂"进行多轮次听课和分析，我们找到了影响线上高质量学习的四个关键要素，即学生、教师、资源和技术。

学生是线上学习的主体。教了不等于学了，只有学生的自主学习能力强，自愿学习、自觉学习实现了，学习才能真正发生。所以，只有学生本身愿意学，或者能够自我调控、主动地学，或者是教师通过学习设计牵引、推动学生去学，三种情况必具其一，学习才能真正发生。

教师是线上学习的主导。教师的线上教学设计比线下更重要。教师首先要规划学习专题、确定学习目标，其次要给学生提供优质的资源和具体的学习指导。教师还可以灵活地设计、组织学习活动，适当地进行评价，通过线上讨论、成果展示来引导学生，激发学生更加专注地投入学习。指导线上学习，需要教师更好地研究不同学段学生的特点，学习方式也要有所区分。学生是线上学习的中心，这个中心是在教师高质量的教学设计和活动中体现出来的，更是在学生、家长和教师的多维度交互中体现出来的。

资源是线上学习的载体。这里的资源是指支持学生线上学习的要素的总称，包括教师主讲的"直播课堂"、录制的视频和音频、拓展的学习材料、学习任务单、有设计的作业，以及师生和生生互动生成的思路、方法等。承载着教学内容的丰富的、优质的、可选择的学习资源，是学生线上自主学习的必要保证。不同学科的学习资源差异会比较大。

技术是线上学习的保障。这里说的技术，是指信息技术及信息技术支持下的有助于教学的网络、平台等硬件设备和软件工具及其科学方法。技术还可以支持线上学习小组的建立，不仅促进学生线上学习的深度交互，还有利于记录学习过程，分析不同情况下的学习状态和效率，做学习分析。线上教学依赖技术，没有技术就没有资源的生成和传输，没有技术就没有师生和生生之间的互动，没有技术就无法形成线上学习共同体，就无法发生有意义的线上学习。

(三)线上好课可以促进学生获得自主学习的能力

自主学习能力是学生能够面向未来的重要能力。学生的自主学习是在教师的指导下、资源的引导下、技术的支持下发生的。线上教学，表面上教师的作用似乎变小了，但实际上作用变大了，因为教师心中永远装着学生。教师的智慧可以使静态资源活化，教师对学科内容和学生学习的深刻理解，能够预见学生学习的困难并准备好解决方案，可以随时洞察学生的学习困难、情绪变化，从而在学习过程中适时调控，这些都立体式地支持学生高效率学习。

自主学习具有五个基本特征：主体性，学生是主体；选择性，凸显学生的个性需求和主观能动性；独立性，学生自己来解决问题；应变性，学生能够自我评价和调控，敏锐地感知并做归因分析，以此改进学习；相对性，自主学习与常规学习是相融合的。

线上教学也有五个基本特征，即学习的自主性、环境的开放性、资源的选择性、学习的个性化、跨时空的互动性，这五个特征恰好对学生自主学习形成强有力的支撑。

线上的好课依然是超越学科、面向学生未来的，是线上与线下相融合、强调自主学习和不断提升自主学习能力的，更强调家校协同呵护学生身心健康成长。

随着技术的进步、资源的丰富、持续的探索，线上的好课也会越来越多。

五、学生怎样学更好

学生怎样学才能更好？这是我一直在思考、不断在教学和教研中回答的问题。细细回顾过去的30多年，在我工作的前10年，我不知不觉走出了一条经历了讲解接受式、启发发现式、实验探究式、问题解决式和探究式五个阶段的教学实践与改进之路，完全是从学生学习需求和困难出发的。这是不断探索、改进的10年。在第二个10年，我陆续进行了"高中化学问题情境的创设研究""高中中等生提高课堂学习效率的教学研究""'实验化学'选修模块的实施策略研究""中小学创新人才培养机制研究""高中化学精品课程资源建设研究"五个国家级和北京市级课题研究。想到这儿，一系列的名字瞬间出来了：孔瑛、乐进军、谢泽运、张文胜、曹葵、董云荃、周卫平、陈颖、秦蕾、宋晓敏、陈咏梅、周磊、郝昀铮、王小磊、赵长宏、陈争、韩丽君、张咏梅、王静波、王建稳、刘春艳、梁京梅、李哲、贾艳君、杨晓红、何文杰、闫艳晨……肯定不是所有人的名字都在这儿，但是名字在这儿的和没在这儿的课题组老师，都一起走过了一条有组织、有设计、有研究、有实践、有改进的教学研究之路。我们每个人的课堂都发生了持续的变化，变得更好了。

在研究与实践中我逐渐明确，好的学习就是当学生离开我们，走进大学、走向社会时，他们能够带走的、可以帮助他们面向未知世界的素养和优秀品质。那学生怎样能够做到呢？关键在教师。教师要不断给学生创造机会、搭建平台，整体设计并关注细节实施，让他们自主思考、充分表达、协同探究、互动评价，促进学生自主调控学习过程，根据学习诊断和反馈提高自己的学习能力。例如，在课堂学生回答问题的环节，我通常会采取"延迟判断"的策略，具体做法如下。

第一，给学生一些时间，让他们自己去思考。面对学生的回答或者提出的新方案、创意，一些有价值的、值得讨论的回答，我不会立即评价、判断，尤其不会轻易做出否定的评价，而是会给学生充分的思考时间，这是教学留白艺术。几秒至几分的留白可以给学生足够的时间去再思考、再创造，提高学生的思考品质，使他们获得成功的体验。

第二，给学生一些空间，让他们充分展示自己。课堂上我营造出和谐民主的氛围，提供心理安全的环境，让学生有自由表达思想的空间，充分发挥学生的个人潜能。教学中的"延迟判断"为学生充分表达想法提供了平台，注重学生参与，在学生提出的创意不完善甚至有错误时，允许学生出错，留给学生更多的探索空间。

第三，给学生一个冲突，让他们自己去争论。当学生产生不同意见时，我会采取"延迟判断"的策略，对于学生在冲突中闪现出的创造性思维的火花，我会及时捕捉，及时展示，使学生产生更多的想法，增强表达自己想法的愿望。把冲突交给学生，让学生相互争论、相互启迪，进行头脑风暴式的小组讨论，让所有成员畅所欲言，产生更多的问题，引发更多的想法。

第四，给学生一个支架，让他们自己去攀登。学生在深入思考、创造性地设计过程中，通常有些想法是不正确的，有些是正确的但又不能清晰地表达。面对这些情况，我会采取"延迟判断"的策略，不轻易否定，也不代劳，而是通过描述、提问等方法提供不同层次的支架，给学生再表现的机会，纠正错误、修正不足，通过严密的思考，周密地推理出正确结论。

第五，给学生一些权利，让他们自己去评价。在教学中，我会鼓励学生独立判断、分析与评价；发挥学生的主体性，启发、鼓励他们自己发现问题、提出假设并亲自实践。这些权利可以让学生选择、处理、应用各种信息的能力得以提升，最终使他们提升终身学习的能力。对学生学习情况的评价不再是教师的专利，教师和学生从不同角度的评价反馈，可以使评价更加客观。

要想学得更好，学生是关键，得想学、会学。学生对新知识、新内容感兴趣，实现主动学习；学生能够自我安排、自我调控，实现自主学习；学生有体验感悟，有梳理提炼，实现认知进阶。这样就能学得更好。

要想学得更好，教师是保障，得会教、善教。教师的角色定位非常重要，教师布置学习任务，明确标准、指导方法，点拨思路，引导讨论和提供支架等，在"经意"和"不经意"中，引导和激励学生，营造平等、和谐的氛围，最大限度地让学生动脑、动手。教师在"教"的角色基础上，还要"伴学""伴飞"。

愿每一个学生都能够在丰富多元的学习环境中找到适合自己的学习方式和学习路径，成为终身学习者，不断超越自我，为未来的社会生活做好准备。

2

面向未来的教与学

科技进步日新月异，互联网、云计算、大数据、人工智能等现代信息技术深刻改变着人类的思维、生产、生活、学习方式。学生是教育的主体，他们的成长和进步，不仅是个人价值的体现，还是民族复兴的希望。那么，教育如何面向未来？面向未来的课程教学如何开展？教师要潜心治学，开拓创新，不断探索教与学方式变革的路径，寻求提升教育质量和教学效果的新思路与新方法，为学生搭建通向未来的桥梁。

一、确定素养导向的学习目标

刚刚开始教学时，上好每一节课是我的心愿。那时的我，有两个备课本，一个本用于自己独立写教案，另一个本用于听了师父的课和被指导之后反复修改或重新写教案。那时的教案主要包括六个部分：教学目标、教学重点、教学难点、教学仪器与药品、教学内容与过程、课后作业。开始时，我觉得写教学目标最容易，看一遍教学大纲、教材和教师用书，抄下来就行了；最难做的是一页左右的教材，却要讲一节课。然而，当教师的时间越长，我就越觉得教学目标难写，从基础知识和基本技能到三维目标，再到核心素养，如何精准地确定并描述目标？在深度学习项目的研究与实践过程中，我似乎又有了新的理解。

深度学习倡导单元学习，每一个单元通常需要若干课时完成。单元学习目标是指在完成单元多个课时的学习之后，学生在学习过程中和学习结束后，所获得的核心素养具体表现的应然状态。这是由各学科课程标准规定的，包括能灵活应用的知识、技能、策略，能反映学科本质及思想的方法，解决问题的综合能力，并逐渐形成的正确的价值判断、内在的学习动机、高级的社会性情感、积极的态度、合作的意识和能力，以及克服困难之后学生愉悦的心理感受。课时学习目标是学生在完成一个具体内容的课时学习之后，在该学科核心素养某些维度上获得进步的预期表现。素养导向的单元学习目标是教师心中教学的"北斗星"和教学实践过程中的"灯塔"，可以帮助教师明明白白地开展教学活动，校正教学方向。

那么，素养导向的单元学习目标有哪些特征？又如何确定呢？

(一)把握素养导向的单元学习目标的四个基本特征

核心素养导向的单元学习目标具有鲜明的特征。一是素养性。这是核心素养导向的单元学习目标的根本特征，注重学科知识和技能的结构性、应用性，体现超越知识和技能，能够帮助学生形成面向未来的必备素养。二是进阶性。单元学习目标是贯通的，不是课时学习目标的简单组合。从课时学习目标到单元学习目标再到课程目标，学生核心素养表现是逐步提高的，某一维度的核心素养在低年级到高年级的学习过程中也是逐步提高的。三是丰富性。对于学生成长来说，学习目标是丰富的，还有内隐的一部分，特别是包括关于尊重、沟通协作、自我反思、多角度思考、自我调控、价值判断、责任感、坚毅等的学习目标，是在每个学科的学习过程中获得的。四是可考核性。学习目标是大部分学生可实现、可达到的目标，可以通过行为观察、纸笔测试等方式来考查、评价。总之，学习目标要永远关注学生是否"学会"，是否"会学"，是否"爱学"，能否"学以致用"。

(二)确定素养导向的单元学习目标的四个策略

教师在确定素养导向的单元学习目标时主要考虑四个因素——课程标准要求、教科书核心内容、学生学习基础、学生发展需求。

要立足学科核心素养，深刻理解课程标准。深刻理解课程标准要求是教师的好课之源，要整体理解和把握课程标准，理解学科课程设计、教材编写的思路。课程标准中的课程性质与基本理念、学科核心素养与课程目标、课程结构、课程内容、学业质量、实施建议六个方面，都要重视。

要立足学科看单元、单元课时结构化。要梳理好学段、学期、单元和课时学习目标的关系，从学科课程要求，即依据课程目标、内容要求、学业质量要求，结合教材结构和内容，整体构建学习单元并确定目标，再根据单元的结构化课时安排，从单元学习目标逐级分解细化到课时学习目标，建立下级目标与上级目标之间的联系。

要立足学科横向关联、年级纵向贯通。在学科内，确定学习目标需要将指向同一素养维度的不同年级、不同单元关联起来，在学段范围内整体考虑核心素养水平的进阶；在学科间，要立足本学科横向关联其他学科课程目标，校准各单元学习目标，彼此支持，可以互相增强目标的完成度。

要立足学校内外链接、当下面向未来。要校内与校外一体化设计，既要体现学科目标，也要根据学科内容，适当体现通识性、内隐性目标。例如，尊重、沟通、合作、反思、多角度思考、自我调控、价值判断、责任感、坚毅、乐观等需要更长时间来逐步实现的目标，体现出学习目标的素养性和丰富性。

(三)用学术语言表述素养导向的单元学习目标

完整的学习目标应包含学习内容、学习途径、学习行为及相应的行为水平，可以运用以下四个策略。

第一，要把学生作为目标表述的主语。因为学生是学习的主体，所以要把学生作为学习目标表述的主语，具体表述时也可省略。不要用"培养学生的××能力"的表达方式。

第二，要将单元核心知识内容纳入目标表述。学习目标中要体现出单元涉及的具体核心知识。以高中化学"基于元素价态认识物质——以含氯物质为例"单元为例，目标之一是"能说出氯气的制备方法、氯离子的检验方法"，核心知识是"氯气的制备、氯离子的检验"。单元内化学核心知识非常具体明确，好理解，可操作，容易落实。

第三，要将学习结果外显在学习目标表述中。要清晰地说明学生在学习后能够做什么，用表现性行为动词明确任务类型，即具备核心素养的表现性行为及水平。因此，学习目标表述句式往往采用"能归纳""能总结""能分析""能评价""能撰写""能鉴别""能制备"等，行为动词清晰、明确。

第四，要明确学生完成任务过程的路径。要清晰地描述学生通过完成什么任务实现学习目标，明确路径和学习任务类型等。例如，在"金属材料的选择和使用"学习单元中，学习目标之一是"通过实验探究铁、铝之间的转化关系，形成有目的地获取实验或事实证据的能力……"，目标中明确了学生具体的学习行为就是"实验探究"。

综上，在素养导向的学习目标表述中，教师可以采用"主体—路径—内容—行为"语句格式，如"通过……，能够形成……""通过……，从……角度，能够解释……"，这种表达包括了学习主体、学习路径、核心知识、任务类型、能够解决问题的水平。任务的情境、应用的范围也是表现水平的一种方法，还可以用"自主调用""多角度分析""复杂情境"等限定性词语界定素养水平要求。

我始终在思考：我任教的学科能带给学生哪些成长？这是对教育目的和教学价值的不断追问。能够清晰、准确地表述单元学习目标是当代教师的教学基本功。从"学科教学"转向"课程育人"，明确的单元学习目标可以让教师心中有学科全局，并在整体理解中上好每一节课。

二、选择适合的学习情境素材

在学生的学习中，新知识的获取和新理解的形成并不是孤立发生的，而是在解决具体情境下的问题的过程中逐步构建的。学生在面对陌生的、复杂程度高的真实问题时，表现出的能够创造性地分析问题、较快地形成解决思路、迅速进行决策、快速整合资源解决问题的可迁移的素养，是深度学习学科育人的追求。这种素养是学生在解决具体问题的实践中、在创生新意义的过程中形成和发展的，中间的重要载体就是情境素材。概念的建立需要创设情境，规律的探究需要创设问题情境，应用知识解决具体问题应结合具体的实际情境，因此，真实、具体、富有价值的问题解决情境是学生学科核心素养形成和发展的重要载体，也为学生学科核心素养提供了真实的表现机会。

为了更好地达到素养导向的学习目标，我们需要通过好的情境素材把核心素养和课程内容建立深度联系，形成一个学习内容、学习活动、持续性评价相统一的实践性学习过程。

把知识内容转化成学习任务是难点，情境素材的重要价值是形成挑战性任务，引导学生学习。好的情境素材能够吸引学生主动探究学习，能够造成学生的认知冲突、挑战学生的认识角度，能够针对学生的认知障碍丰富学生的认识思路、帮助学生形成认识方法等。那么，怎样来选择好的情境素材呢？好的情境素材要将学习内容和真实生活联系起来，具体选择时要用好链接策略。

(一)多视角链接生活和生产策略

这一策略包括链接日常生活、经济生活、政治生活、社会生活等内容。链接日常生活的情境，是指使用真实发生在学生身边，与学生日常的起居、饮食、交通出行、学习、同学交往等密切相关的素材。链接经济生活和政治生活的情境，是指使用国家发展过程中在经济领域和政治领域的大事、要事等素材，这特别有利于厚植学生的家国情怀。链接社会生活的情境，是指使用近期发生的社会热点问题等素材。例如，环境领域中污染源的成分分析和含量监测、污染源的成因分析、污染的防治和消除等都可以成为学习素材，打开学生学习的视角。化学学科对社会性议题的教学，可以是由当代科学技术研究开发所引起的一系列与社会伦理道德观念和经济发展紧密相关的社会性问题，如汽车限购限行、核泄漏事件、水体污染等，需要学生将学科与经济、社会、环境建立联系，综合多个因素系统思考、论证，权衡利弊，做出决策，这样有利于培养学生的科学态度与社会责任感。

(二)链接学科发展和科技前沿策略

链接本学科领域前沿发展和科学技术新发展的情境素材，包括学科发展前沿，如纳米科学、材料科学、航天科技、生命科学、信息科学等众多领域的新发展，以及所面临的挑战等，这些都可以激发学生的好奇心，开阔他们的视野，形成新任务。例如，能源的开发利用、能量转化的原理和装置、能量的定量计算等都可以成为化学学科教学的素材，可以让学生对相关主题的工艺流程进行设计、分析或推断等。又如，物理学科"万有引力与宇宙航行"教学，可以结合我国航空航天事业发展的最新进展，将我国航天的辉煌成就呈现出来。学生以"卫星发射"为基本素材，既能够学习万有引力定律的发现、万有引力的应用、卫星变轨等内容，又能够厚植爱国主义情怀、增强民族自豪感。

(三)链接思想道德教育要素策略

根据学科特点、学段特征和学生发展需求，充分关注、挖掘学科本体和学习过程中的思想道德教育要素。引导学生在生活中学习，在学习中思考，在思考中进行价值判断，树立正确的价值观念。例如，语文、历史、地理等课程要利用其中的语言文字、传统文化、历史地理常识等思想道德教育要素，潜移默化地对学生进行世界观、人生观和价值观的引导；数学、科学、物理、化学、生物等课程要加强科学精神、科学方法、科学态度、科学探究能力和逻辑思维能力的培养，促进学生形成勇于创新、求真求实的思想品质；音乐、体育、美术、艺术等课程要加强对审美情趣、健康体魄、意志品质、人文素养和健康生活方式等方面的培养。

选择情境素材要紧紧围绕学习目标和教科书核心内容，结合学生实际，选择具有直观性、启发性和开放性的素材。素材呈现的形式包括图片、视频、文字材料、语言描述等，可以是单一形式，也可以是多种形式的组合。但是，要避免过于简单和难度过大两个极端，避免素材错误误导学生，避免编造的情境脱离实际等。

相伴成长

三、设计实施挑战性学习任务

挑战性学习任务是指由教师设计学生完成的，有一定难度、能够激发学生的好奇心、促进学生积极参与并获得核心素养发展的系列学习活动。其核心是"任务"，关键在"挑战性"，强调学生能够发展高阶思维，实现应用迁移解决新问题的能力。挑战性学习任务的核心是任务中要有高阶认知活动，有挑战性、综合性、实践性和开放性四个方面的特征。

(一)挑战性学习任务有多种类型

根据任务的主体特征，挑战性学习任务分为独立实践型任务和合作实践型任务；根据任务的综合程度，挑战性学习任务分为简单型任务和复杂型任务；根据情境的熟悉程度，挑战性学习任务分为熟悉的任务和陌生的任务；根据完成任务的特点和流程，挑战性学习任务分为模仿型任务和探究型任务；根据学科能力目标，挑战性学习任务分为强调学习内化对所学知识进行解释、概括或推断的学习理解型任务，强调将所学知识应用于制订计划、设计方案、解决问题等的应用实践型任务，强调思路方法多角度关联、发现新问题、提出新问题、解决新问题的迁移创新型任务；等等。学段不同，学科不同，任务差异较大。

不同学科的任务都有各自鲜明的特点。例如，语文和外语学科强调阅读积累类、语言应用类和文学鉴赏类等连贯的实践型学习任务，数学学科强调观察体验、思考表达、概括归纳、迁移应用、数学实验、数学建模等实践型学习任务，科学学科强调实验探究、问题解决、证据推理和模型建构等类型的学习任务，思想政治学科强调通过现场观摩、热点分析、情境体验、角色扮演、模拟活动等实践活动完成思辨型学习任务，历史学科强调开展史料研习、组织历史论证类学习任务，地理学科强调户外观察、观测等地理实践型学习任务，通用技术学科强调产品设计与动手制作类学习任务，信息科技学科强调线上实验、场景分析、原理认知、应用迁移、模拟仿真等类型的学习任务，音乐学科强调音乐赏析类学习任务、音乐表现类学习任务和音乐创作类学习任务，美术学科强调欣赏评述类学习任务、造型表现类学习任务、审美创作类学习任务和设计应用类学习任务。

(二)设计有一定难度的挑战性学习任务

从选择情境素材到设计有一定难度的挑战性学习任务，要在学习目标、学习内容和学生基础之间建立联系，难度可以从以下四个方面考虑。

第一，难度与生产生活实际关联程度有关。素材关联的要素越多、陌生度越大，需要关联和迁移应用的内容越多，任务的难度就越大。

第二，难度与学生的认知基础有关。新知识与旧知识之间，日常概念与科学概念之间，直觉、常识与客观事实之间等的矛盾带来的认知冲突越多，事实越具体、反差越强烈，引发学生的疑问越多、思考越深入，解决问题调用的知识和方法越多，任务的难度就越大。

第三，难度与实践、实验应用水平有关。实践场景和科学实验等素材，能够引导学生有目的、有条理地观察、思考、分析和解决问题。实践场景和科学实验越复杂、影响因素越多，寻找并优化完成任务的思路方法需要综合考虑的因素越多、逻辑越强，任务的难度就越大。

第四，难度与所应用知识的广度有关。在学科内知识的交会点或者学科间知识的交会点设计任务，迁移应用已有经验和方法来形成解决新问题的思路与方法，需要跨章节、跨学科调用的知识技能和方法越多、形成的新思路方法应用性越强，任务的难度就越大。

(三)根据学习目标拆解成系列子任务

好的挑战性学习任务要贯穿问题解决的全过程，学生通过几个系列子任务完成单元学习。将挑战性学习任务拆解成子任务，先通过分析学习目标和学习主题明确学生核心素养进阶发展过程，再分析单元的核心知识和知识结构的建立过程，最后分析学生完成学习任务的能力和思维的障碍点、教学实施条件、教师自身教学特点等，来确定子任务的结构，设计子任务的顺序。

(四)组织学生间开展深度互动

学习任务要让学生有解决实际问题的经历和体悟，这一点，没有任何人能够替代他们，也不应该替代他们。完成挑战性学习任务，就是多人共同参与的学习。在这个学习过程中，获取知识、加深理解和迁移应用是交叉进行的。在理解中尝试应用，才能在应用中加深理解，建构新的认识，形成新的思路和方法。

学生被挑战性学习任务带入具体情境，在设计方案、发表意见、讨论修正、争论辨析、实践探索、结果分享的过程中，他们参与感越强，参与程度就越深，学习收获也就越大。一是学生间开展互动，他们会感到比较轻松，交流的语言比较亲近和有趣，容易产生共鸣；二是对不同意见从产生分歧到彼此理解再到达成共识的过程，可以很好地锻炼学生倾听、开放性思考、有分歧地合作的能力；三是把若干个学习活动串联起来，从而形成一个系统。例如，学生自主发现和提出问题，做出有依据的假设，对实验现象和结果进行分析、比较、概括、解释、推理、建构模型等，并在这个过程中经历发散、想象、创意、批判性思考等创新思维活动。

四、用技术推动学习方式变革

21世纪20年代，人工智能、大数据等新技术迅猛发展。技术虽看不见，却时刻影响着学生，影响着我们。作为教研员，我们须把信息化作为推动教育高质量发展的重要抓手，海淀进校系统谋划，扎实开展以研究型实践为路径的行动研究，构建基于自主学习的混合式教学实践模型，探索基于远程深度交互的双师教学和基于数字技术资源的自主学习两种范式，丰富教研专业服务区域教育质量提升的内涵。

(一)构建基于自主学习的混合式教学实践模型

2020年2月至2022年1月是我们探索混合式教学实践模型的关键时段。通过各学科线上为主线下为辅、线下为主线上为辅教学的反复实践和观察、研究，我们发现混合式教学不是线上与线下教学的简单相加，更不是相互取代，而是根据教学需要和学生自主学习需求开展的两者深度融合

相伴成长

的教学模式，需要对线上与线下教学进行系统性、综合性、统整性规划和实施。图1-2为本研究在多轮次实践探索的基础上构建的基于自主学习的混合式教学实践模型。

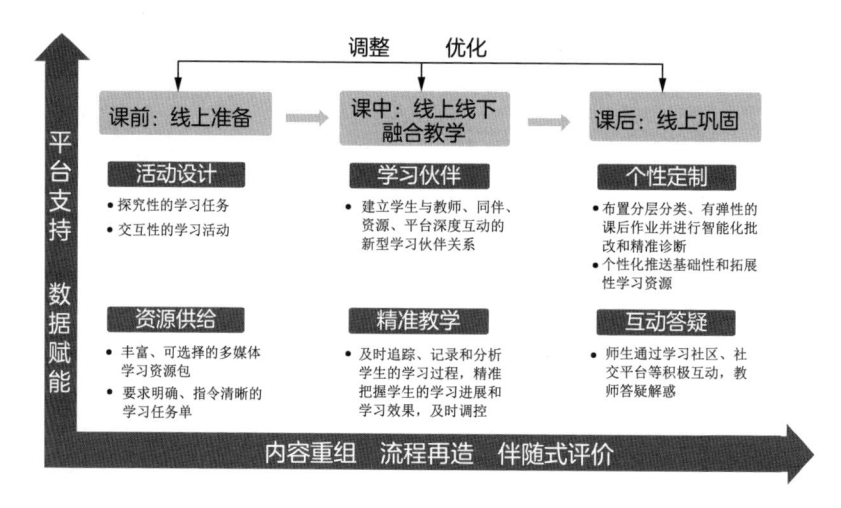

图1-2 基于自主学习的混合式教学实践模型

在进行混合式教学设计与实施的过程中，我们充分利用智慧教学平台的实时性、便捷性和交互性特点，重塑教学流程、重组学习内容、丰富学习方式、开展伴随式学习评价，通过平台支持、数据赋能，实现学习全过程的精准诊断和实时反馈。

课前(线上准备)阶段：教师要牢牢把握"以学习活动为中心的教学设计"原则，设计探究性的学习任务、交互性的学习活动；精心准备丰富、可选择的音频、视频、文本等多媒体学习资源包，以及要求明确、指令清晰的学习任务单，引导学生有效开展课前自主学习。

课中(线上线下融合教学)阶段：教师要引导学生建立与教师、同伴、

38

资源、平台深度互动的新型学习伙伴关系，以学生为主体，以任务为载体，组织学生有质量地深度互动；充分利用智慧教学平台的数据采集与分析功能，及时追踪、记录和分析学生的学习过程，精准把握学生的学习进展和学习效果，及时调控。

课后(线上巩固)阶段：教师基于经验和数据对学生的学习效果进行分析，借助于学习平台布置分层分类、有弹性的课后作业并进行智能化批改和精准诊断，根据学生实际，个性化推送基础性和拓展性学习资源，辅助学生进行课后巩固与提升。此外，师生通过学习社区、社交平台等积极互动，教师及时答疑解惑。

(二)开展基于远程深度交互的双师教学

2020年6月，我们成立了"在线教学与教研实验室"，与学者和技术研发人员组建团队，实践方、研究方、技术方协同攻关，持续开展线上线下混合式教学和教研的研究型实践。我们先后在八年级生物、小学三年级语文、八年级语文、九年级道法、小学体育、初中跨学科项目式学习、小学艺术、高一化学7个学科开展了8个系列的双师课堂实践探索。通过组建"双师协作伙伴"，以教研员为专业引领，系统设计促进深度互动的学习任务并灵活组织教学，探索出信息技术助力的"集体备课、集中研讨、协同教学、线上听课、反思交互和改进"的远程协作模式，目前主要探索了"主讲＋协作"和"双主体协同"两种双师教学模式。

(1)"主讲＋协作"双师教学模式。两位教师共同备课、协同授课，共同完成资源建设和学习环境的创建。一主一辅协作直播授课，主讲教师负责面向两班学生，统一授课、布置任务、组织活动，协作教师主要协助主讲教师组织学习活动和完成个性化辅导等。例如：

> 海淀进校附属实验小学的杜春焕老师和海淀进校附属第三实验小学的刘彩昭老师结成双师协同伙伴，协同进行了三年级"赵州桥"一课的教学设计与实施。备课时，两位教师在教研员的指导和教研团队的支持下，聚焦于"促进深度互动的学习任务"主题，不断优化学习目标、调整学习任务，最终确定了将"争做小导游"学习任务贯穿课堂始终，引导学生在任务中亲历言语实践活动、总结出语言规律，在迁移应用中重构言语经验，感悟中国古代劳动人民的智慧和才干，体会中华优秀传统文化的内涵。在教学实施过程中，杜老师在课堂任务布置、活动组织、指导示范方面发挥主导作用，刘老师及时地组织、引导、提示学生学习并进行个性化辅导，然后对两班学生的课堂生成进行即时反馈。两位教师协同教学，配合默契，教师间的互动也感染、带动着学生之间的互动。

(2)"双主体协同"双师教学模式。两位教师集体备课后，采用同步直播的方式协同授课，共同完成讲授、任务引导、提问答疑、个性化指导等。两位教师"强强联合"，优势互补，配合默契，形成教学合力，高效带动生生互动和师生互动。例如：

> 海淀区红英小学的舞蹈教师张成翰和海淀进校附属房山实验学校

的音乐教师黎妮组成"双师协作伙伴",共同为两校二年级学生呈现了一节"螃蟹歌"。教研团队聚焦于"基于唱游的艺术综合教学设计与实施"主题,深度研究艺术唱游主题和跨学科活动的综合设计,逐步确定了音乐和舞蹈深度融合的课堂样态。两位教师充分发挥自身的专业特长,黎老师侧重指导学生倾听和学唱,张老师侧重引导学生进行艺术体验和舞蹈创编。两位教师相互学习、相互补充、协同配合,高质量组织课堂活动,有效衔接各学习环节,逐渐达到学习目标。同时,两位教师充分发挥学生的主体性和参与性,通过倾听、自主学唱和创编、展示交流等活动促进两班学生在艺术体验中实现深度互动和情感生发。

(三)组织基于数字技术资源的自主学习

基于数字技术资源的自主学习强调线上优势和线下优势有效整合。教师聚焦于素养导向的学习目标,一体化设计资源、工具、平台,以及内容、活动、评价,为学生提供记录、协作与探究的便捷工具及生动、直观、富有启发性的专题性学习材料,引导学生自主选择学习内容、开展探究与协作交流活动、掌握学习节奏与进度、及时反馈学习效果等,有效促进学生知识的内化与迁移,更好地发展学生的自主学习能力、批判性思维及问题解决能力。

用数字资源满足学生的个性化学习需求。优质且多样化的数字资源为学生提供了个性化学习的机会。例如,教师依托国家智慧教育平台上的优质教学资源,进行选择、设计与再开发,精准设计学习活动、再造教学流程，实现课堂环节与学习资源的有机融合；学生在明确自己的学习需求和目标之后，能够根据自身的兴趣、学习习惯和能力水平选择与调整学习内容及进度，切实推进个性化学习。例如：

　　海淀进校教育集团的何胜男、聂春燕、刘杰、任燕辉、孟立美5位九年级数学教师，以"探究四点共圆条件"课例为载体，开展了基于资源有效应用的混合式教学实践探索。5位教师立足"云资源"应用的不同场景进行同课异构，在课前、课中、课后各个环节应用国家中小学智慧教育平台、"海淀·空中课堂"、视频网站、相关数学公众号和文献等多样化资源，将优质资源嵌入课前任务布置、学习活动设计、作业设计中。学生能够自主选择符合自己能力水平的学习材料，自主调节学习进度，有效实现启发唤醒、巩固内化、拓展延伸等功能，促进学生与资源的互动，满足学生个性化发展。

　　用智慧工具促进师生协作互动。在线学习平台、协作编辑文档、智能学伴、虚拟白板、同伴在线互评等智慧工具的加持为学生之间的协作学习和互动交流提供了更大的空间。教师引导学生建立与教师、同伴、智慧工具深度互动的新型学习伙伴关系，丰富了学生的学习方式和学习体验，使课堂教学中的师生互动、生生互动更加频繁、深入，有效促进学生思维与能力的深层次发展，同时也便于教师采集学生的动态生成信息，对学生的学习过程进行有效的评价。例如：

北京科技大学附属中学的辜孝红老师和海淀进校附属实验学校香山分校的张波老师，在八年级语文《核舟记》教学中，以"为什么说王叔远是奇巧人"的核心问题贯穿始终，设计挑战性学习任务和进阶性学习活动。学生基于移动终端和在线学习平台开展独立学习与分组讨论，利用同屏书写功能，将各小组讨论过程和结果同步共享给其他小组的同学，实现可视化的任务成果交互。同时，每个学生都能从小组讨论、全班合作学习中得到借鉴，再思考并完善自己的认知，实现个性化多点互动，学生独立思考增加，真正获得"看得见的成长"。

用学科软件支持学生探究活动的开展。教师深入挖掘几何画板、模拟实验、地理VR教学系统等学科教学工具在优化学生学习方式方面的潜力，强调学科软件与学科知识、问题发现与动态解决、个性探究与思维发展的有机融合，为学生开展探究性学习活动提供丰富、灵活的认知工具和学习支架，借助于工具深入学科本质，进行大胆的创新思考。例如：

海淀进校附属实验学校的王天露老师在九年级数学"与圆相关的三角形问题研究"的课例中，以"轴对称性"和"旋转不变性"为主线和暗线设计学习目标和活动任务，借助于平板电脑和几何画板工具，引领学生经历图形的研究过程，将抽象的数学知识直观化；开展分组协作探究，引导学生在基本图形的基础上辨别、构造更复杂的图形；将学生的思维可视化，呈现图形的动态变化和生成过程，帮助学生找到变化规律，抓住变化中的不变，解决实际问题。在教师组织的有进阶、有层次的学习研究中，学生提升了主动建构能力，真正成为课堂学习的主人。

教师们研究自己的课例、互相研究课例，开展了以研究型实践为路径的行动研究探索，形成了具有操作性和适用性技术支持学习方式转变的实用资源、路径模式和有效策略，逐步形成"教研专业引领—学科协同推进—研究实践并行"的项目推进机制，提升了线上线下混合式教学能力和项目式学习的课程设计与实施能力。

五、课后作业的设计与实施

2021年7月，国家印发"双减"文件，旨在通过减轻学生作业负担和校外培训负担，促进学生全面发展，提高教育质量。为切实有效减轻学生作业负担，教师需要从学生学习的角度，加强作业研究，提高作业设计与实施的质量，充分发挥作业的育人价值，让学习更有效率。

(一)课后作业是学习的必要环节和重要环节

现在讨论的作业特指课后作业，是指教师根据教学目标和学习规律布置的，由学生在非课堂教学时间完成的学习任务，是学习的必要环节和重要环节。作业的功能主要有四个：一是复习巩固课堂所学，加深理解和记忆；二是延续、补充和发展课堂学习，使学生在学以致用中实现核心素养的发展；三是促进自主学习，满足学生的个性化需求，帮助学生学会合理地调控时间；四是获得学生学习效果的评价和反馈，为教师调整教学提供依据。

"双减"的目的是减轻学生过重的作业负担，提高作业设计质量。以往作业中存在的常见问题有：数量偏多，重复性作业偏多，难度匹配不合理；作业素材资源少，形式较单一，综合性、开放性、应用性和长周期的作业比例低；选择少，难以满足学生的个性化需求；完成作业的过程性指导不够，作业结果使用不当；对作业的研究少，教师的作业设计、布置、指导、批改和反馈能力待提高；等等。

重视作业的质量，就要逐步解决上述问题。遵循规律，讲科学，全面压减作业的总量和时长，加强对完成作业过程的指导，丰富批改作业的形式，及时地反馈情况并进行指导，这些需要当地教研部门和学校校长、教研组长、备课组长、一线教师一体化联合教研和实践，协同解决。

(二)一体化整体设计单元教学目标和课后作业

因为学生同时学习的科目较多，完成作业的时间有限，所以学科备课组长和教师、年级组长和班主任协同，一体化整体设计。

教学目标统领课堂学习和课后作业，完成作业是达到教学目标的必要途径。作业是单元学习设计与实施的重要组成部分，教师要以学习单元为单位，一体化整体设计单元教学目标、挑战性学习任务和课后作业。教学设计关键要素包括分析教学内容和学生情况、制定素养导向的教学目标、设计持续性评价内容和方式、设计挑战性学习任务以及丰富和结构化可选择的作业。

(三)一体化作业设计与实施管理

学校要把作业纳入教育教学常规管理,统筹指导学科组、年级组的教学安排,制定作业管理细则,从作业设计、布置、辅导、批改和反馈等各个环节给出具体指导,这是教学干部专业能力水平的一种表现。

在学科内,备课组长组织教师一体化设计单元内多个课时的作业,然后分课时布置,其依据是学科课程标准、教材内容、学生基础、课上学习情况和总体时间。

在年级组,年级组长要沟通协调各学科,包括周作业总量和每天的作业量,各学科不同类型作业、特别长周期作业在时间上要协调,督促减少重复性作业,避免超数量布置作业和集中布置作业,支持教师跟进式指导需要小组协作完成的长周期作业,组织跨学科、跨班级的作业成果展示和交流。

课后服务时段要加强课业辅导。教师有计划、有步骤地指导学生完成作业,尤其是对学习困难的学生给予具体指导,增强学生的学习获得感,帮助学生建立学习自信。教师在批改作业时,要关注学生完成作业的数量、质量和过程,主动和学生交流,了解学生的思路,洞察学生思维的障碍点,以此为专题开展校本教研,找到解决问题的路径。

(四)一体化教研协同丰富作业供给

作业要减量,学习要提质。为了提升作业效能,应创新区(县)教研和校本教研的内容与机制,设立专项,研究作业,丰富作业供给。

区校教研协同深化作业理解。教研员和教师协同开展作业研究。作业主要包括复习巩固类、拓展延伸类和综合实践类等。其中，复习巩固类作业以教材内容为主，拓展延伸类作业关联日常生活、社会生活和高新技术发展等资源，综合实践类作业强调学习情境的复杂性、任务的综合性和跨学科任务，促进学生知识应用和解决问题方法的横向迁移与远端迁移。

校际教研协同共享作业供给。学校之间建立常态化联研机制，研究、把握学生的学习特点和需求，做好预判，设计多样化作业，提供作业菜单，多给学生选择作业类型、作业数量和作业形式的机会，建立"规定动作＋自选动作"选择机制，激励学生自主完成作业。协同建立资料分层供给、教师分层指导、答疑分层辅导和数据分层分析等机制，实现优秀教师资源和作业资源校际共享。

此外，还可以组织跨学科协同共研作业实施、跨年级协同搭建混龄学习小组。作业的总量减少，学科内、学科间更需要有良好的结构性作业设计来提升作业品质。各科教师在批改作业时，不应完全以是否答对来评价，而应关注完成作业的内容和形式、过程中的收获及完成后的满足感，让写作业成为学生自主选择、自我反思、自我完善的过程。在学生跨年级完成任务，打破年龄边界的混龄学习过程中，学长的示范和指导，有利于学生合作能力、沟通能力和共情能力的发展。

良好的作业设计能力，是教师专业素养的重要表现。教师要从课堂学习、课后作业、课后服务等多个角度整体考虑，调整作业供给的结构和方式，满足不同学生的多样化需求。

3

为了每个学生更好地发展

　　未来社会需要有爱、有担当的人，未来竞争不是知识的竞争，而是想象力、创造力和领导力的竞争。教师要把对党和国家的爱、对教育的爱、对学生的爱融为一体，在教学实践中引导和帮助学生把握人生方向、扣好人生的第一粒扣子，促进学生对学科本质和思想方法的理解，让学生看到更大的世界，给学生带来行为或思维持久的变化，使学生获得走向大学、走向社会、面向未知世界的素养。

一、通过问题解决式教学提升创新能力

　　教学应该把学生的成功放在更长的时间轴上来考量。那么，学科教学，对于学生成长的哪方面更重要呢？在核心素养的提升方面，学生创新

能力的提升是重中之重。创新能力可以帮助学生在某一领域进行超常规思维、跨学科思考，帮助他们在其他人看到的混乱地方发现规律，关联所学的知识、技能和方法，创造性地解决问题。

(一)现状：课堂教学重视形式，关注创新能力不够

调研发现，课堂教学方式虽然有变化，但是从学生核心素养发展、创新能力提升角度分析，仍然存在一些问题。一是很多教学仍然是知识解析，教学落点通常是"知识的获取"、"知识的再现"和"解题"；二是教学活动形式表面化，不能真正体现以学生为主体的核心知识获取，更多的是把讲授变成教师提问、学生回答，把教案变成填空式学案，把排排坐变成分组坐，把直接讲授正确的结果变成学生活动后再讲授正确的结果；三是课堂教学就事论事，教师对学科知识的教育价值缺少整体性思考，对学生理解学科本质、发展思维能力、建立学科思想方法的促进仍然不够，学生还难以通过迁移知识解决新情境下的问题；四是课堂教学更多的是基于知识解析的单课时教学改进，系统的单元整体设计的研究不够。

(二)创新：人人具有创新潜质，教学面向全体学生

创新能力是指个体顺利完成新颖任务所需的综合个性心理特征，主要包括知识与技能、感知与记忆、创新思维、创新人格等各方面的特征。新颖任务既包括实际生活中真实的非常规任务，也包括学科或专业学习中模拟或虚拟的新颖任务。

从类型上看，创新能力包括一般创新能力和特殊创新能力。一般创新

能力是指完成各种新颖任务所需的个性心理特征。特殊创新能力主要是指完成特定新颖任务所需的个性心理特征，包括针对特定事物（如数字、音乐、机械等）的感知、记忆和推理的能力。一般创新能力和特殊创新能力并不是截然区分和相互割裂的，任何具体的创新能力都是一般创新能力和特殊创新能力的综合。

从形态上看，创新能力包括潜在创新能力和实际创新能力。其中，潜在创新能力是指尚未在完成新颖任务中表现出来的创新能力，既包括创新思维、创新人格等一般创新能力要素，也包括特殊感知能力、特定领域的知识与技能等特殊创新能力要素。实际创新能力是指个体在完成新颖任务的过程中实际表现出来的创新能力，是由多种创新能力要素构成的综合个性心理特征。

综合来看，"特殊——一般""潜在——实际"可以被看成描述创新能力的两个相对独立的维度（见图1-3）。

实际

实际的一般创新能力	实际的特殊创新能力
在完成新颖任务的过程中表现出的感知与记忆、思维与言语、情绪与行为、元认知调控特征	在完成新颖任务的过程中表现出的特殊感知能力和知识与技能水平
潜在的一般创新能力	潜在的特殊创新能力
通过测验推测的感知与记忆、思维与言语、情绪与行为、元认知调控特征	通过测验或考试推测的特殊感知能力和知识与技能水平

一般　　　　　　　　　　　　　　　　　　　　　　特殊

潜在

图1-3　创新能力的形态和类型

我们要坚持以下几个基本理念：一是要坚信每个学生都有创新的潜质，培养创新能力的学习活动应该面向全体学生；二是学生创新能力的培养应该从基础教育阶段开始，这是关键时期；三是不同学段学生的创新意识和创新能力水平有差异，教育要尊重这种差异；四是教学要给学生更多的时间和空间自主选择、独立思考、解决问题，包容学生走弯路和失败。

(三)教学：体验真实问题解决，培养潜在创新能力

创新思维和创新人格需要通过特定的创新学习活动来培养，而这种特定的创新活动的主要环节与真实的创新活动过程是一致的，包括发现问题、分析问题、设计方案、实施方案、得出结论、反思调整等步骤。通过"区域学生创新能力培养机制创新研究与实践"课题，我们在梳理学生创新能力中各关键要素的发展与课堂教学活动各环节关系的基础上，提出"体验式问题解决教学模型"(见图1-4)。"体验式问题解决教学"强调学生经历解决真实问题的过程，在独立思考与合作动手的过程中解决问题，这是在提升学生素养的同时发展学生潜在的创新能力的重要方式。

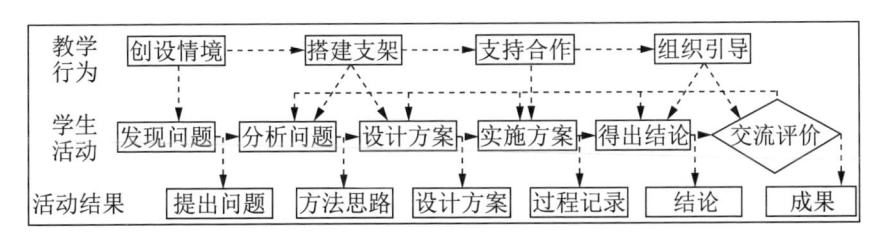

图 1-4 体验式问题解决教学模型

从图1-4可以看出，教学行为、学习活动和活动结果之间存在强相关。教育行为体现了教师对学生学习活动的组织、辅助和支持作用，按照其目

的分为创设情境、搭建支架、支持合作及组织引导四类。每一类行为都是为了引导学生更深入地思考或者改进实践行为，不同的行为对应学生创新学习活动的不同环节。例如，教师围绕核心内容创设问题情境引导学生发现问题，通过搭建支架帮助学生分析问题、设计方案，通过支持学生合作活动帮助他们实施方案，最后通过组织引导帮助学生得出结论并进行交流评价。上述对应关系能够保证学生学习活动的高效开展。

学习活动体现了学生的主体地位、深度参与和结果输出。按照学习活动的核心环节，学习活动被划分成发现问题、分析问题、设计方案、实施方案、得出结论和交流评价。这些环节串联起来就是完整的、具有创新特征的学习活动。不同的环节对学生创新能力的发展具有不同的功能和价值，这也是教师在教学设计和实施时的重要关注点。只有明确了功能和价值，教师才能够明确目标的规划，设计、实施好每一个环节的活动。

活动结果体现了学生学习活动的分段目标、目标完成和评价要求。学生的每一个活动环节都对应一定的活动结果，包括提出问题、方法思路、设计方案、过程记录、结论和成果。教师在进行教学设计时要对学生的活动结果有系统性的规划和设计，在教学实施时对学生的活动结果进行及时评价和反馈，并引导学生根据上一环节的活动结果开展后续环节的活动，保证学习活动的一致性和连贯性，保证学生潜在创新能力发展目标的落实和完成。

(四)唤醒：开放学习时间和空间，创新学习面向未来

唤醒比教授重要。"体验式问题解决教学"尊重不同的见解，给予学生独立思考的广阔空间，给予学生发挥想象力的机会和余地，让他们自己

"走路"。在专注投入地解决真实问题的过程中，在不断地求解与质疑、好奇与探究中，学生理解了核心知识，获得了学科思想方法和技能，发展了核心素养，提升了创新能力。更重要的是，学生体验到成功的喜悦，对未来充满期待，有利于形成积极的内在学习动机。这些，是学生创新的不竭动力。

发现比灌输重要。"体验式问题解决教学"关注学科本质和学科思想方法，设计开放的学习活动，以发现学生的潜质，使其内隐的思维外显，进而形成解决问题的思路和基本方法。在独立思考和小组合作协商中克服困难、解决问题，有利于学生增强社会责任感，发展乐观面对困难和挑战的精神；有利于学生发展追求理想并能适应现实的能力，尊重科学和事实，接受不确定性，尊重反面意见，也敢于打破常规并具有坚持不懈的精神。这些，都是创新思维和创新人格发展的重要因素。

坚持自我超越能帮助学生面向未来。课堂是学生的，教师要开放课堂，多给学生搭一些平台，舍得给学生多留一些时间和空间。教师不要急于给出答案，而是围绕关键问题，在学习时间和空间相对自由的状态下，让学生进行想象创意设计、基于批判性思考的评价、关联迁移，从而解决综合性复杂问题。在这个过程中，教师随时反馈或者延迟反馈，引导学生开展深层次思维，获得核心观念。这样做有利于学生潜能的挖掘、个性的彰显。这些关键问题的解决能够使学生保持学习兴趣，不断地实现自我超越。

在问题解决体验中发展创新能力。发展创新能力是分水平的，教师根据不同学段的教学内容，选取情境素材，以学科核心知识为载体开展高阶思维活动和实践活动，给学生独立思考和解决问题的时间和空间。学生利用学科知识和学科经验范式，经历思考、质疑、讨论等，解决陌生的问题，可以促进思维方式从生活经验向科学思维转变。从知识记忆到知识理解、从知识获得到能力提升、从具体知识的获得到核心观念的建构、从结论获得到创新能力发展的系列探索中，学生不断发展认识客观世界的方法。

这些，都将帮助学生面向未来。

二、怎样设计实施项目式学习

下雨天，开车的人在下车的时候都会遇到一个尴尬的情景，那就是在撑开雨伞之前会先被淋到。这是为什么？怎样通过改造雨伞的结构来解决？在我们身边，这样的小事、难事很多，但我们的学生看到了吗？愿意尝试去解决吗？对于学生来说，解决这些问题，是小发明、小创造，更是发展核心素养的良好契机。这样的学习是综合性学习，是一种与真实世界和生活实际紧密联系的学习方式，这就是项目式学习。

(一)什么是项目式学习

项目式学习是一种以学生为主体，链接真实世界的事件，在一段时间内，团队共同解决一个复杂问题或完成一项综合性任务，学生经历全过程，通过亲身体验、深刻理解来获得核心素养发展的一种学习方式。高质量的项目专注于核心概念，反映学科核心内容与外部世界的联系，是强调真实性、应用性、逻辑性的主动学习。

项目式学习是当前学习方式的一种重要补充，包括学科内综合和跨学科综合的项目。五个基本环节依次是选择项目、设计方案、完成项目、交流展示、评价改进，其典型特征是综合性、复杂性、实践性、开放性、体验性等。

(二)项目式学习给学生带来了什么

项目式学习是培养创新型、复合型、解决未来问题人才的重要学习方式。学生以团队的形式，完整地经历提出问题、设计方案、修订方案、解决问题、形成成果、展示交流、评价改进各个阶段。在持续互动中，学生经历复杂推理、思辨决策、远端迁移等综合性、复杂性的问题解决过程，创生意义，获得知识与技能，实践应用能力、迁移创新能力、跨领域合作沟通能力等的不断发展，学科观念、思维方法逐渐形成。

一是在选择、确定项目的过程中，提高观察世界、关联思考、提出问题的能力，这可以改善学生解题多、解决别人的问题多、解决单学科的问题多、解决纸面的问题多的现象；二是在设计、修订方案的过程中，提高跨学科思考、整体设计、选择方法、形成思路和解决方案的能力；三是在实施、完成项目的过程中，提高动手实践、设计产品、制作产品的能力，提高价值判断力和承受挫折、寻求多种解决方法的能力，使学生逐步学会时间管理和项目管理；四是在交流、展示的过程中，提高总结提炼、学术表达、有效沟通的能力，使学生全过程体验、感受成功带来的愉悦感；五是在反思、改进的过程中，提高接受反馈、与同伴对话、深入分析、反思改进的能力。

(三)怎样设计项目式学习课程

实施项目式学习的关键人物是教师。项目式学习强调价值理解、强调教师指导实践。这些对于绝大多数学科专业出身的教师来说是巨大的挑战。教师可主动学习，经历项目式学习的全过程，这样有助于设计项目式学习课程。

根据阶段性育人目标来选择项目。教师能够自己或者和学生一起选择好的项目，是新时期教师的教学基本功之一。学科内项目式学习，要基于学科课程标准、教学内容和学生已有经验来整体规划，要考虑涵盖的学科核心知识、承载的学科思想方法，厘清内在的逻辑关系。跨学科项目要基于不同阶段学生发展核心素养的目标，链接学生身边的实际问题、社会热点事件，也可以是工农业生产、经济生活议题等，要求真实、可操作。

设计核心素养实现情况的评价工具。项目式学习的评价内容、评价方式与常规评价有本质差别。从过程来看，要评价学生学习的投入程度，包括专注度、参与的深度和广度；从合作来看，要评价学生小组内分工、合作的水平，对团队的贡献程度；从结果来看，要评价学生的阶段性收获、成果和继续学习的愿望。学习过程决定实际获得，过程性评价是项目式学习的主要评价方式。

设计项目式学习活动和实施方案。学习活动的设计强调任务型、结构化。根据学生的认知发展水平，可以对项目进行适当拆解，设计大任务、小活动，合理安排课时，给学生独立思考的机会。要特别关注课时之间的逻辑关系，体现解决问题的思路等。要引导学生小组合理分工，自主设计并实施项目方案，解决问题、展示作品，学习评价与之相伴。

(四)怎样更好地实施项目式学习

项目式学习需要设计目标与成果、主题与任务、学习路径与活动、持续性评价和支持性学习环境等核心要点。教师需要统整、设计学习目标和与目标一致的学习成果；选择适合的学习主题和设计挑战性项目；规划合理的学习过程，设计清晰的学习路径和学习活动；设计指向学习目标和学习成果的评价方案，实施持续性评价，支持自主学习；精心设计展示方案，确保学生兴致盎然地参与展示，并回答挑战性任务中的驱动性问题，阐明对具体概念、关键概念、跨学科概念及学科大概念的理解，呈现完成产品的详细过程；提供学习支架和学习工具，帮助学生在项目式学习的参与过程中提升问题解决能力；引导学生全身心积极参与，体验认知冲突、体验问题解决过程、体验成功，形成积极的内在学习动机、高级的社会性情感和正确的价值观，使之成长为具有独立性、创新性、合作性的学习者。

实施项目式学习包括基于真实问题情境的任务发布(项目入项或项目导引)、师生共同界定问题、引导学生设计方案、指导学生实施方案、提供展示交流平台等核心要点。教师创设真实问题情境并发布挑战性任务，师生共同界定问题，明确目标，经过调查调研明确限制条件；教师在学生初步设计解决方案时进行深入交流与指导，并及时引导探究与实践活动，引发深度思考与交流；指导学生开发模型、进行检验，逐渐理解评价标准的作用；未达标则需要继续探究实践获取数据、新信息，进行分析论证，优化模型；教师提供学习支架，展示交流平台，支持学生学习；指导过程性评价、反思和及时反馈，引导学生逐步构建问题解决模型。经过多轮次、多学科、多学段的实施，形成教师活动与学生学习相关联的项目式学习的实施模式(见图1-5)。

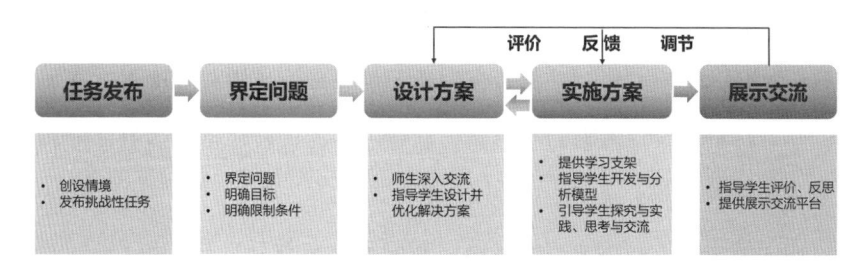

图1-5 项目式学习的实施模式

开展项目式学习，还要避免一些误区。一是脱离课标，过分强调综合而忽视学科的重要性。学科与跨学科学习要同时推进。二是过于强调学生主体，忽视教师的主导作用。学生主动学习，并不意味着教师完全放手，而是需要教师转变角色，从知识的传递者变为项目式学习的规划者、引导者和支持者。三是追求形式，忽视学生实际获得。形式为育人目标服务，不是越多越好，虚假项目式学习不可取。

积跬步，行千里。经历各种小项目、大项目，学生就会关心身边事、身边人，成为一个善良而有勇气的人，一个有责任、敢担当、能创造的人。

三、怎样设计实施综合实践活动课程与跨学科主题学习

在严密的学科课程体系学习之上，综合实践活动课程和跨学科主题学

习越来越被重视,已进入学生的课表中。以综合实践活动课程和STEM[科学(Science)、技术(Technology)、工程(Engineering)、数学(Mathematics)四门学科英文首字母缩写]课程的设计与实施为例进行讨论。

(一)综合实践活动课程的设计与实施

综合实践活动课程是我国新世纪课程改革以来一种新的课程形态,是指在教师的指导下,由学生自主进行的综合性学习活动。它主要包括研究性学习、社会实践与社区服务等,是基于学生经验、密切联系学生的生活和社会实际、体现对知识综合应用的学习活动。

1. 综合实践活动课程设计与实施的相关研究

综合实践活动课程强调学生通过实践,增强探索和创新意识,学习科学研究的方法,发展综合应用知识的能力,增进学校与社会的密切联系,增强学生的社会责任感,对推进素质教育、提高育人质量有着十分重要的意义。

张华明确提出在关注学生核心素养发展的时代背景下,实践探究、合作、反思等多样化的学习方式,注重知识与经验的整合,注重发展学生的创新精神、实践能力、社会责任感以及良好的个性品质,对学生核心素养的培养具有独特的价值。在设计与实施综合实践活动课程的过程中,要重点关注主题设计与内容选择、教学策略与学习方式、课程实施与评价等。

首先是主题设计和内容选择。综合实践活动课程要有适宜的主题,倡导对课题的自主选择和主动实践。李树培认为实践活动课程真正的学习内容是学生基于自己的生活经验、兴趣而生发的探究问题或主题。作为对传统学科课程的补充与超越，聚焦的学生素养必然是跨学科的、综合的、统整的，关注学会学习与问题解决等自主发展维度，关注社会现实和探索生活问题与人际交往合作等社会参与维度，以及综合应用学科知识进行生活探究、运用媒介技术进行探索与表达等文化修养维度在一个人身上的综合体现。

其次是教学策略与学习方式。在教学策略上以教师引导为主，通过师生之间的对话协商、问题探讨、教学相融、个性辅导、问题归类、评价反馈等方式来促进实践活动的推进与完成。开放的、体验的、实践性的学习方式是开展综合实践活动课程的有效方式，强调研究性、设计性、体验性、参与性和反思性等。综合实践活动课程在具体操作上包括社会调查与访问、科学实验与观察、信息收集与处理、技术设计与制作、社会参与与服务等，且在这方面有很好的案例和课程实施经验。在这个过程中，教师需要收放有度，既给空间，又有指导与支持。

最后是课程实施与学习评价。冯新瑞、田慧生认为综合实践活动作为一门实践性课程，它的实施不仅需要文本资源，还需要开发自然资源和社会资源，让学生去探究、去实践。综合实践活动课程评价角度更多地指向学生获得结果的过程，注重体验和表现，关注学生在活动过程中的体验和表现，以及他们是如何解决问题的，同时对结果进行评判。因此，综合实践活动课程的评价是关注日常学习活动中的细节和行为，是对学生创造和思想的倾听、理解、引导、欣赏和研究。

2. 综合实践活动课程的活动设计流程

综合实践活动课程的活动设计包含五大核心要素：活动主题分析、学习活动目标、学习活动规划、学习活动设计实施和学习活动评价。通过阐述活动主题确定的背景、原因、意义和价值，多维度设计指向素养的学习活动目标，围绕主题整体规划活动，详细设计内在有联系、重视学生获得的学习活动，围绕学习目标多维度评估学生的学习效果，完成综合实践活动课程活动的全流程设计（见图1-6）。在综合实践活动课程实施过程中，学生在主动参与、探究发现、自主合作、交流合作的过程中经历解决问题的实践学习活动，逐步形成综合学习、自主建构、动态生成和实践探究的意识，掌握综合性学习的方法，发展综合能力。

图1-6 综合实践活动课程的活动设计流程

总之，在综合实践活动设计与实施过程中，教师要依据学生兴趣、教育资源、现实问题，选择指向学生核心素养发展的学习主题；从自主性、主体性、全面性多维度设计学习目标；关注学生获得，学习活动与评价同步，学习活动与评价方式匹配。教师要做学习情境的设计者、学习资源的研发者、学习过程的指导者、学习经验分享的组织者、学习反思的引导者。

(二)海淀区 STEM 课程学习设计与实施

为了更好地服务于海淀区各学校跨学科主题学习实施,研究、探索学生创新能力的课程设计与实施,2014 年,海淀进校内设机构增加了"创新教育研究中心",最先开始的工作就是 STEM 课程的设计与实施,然后是选配教研员。陈咏梅、张柳和张乃新三位老师成为第一批 STEM 教育教研员。2017 年,中国教育科学研究院成立 STEM 教育协同创新中心,启动"中国 STEM 教育 2029 行动计划",海淀进校成为全国十个协同中心之一,开发 STEM 教育的课程,开展 STEM 教育的课题研究,进行 STEM 教育的教师研修,遴选 STEM 教育的领航学校、种子学校,以及领航教师、种子教师。随着探索和实践,海淀进校开发了 STEM 跨学科课程框架,构建了 STEM 跨学科课程的教学模式和实施路径,探索了表现性评价的设计与实施策略等,以推动创新型、解决问题的复合型人才的培养,促进 STEM 教师专业发展,推动海淀区学校 STEM 跨学科教育水平整体提升。2022 年,研究与实践的成果《STEM 学科教学:链接与赋能》由教育科学出版社出版。

1. 形成区域 STEM 课程开发与整合框架

海淀区以航天领域重大挑战为 STEM 课程主题,引领教师从主题、任务入手,学习航天领域相关知识,研究梳理问题解决路径,建立问题的系统认知,再对应多学科课标和学生认知特征进行分析,形成特定问题的知识图谱,以及概念、大概念和跨学科概念建构路径图。STEM 课程设计突出科学探究、工程设计、使用数学和计算思维等核心要素,最终形成目标与成果一致、主题与任务匹配、学习路径与活动清晰、评价与展示持续、环境与工具支持的完整STEM课程设计方案。经过多个课程的开发实践，提炼形成区域STEM课程开发与整合框架（见图1-7）。

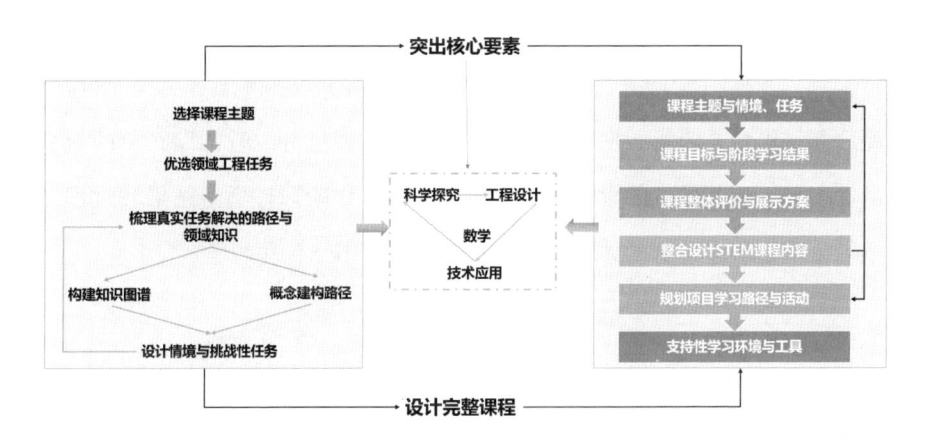

图1-7 区域STEM课程开发与整合框架

2. 提炼区域STEM课程教学设计模式

教研员针对不同学段的校本化实施进行指导，支持课程小组中不同学段教师进行持续实践，使之形成学校特色STEM课程成果，提炼形成区域STEM课程实施策略，在学科融合STEM的案例中进行迁移应用。海淀区基于学习进阶的研究，了解学生对概念认识、问题解决能力和高阶思维的发展规律，使STEM课程围绕跨学科概念组织知识内容，建构统一的跨学科概念体系，在有效的科学探究与工程实践活动中建构概念，并以学生能力进阶设定不同学段STEM课程目标，有效改变"广而浅"的STEM学习现状，在研究实践中形成了"确定学习目标—选择学习内容—组织互动学习—建立学习反馈"区域STEM课程教学设计流程。

3. 构建区域 STEM 课程实施框架

复杂真实问题把学科教学和跨学科课程紧密联结在一起。区域航天 STEM 精品课程实践、学科融合 STEM 的项目式学习，逐渐形成海淀区 STEM 课程实施框架（见图 1-8）。学生在真实情境中的挑战性任务中，界定问题、开展科学调查、初步设计方案、开展科学探究、开发与制作模型、测试模型、收集数据、基于数据分析改进模型等。教师以必要的教学活动引导、调节学生的学习行为和认识发展，以阶段性学习结果和过程性学习证据进行多轮次的评价、反馈，指导、调节、优化教学。

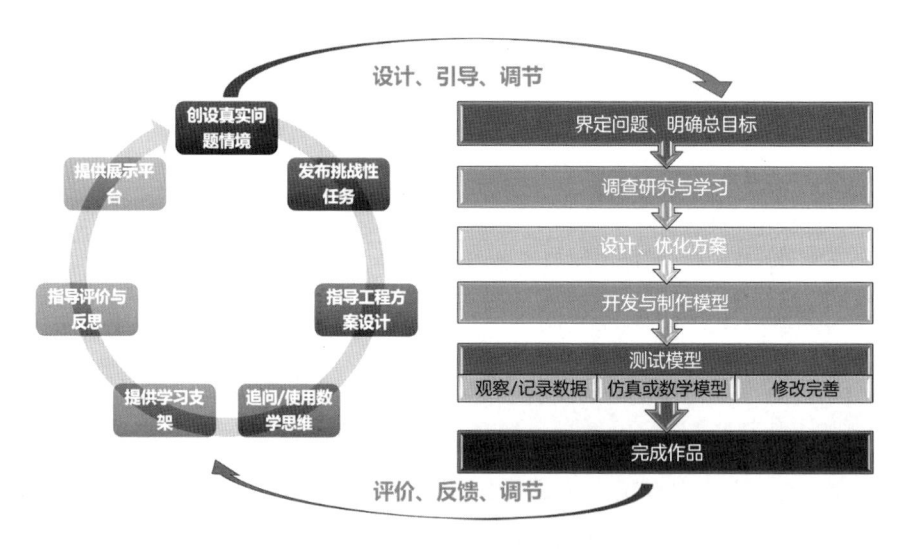

图 1-8 STEM 课程实施框架

4. 探索表现性评价设计与实施模式

实施表现性评价时，教师不仅评价学生"知道什么"，还评价学生"能做什么"；不仅评价学生行为表现的结果，还评价学生行为表现的过程；

不仅是评价学生在某个学习领域、某方面的能力，还评价学生综合运用已有知识和学习的新知识进行实践的能力。表现性评价通过表现性任务将学生内在的能力"可视化"，把"看不见"的高阶思维能力转化为"看得见"的行为表现，通过使用评价量表等工具将学生外在行为表现"诠释"出其高阶思维能力水平。

海淀区确定了表现性评价的设计与实施框架和策略（见图 1-9），用于指导教师进行 STEM 课程高质量实施与课程优化。框架主要聚焦于解决表现性评价三要素——"评价目标""表现性任务""评价工具"的设计路径和策略，以及表现性评价前置、评价伴行和自我反馈的实施过程，并运用评价反思改进学生的"学"和教师的"教"。

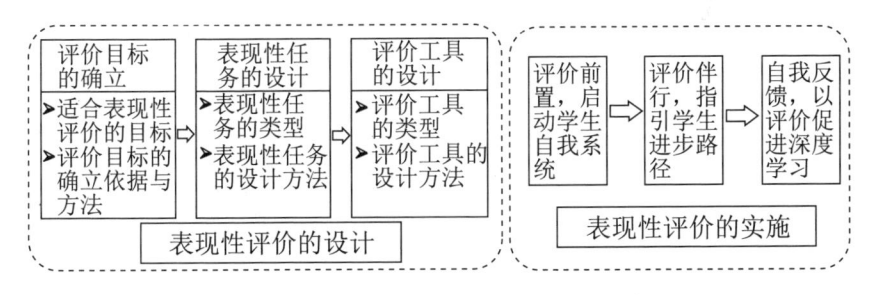

图 1-9 表现性评价的设计与实施框架和策略

四、怎样实现教书和育人的统一

在教化学、当班主任的日子里，我一直在思考两个问题。一是学校的德育工作主要由谁做？是班主任、德育主任，还是德育副校长、校长？二是各学科课堂教学的共同目标是什么？

课堂是育人的主渠道。落实立德树人根本任务，要以社会主义核心价值观为引领，深入进行"学科德育"的研究与实践，从学科教学到课程育人，发挥每一门课程的育德功能，在学校构建"全员育人、全科育人、全程育人"的育德大格局。学生成长是一个渐进的过程，学生是在每一个学科、每一节课、每一个学习活动中，在不断地经历、体验、感悟、构建新的理解中成长的。要根据不同学科和不同年级的特点，充分挖掘各学科课程蕴含的德育价值，将德育有机融入学科教学中。

(一)什么是学科德育

学科德育就是教师根据本学科特点、学段特点和学生发展需求，充分挖掘学科学习中的德育要素，将具体学科知识链接生活实际，形成具有挑战性的学习任务。学生通过多种形式的实践性学习，提升核心素养，实现知行合一的有意义的学习过程。

学科德育是以学习科学为基础的育人实践，其显著特征是以学习者和学习为中心。从获取知识到发展价值观念、思维方法、合作能力、学习习惯，从说教到实践、体验、感悟，实现课堂教学价值取向的转变——从做题到做事再到做人，这是对解决培养什么人、怎样培养人的问题的最好的实践阐释。

2017年年初，经过一年多的准备，海淀区"绿色成长"学科德育项目启动，在小学、初中、高中的12个学科，20所实验学校，逐步建立起"学科横向合作、实验学校纵向推进"的研究、实践、改进机制，建立起学科德育月度教学现场研讨机制，进行学科德育的课堂教学实践，并形成案例。

好的学科德育课，是依据课程标准，符合学生实际，通过学习活动设计与"教—学—评"实施相一致的行为，最大限度地达到学习目标、成长目标的课。

那么，怎样才能上好学科德育课呢？

(二)学科德育课要遵循的原则

要上好学科德育课，就要遵循以下五大原则。

一是价值导向原则，以社会主义核心价值观为引领，提升核心素养；二是学科本质原则，体现落实学科本质和思想方法等学科价值；三是情境链接原则，充分挖掘学科内容中的德育要素，链接真实情境，形成具有挑战性的学习任务；四是活动育人原则，学生在深度交互中，增强规则意识，提高沟通能力，提升思想认识，逐步建立起交往、决策的价值标准和思路；五是持续发展原则，素养发展不是一蹴而就的，而是在一个又一个进阶性学习任务中，在思考、讨论、关联、迁移中实现的。

(三)学科德育课要关注的要素

实施学科德育，关键在教师备课、上课时要特别关注以下五个要素。

一是关注学科知识关联，明确不同的学科内容承载了哪些价值观念，链接社会生活、政治生活、日常生活和科技前沿领域，将"学科知识"转向"学习任务"。二是关注学习问题解决，从"被动听讲"转向"解决问题"。学生在任务中，学会多角度考虑问题并进行决策，经历失败与挫折后坚持下去，养成良好的意志品质，发展素养。三是关注师生互动过程，从"正确解析"转向"组织学习"，创设尊重、平等、民主、和谐的氛围；尊重差异，鼓励学生质疑、追问；提供学习支架，使学生的思维外显、模型化；允许失败，鼓励坚持。四是关注课后作业设计。作业是课堂之外不可缺少的学习环节。教师在内容的选取、完成方式的选择、结果的使用等方面，要综合考虑作业在巩固知识、提升能力、发展兴趣、管理时间方面的作用，以及利他、公益的取向等。五是建立区校协同机制，构建区级、校际、校级三级学习共同体，转变观念、顶层规划、研制标准，示范、指导和落实学科德育工作。

学科德育是促进德育工作专业化、规范化、实效化的有效途径。育德是每一位教师的职责。为了更好地用研究成果支持中小学教师，团队成员共同编写了《学科德育指导手册（小学）》和《学科德育指导手册（中学）》。这两本书于2024年1月由清华大学出版社出版。

每位教师都是学科德育的实践者和研究者，要不断提高自身的道德修养和教学基本功，充分把握学科德育的本质与内涵，在每一节学科课堂上实现课程育人。学科教学与德育相融共生，育德要体现在每节课教学结构的各个方面，贯穿教学的全过程。教学线索是外显的，德育目标是内隐的，学生看不到说教，却被真切地影响到，心灵受到触动，实现精神成长，而教师则以此实现教书与育人的统一。

五、从班主任到学生成长顾问

我做过10年班主任。当班主任对于我而言不是负担，反而留下了很多美好的回忆。如今，成家立业了的学生常回来看我，20多年前的事情，我们能聊上大半天。学生因为生病中午到我的宿舍休息、深夜的家访、实验化学课程、答辩前的准备、高考志愿填报、冬季越野、天安门广场观升旗……这些都是小事、常规工作，却一桩桩、一件件被学生拿出来聊。

(一)班主任工作面临新挑战

一位班主任带一个班，一个班就像一个家。班主任像家长，既是班级的组织者(学生的思想、学习和健康等关乎学生成长的事都要管)，也是班级教育教学工作的协调者，还是学生的好朋友，每天和学生在一起学习、生活，心心相通。多数学生遇到困难时往往第一个想到的就是班主任。班主任有严厉的，有慈爱的，有阳光开朗的，有性格内向的，风格与性格差异很大，但每位班主任都会把自己的爱、学识和对这个世界的理解带给学生。2009年，教育部印发的《中小学班主任工作规定》指出，"班主任是中小学日常思想道德教育和学生管理工作的主要实施者，是中小学生健康成长的引领者"。

新时代，育人理念转变，高校考试招生改革，让学校管理面临新挑战。教育和未来工作之间的线性关系越来越弱，社会信息传播渠道增多且纷繁复杂，学生的认知和行为方式发生了重大变化，个性需求更加凸显。学校教育也在变化，原来是不同的学生在同一时间、按照同样的标准学习同样的内容，未来逐步走向不同的学生在不同的时间学习不同的内容。选科、选课、选活动，面对选择，学生需要真正认识自己，做出选择。选课后的走班学习使得同一个班的学生每天集中在一间教室里学习的情况变了。这一切的一切对以班主任为核心的班级管理提出了挑战。学生的强烈需求与班主任原有的专业化水平形成反差，班主任工作需要转型升级，因此，建立学生成长顾问体系非常重要。

(二)学生成长顾问做什么

学生成长顾问是指在学校里能够为学生成长的各个方面提供支持，帮助学生解决成长过程中面临的问题的专业人士。他们关注学生的学业成长、身体成长、情感发展等，帮助学生树立正确的价值观念，使学生能够认识自我，处理好学习与生活、学习与兴趣特长、潜能倾向与社会需要的关系，提高学生思考未来和自主发展的能力。他们温暖而专业，在合适的距离内陪伴学生走过青春、克服困难、体验成功。学生成长顾问制度是实现全科育人、全程育人、全员育人的有效管理制度，真正体现以学生为中心，满足学生全面而有个性发展的需求。

一项针对高中学生最希望在什么方面得到学校支持的调研结果显示，排在前八位的依次是：选课和选考指导、生涯规划指导、课程学习指导、考试焦虑缓解、时间管理、情绪管理、自我了解和自信心提升、人际关系处理。在实际工作中我们还发现，会做学习规划、了解学科内涵、了解不同职业，以及获取各类信息和做出正确的价值判断、与家长沟通、解决困难等也是学生的刚需。由此可见，学生成长顾问是连接学生与社会、现在与未来的桥梁，其工作的目标、内容和形式完全超越了一名学科教师和班主任的能力范围。学生成长顾问应具备以下素养：一要具备关于学生的知识，了解和掌握学生的学习态度、学习基础、学习特点、学习品质、学习习惯；二要具备课程和教学知识，全面深入了解学校的课程方案，了解每一门课程在学生成长中发挥的作用、课程特点、学习要求等；三要具备社会知识，全面了解社会职业、大学专业特点和发展空间；四要具备整合资源的素养，对于不能够提供专业支持的内容，要帮助和指导学生找到相应的专业资源。这些素养也是随着时代变化而发展的。

(三)如何成为一名学生成长顾问

在我国，学生成长顾问应该是优秀的学科教师，教学好、做班主任好，能够以身作则，率先垂范，被学生和家长信任，还要具有专业的理论和实践素养，以及开阔的视野。这些专业内容，教师们在大学里都没有学过，需要通过在职的研修来获得。区域层面应该统一设计、组织实施，通过研修提升干部和教师指导、服务学生发展的意识与专业能力，形成对学生成长顾问的基本认识，掌握学生成长顾问的理论基础和指导范式，掌握学生成长个体指导与团队指导两种方式的基本程序、常用工具和指导策略，指导建立校级、年级两级顾问体系，分工合作。

学校可以通过制度建设、专项培训和项目研究的方式统筹推进这项工作，并以此为支点，带动学校教育教学管理改革。一是建立学生成长顾问制度，保障顾问工作的规范和有效，通过《学生成长顾问手册》以及学生成长平台，记录成长顾问工作和学生成长情况；二是激发师生的双向动力，使学生成长顾问与学生的专业支持匹配度最大化；三是建立学生成长顾问能力发展机制，建立多方共同参与研讨机制，通过理论与实践一体、可观察和可操作的实际训练，在互动中分析、解决问题，提升学生成长顾问专业能力；四是建立学生成长顾问动力机制，建立表彰制度，搭建分享空间和平台，让教师体会到工作的价值感和成就感。

从班主任到学生成长顾问，从对班级管理到对学生全面而有个性发展的专业支持，是育人模式创新的具体表现，是教书育人的和谐统一，也是师生的共同发展、互相成就。

六、新时期，我们如何做家访

长期以来，家访是教师工作的一项重要内容。随着城市化进程的加快，乡村学校的布局也在调整，小学减少，初中和高中学校相对集中。学校教育面临五大变化：育人目标的变化、教师结构的变化、生源结构的变化、家校距离的变化、沟通方式的变化。那么，现在还需要家访吗？如果还需要，那么教师应该怎样进行家访呢？

首先，明确家访的主要目的。

家访不是告状，更不是出了问题才进行家访，而是教师进行个别家庭教育指导的一种常用方式。

实地了解学生的家庭状况。家庭环境是影响学生成长的最重要的因素。家访能使教师更真实、更全面地了解学生情况，包括家庭的物质环境、学习环境、生活习惯、学生的个性偏好、与父母的交流方式、与其他家庭成员的关系等。通过家访教师不仅可以了解学生在家的表现，发现平时未发现的优点，还可以了解家长的教育理念和方法、家长内心的真实感受和真切希望。

通过深度沟通达成共识。教师向学生家长介绍学校的办学理念、课程设置、教学设施、课外活动、班级工作等基本情况,增进家长对学校的了解,使家长更加理解教师的工作。通过家长介绍孩子在家的表现,教师可以更全面地了解学生。这些都有利于教师和家长达成共识,彼此支持,形成家校育人的合力。

解决学生的一些个别问题。学生在成长过程中总会遇到这样或那样的问题,有些问题难以解决,是因为不知道问题的根本原因。教师通过家访了解情况,能帮助自己进行研判。家长通常也会感谢教师对孩子的特别关注。学生、家长、教师三方在一起交流,彼此的信任度增强了,交流也就更加充分了。在学生熟悉的生活环境中,教师开展有针对性的指导,效果也会更好。

帮助家长树立正确的教育理念。家访可引导家长树立正确的教育理念,帮助家长解决家庭教育方面的一些困扰,增强家长的责任意识和对学校、教师的信任度,使家长也参与到学校的教育教学管理中,和教师协同做好教育工作。

其次,家访的方式。

现在教师和家长多是"80后",且独生子女居多,生活和求学的经历相对顺利,成长过程中得到的宠爱多、遇到的困难少;在学生中,独生子女的数量也很多,他们在日常生活中的社会交往相对简单,和邻居小伙伴一起玩耍的时间很少。如今,人工智能迅猛发展,人们见面少了,通过邮件、电话、微信的交流多了,很多家庭和学校之间的物理距离也大了很多。

由于社会环境和教育环境变化很大，考虑到实际情况，各地区对家访的要求差异很大。有的地区要求每三年必须家访到每一名学生；有的地区要求新七年级、新高一的班主任，必须在九月份开学前家访每一名学生；有的地区要求出现问题的时候必须家访；有的地区要求家访时必须两位教师同行。还有一部分地区没有任何要求。

家访的沟通方式是面对面、一对一、个别谈心，这些方式情感交流多，可以详细说，可以讨论和追问，是一个通过深度沟通来做思想工作的过程，具有其他教育方式难以替代的优势。因此，新时期依然需要家访，但是要和电话、微信沟通相结合，形成互补。

家访前，要做充分的准备。家访是德育课程的一部分，教师家访要先备课，备课就是精心设计家访的内容、方式。根据每次家访的目的，准备好学生的基本资料，包括学生课上听课、完成作业、参与学校各项活动、学业成绩、和同学相处等日常表现情况，以及要交流的问题等；还要预设可能的情况。

家访中，要顺畅沟通情况。家访应选择好时间节点，可以是接每个学段的起始年级时、半路接班时、期中或者期末，或者是出现问题需要解决的时候。家访要形散而神不散，从多个角度漫谈，获取第一手信息，再给予指导。可以问问能不能参观学生房间或者书房，营造轻松氛围，围绕主题掌握相关的信息，包括学生的乳名、饮食习惯、作息时间、时间安排、家务分工、和父母在一起的时间和亲近程度、和父母沟通的内容和方式、日常与亲友和邻居小伙伴交往的情况、最喜欢的事情，等等。如果交流有困难，可以从学生或家长更喜欢的事情谈起。

最后，家访时应注意的几个问题。

家访前，要和家长约好时间，教师可以直接联系家长，或者通过学生联系家长。通过学生联系家长可以让学生深度参与，让学生放心——教师并不是告状，没有背着学生约家长。交流时做一个好听众，认真听学生及其他家庭成员的介绍。交谈时要坦诚，先摆事实再分析，通过案例，引导家长树立正确的教育理念，指导科学的教育方法。家访时还要注意服装仪表，不留下吃饭，不拿礼物。

第二章

与教师相伴,为教师成长而研

一个国家的强盛，是从教师的讲台开始的。

我们家老师多，父亲是生物老师，母亲是物理老师，叔叔是英语老师，姑姑是化学老师，姑父是物理老师，先生是生物老师，还有弟妹、妹妹，都是中学老师。在家里，父辈影响着我们，兄弟姊妹之间也互相影响，我家的老师们有很多共同特点：讲课清楚、明白、有逻辑，爱每个学生，以人格魅力和学识魅力感染学生。

工作中，一直指导我的教研组长李新黔老师，年级组长杨志清、卢桂兰、李峪、燕彦、王小欣等老师，带我起步、入轨，逐步成长起来。刘彭芝校长、于漪老师、霍懋征老师、李吉林老师等，是教师成长发展的榜样。他们身上的教育家精神揭示了为师从教的职责使命，一直影响着我的教师生涯，让我不惧困难，勇毅前行。

教师，是履行学校教育工作职责的专业人员，需要经过严格的培养与培训。教师掌握系统的专业知识和专业技能，从事教育教学活动，从教之后，还要不断优化知识结构，研究课程、研究学生、研究教学，从学的角度解决教的问题，因材施教。21世纪的教师，从传道授业解惑走向师生共同成长。

教育强，必先教师强。教师是教育改革和发展的基础力量，校长、教研员，都要在社会发展、教育改革发展过程中陪伴教师成长。

1

教师成长的内涵及关键

强国建设、民族复兴的时代使命，对教师的能力素养提出了更高的要求。在已有教书育人的理念、高尚的师德、精深的专业、扎实的基本功、健康的身心、终身学习能力的基础上，更加强调培养学生创新能力的能力、指导家庭教育的能力、利用信息技术来支持学习的能力。2023年9月9日，在第三十九个教师节到来之际，习近平总书记致信全国优秀教师代表，从六个方面精辟概括了中国特有的教育家精神，即心有大我、至诚报国的理想信念，言为士则、行为世范的道德情操，启智润心、因材施教的育人智慧，勤学笃行、求是创新的躬耕态度，乐教爱生、甘于奉献的仁爱之心，胸怀天下、以文化人的弘道追求。这六个方面立意深远、内容丰富，为我国教师队伍建设指明了奋进方向，提供了根本遵循，注入了磅礴动力。

一、教师的教学能力系统

课堂是育人的主阵地，也是教师成长的主要场所。学生素养的提升是在教师教育教学、在学校实践活动当中实现的，因此，教师的课堂教学水平就是学校教育水平的集中体现。一个区域所有教师的课堂教学水平的集合，就是区域教育质量水平的集中表现。

教师的教学能力是指教师为达到教学目标、顺利从事教学活动所表现的一种行为特征。教学能力是一种实践性很强的学术能力，是教师在教学实践中表现出来的素质。教学能力既体现一般教学能力，即教学活动中所表现的认识能力，如能够了解学生学习基础和个性特点的观察分析能力、教学内容分析能力，能够预测学生学习障碍和发展的思维能力等，又体现从事具体学科教学的专门能力，如把握学科本质、选择教法、开展实验等能力。

教师的教学能力也是衡量教师专业素养的关键要素。针对学科教师培训针对性不强、内容泛化、缺乏教学能力进阶、方式单一等突出问题，我们在参加教育部教师培训课程指导标准的研制过程中，采用自上而下与自下而上相结合的方式，基于教师教学任务及实践工作需要，研究、构建了包括一级、二级、三级指标体系的教学能力系统，对教学能力行为表现水平进行分级。

(一)教学能力系统构建

教学能力是教师专业能力的重要方面，是影响学习效果最直接、最明显的因素，可以在课堂教学中体现出来，也可以通过教师对教学问题的认识等途径间接反映和表现。教师的教学具有现场性、独特性、不确定性、主观性等特征，是具有创造性的工作。教学能力是教师的课程知识、教材知识、教学知识、评价知识、关于学生的知识、灵活地组织学生学习与讨论等能力相融合的复杂体系。

以义务教育化学学科为例，在教学与教研的实践过程中，化学教师教学能力的一级指标聚焦于具有统摄性的学科整体理解和化学课程标准的主题，共六项。其中，学科整体理解包括义务教育化学学科课程性质与理念、课程目标与内容、学业质量与课程实施；化学课程标准的主题包括科学探究与化学实验、物质的性质与应用、物质的组成与结构、物质的化学变化、化学与社会·跨学科实践。

最重要的表现是在课堂教学中落实国家课程标准的能力。化学教师教学能力的二级指标聚焦于落实一级指标中每个主题的理解、设计与实施，包括主题内容及教学价值理解能力、课程标准与学习内容分析能力、学生学习与发展空间分析能力、学习目标与任务设计能力、学习组织与指导能力、作业设计与实施能力、学习诊断与激励指导能力、教学反思与改进能力，共八项。

化学教师教学能力的三级指标聚焦于二级指标落实的细化、落地，描述二级指标项的分水平行为表现——通常分为 4 级水平。

(二)教学能力水平层级

借鉴国际教师专业标准、PCK(教学专用术语:学科教学知识)发展进阶等相关研究,基于教育心理学发展阶段、认识发展理论、学习进阶理论,结合对相关教学案例中教师典型行为表现分析,我发现教师教学能力水平差异的表现是:不同能力水平的教师,不仅在调用专业知识与技能的熟练程度方面存在差异,而且在开展某项教学任务及实践活动时的行为表现方面存在差异。

在刻画教师教学能力水平层级时,采用了学科教育专家、教师及教研员认同度调查,教师教学认识测查,教学设计文本与教学实录分析多种途径进行检验与论证,以修改、完善水平层级及其表现表述,刻画出 1~4 级从低到高的特定教学能力水平层级。例如,"主题内容及教学价值理解能力"水平层级的描述,如表 2-1 所示。

在物质的化学变化主题教学中,我对学生的发展空间进行分析,分析学生已有基础,关注了解学生在化学变化方面的生活经验(某些变化会放热、燃烧,金属生锈需要一定的条件),对具体化学反应的感性认识,以及在物质构成和化学变化方面的已有知识基础;关注学生在研究物质、分析实验和实际问题时的角度和思路;聚焦于学科理念,通过观察和探查,明确学生当前对化学变化的认识水平(描述辨识水平、分析解读水平、设计调控水平)。

相伴成长

表 2-1 "主题内容及教学价值理解能力"水平层级描述

二级指标	三级指标	水平层级描述
主题内容及教学价值理解能力	学科内容理解	1级——笼统、零散、孤立地关注知识；
		2级——能建立初中阶段主题内知识间的系统联系；
		3级——能建立主题内知识间的系统联系，挖掘所蕴含的方法、认识、观念等；
		4级——主题间、学段间学科知识融会贯通。
	教学价值认识	1级——笼统、零散、孤立地关注知识本体的价值；
		2级——能列举实例说明知识的价值；
		3级——能基于主题知识挖掘方法、认识、观念等方面的个人价值；
		4级——系统关注主题间、学段间融合的社会、个人、学科本体多方价值。
	课程理解与把握	1级——能说出初中阶段主题课程内容；
		2级——能准确表述主题内课程内容之间的关系；
		3级——能准确描述初中阶段主题间学科内容之间的逻辑关系；
		4级——系统全面把握主题内容在不同学段、不同学科的内容安排。
	教材理解与教学内容组织	1级——能描述主题内容在教材中的明线；
		2级——能系统描述主题内容在教材中的明线和暗线；
		3级——能深入理解主题内容之间的关系；
		4级——能选择和调整组织有价值的教学内容。

1级水平表现为"能零散地说出一些学生对化学变化的已有知识和经验"；2级水平表现为"能比较全面地说出学生的生活经验（燃烧、生锈等）和此前已学的相关知识，关注学生是否具备对具体反应的感性认识（典型

现象、条件、某一类的具体反应、对反应前后质量变化的直觉等)";3级水平表现为"能说出学生在化学变化方面的已有认识(如某些变化会放热、燃烧，金属生锈需要一定的条件)，以及某些观念(如朴素的守恒观等)，在教学中有意识地探查学生对化学变化的想法和解决一些问题的思路";4级水平表现为探查学生能否多角度认识化学变化(特征与本质、物质和能量变化、条件、现象、类型和规律等)，关注学生能否基于变化观进行化学变化的识别、分析和判断，能设计探查问题并通过典型表现进行诊断。

(三)教师"课程育人能力"提升

教师成长呈现出典型的阶段性特征。新任期教师更多是模仿，关注教学技能、交流技能等；发展期教师形成了习惯，关注学习成绩、学生特点等；成熟期教师更多是创造，关注问题解决，主动探索等；名师更多地进行教育实验，提炼育人思想、引领教育创新等。这就是教师的发展过程。新时代教育踏上了新征程，我们对学科育人目标的理解不断升级，从1952年颁布的《中学暂行规程(草案)》提出的"基础知识和基本技能"，到2001年颁布的《基础教育课程改革纲要(试行)》提出的"三维目标"，再到2017年颁布的《普通高中课程方案和语文等学科课程标准(2017年版)》提出的"学科核心素养"。同时，评价也在升级，从考查"双基"，到强调学科内的综合性，到强调解决问题的能力，再到强调基于在真实情境中做人、做事的能力。

未来，教师成长的趋势，要从关注"学科教学能力"升级到"课程育人能力"。教师学习内容要涵盖学科专业逻辑、学生认知逻辑、课堂教学逻辑，特别是要在整体理解学科育人价值的基础上，备好课、上好课、做好课后辅导。正确的内容加上正确的过程，才能习得素养。学生只有经历有体验、有感受、有发现的学习，才能掌握知识和技能、创生意义。以单元为学习单位将知识结构化、任务情境化、学习实践化，开展基于问题、基于项目的实践性学习，学生思考并独立实践，完整体验并不断修正问题。比如，科学学科强调"做中学"，语文学科强调"学习任务群"等。教研指导教学，在理念上转向"课程育人"，在目标上转向"素养发展"，在内容上转向"学生的学"，在方式上转向"任务学习"，在改进上转向"基于证据"。有团队、有研究、有实践、有改进的过程，让教师体悟、成长，是脑力、体力付出的过程，更是提升、发展的过程。

教研员陪伴教师通过学习和研究，在课堂教学实践中不断改进教学，生成教学实践智慧，以此来获得教学能力、课程育人能力的提升，这是解决问题的能力，是带得走的能力。

二、人才培养升级需要具有创新能力的教师

这是一个"变化是唯一不变"的时代，创新、跨界创新无处不在。创新能力既是个人生存和发展的需要，也是国家和社会发展的要求。

教育创新的本质同样是改变，是突破。其目的是顺应社会发展、人才培养升级的需要，用新的内容、新的方法、新的思路、新的机制来解决实际问题，更好地促进学生核心素养发展，以此提高育人质量。教师工作的创新是优秀教师主观能动性的高级表现。这种创新不是一蹴而就的，也不

是颠覆式的，往往是循序渐进、不断优化的。

人才培养升级需要具有创新能力的教师。从育人理念看，教师要坚持素养导向，引导学生从竞争性学习转向合作性学习，构建学习团队的新型关系，丰富学习过程中的交互方式；要让课堂从说教型教学转向赋能型教学，让学生获得思路、方法和工具，经历挫折也体验成功，激发学生浓厚的学习兴趣和好奇心。

从工作内容看，一是教学工作的起点要前移，教师应关注课程的门类、校本课程的设计及科目之间的关系，关注本学科内容的育人价值和学生学习特点、规律；二是学习活动设计和组织要结构化，重视单元教学的整体思考；三是课堂学习之后的作业要整体设计，发挥复习巩固、关联提升、满足兴趣和不同需求等作用；四是调整班会的定位，班会要超越管理、说教，丰富内容，成为学习共同体专题研讨的平台、展示才能的场所、主题辩论的自我管理空间。

从工作方式看，一是教师要用好各类资源和技术，通过多种方式获取信息，收集素材，并设计具有挑战性的任务；二是学科内和跨学科的综合性学习，要求教师穿越课程和教学的边界；三是改变与学生的交流方式，新的方式可穿越时空，新的机制可凝聚更多的人，新的手段可解决交互难题；四是教师间形成常态的学术研讨共同体，创新解决教学困难的方式。

教师的工作创新，最大的亮点也在课堂。课堂是学习发生的主要场所，课程改革就是要在课堂上"打攻坚战"，真正地转变育人观念，改进教与学的方式。教师的工作创新不是创新理念，而是在实践中探索从"以教为主"转向"以学为主"的具体策略、有效的操作方式，如怎样设计具有挑战性的任务、如何提出高质量问题、如何外显学生内隐的思维、如何开展混龄学习、如何追踪学生的学习状况、怎样鼓励学生开展社交和头脑风暴，等等。

怎样成为具有创新能力的教师？爱和责任是原动力。追求卓越，对教育的热爱、对学生成长的责任是创新型教师的原动力。热爱可以让教师不知疲倦地努力，不断探索、反思、改进；责任可以让教师能够勇敢地面对困难，扎根课堂，解决问题。想象创意和链接能力是关键。丰富的想象力和多维度的链接能力是创新型教师的关键能力。链接就是找到好的结合点，找到学生学习成长和课程内容、学习资源、学习方式、学习环境、学习伙伴之间的关联点。关联性分析能够让教师洞察问题及问题背后的原因，系统性思维能力和设计能力能够帮助教师找到解决问题的路径。主动学习和反思改进是特质。在日常工作、会议和研讨中的主动学习，在阶段性实践后的深度反思、基于学业的证据和数据反馈来发现问题，并通过关联分析找到改进教学的策略，这是创新型教师高级认知能力的表现和基本特质。

课题研究就是用科学的方法解决问题，这是进行教育创新的载体。教育科研是保障教育质量的"压舱石"。创新型教师有鲜明的教学主张，仅仅靠经验积累和教学反思是不够的，需要用行动研究的方法解决问题、研究自己和同事的教学，并通过研究来表达自己的教学主张。

创新引领未来，教育创新的能力是教师难以被替代的能力，是优秀教师的基因，是一种贯穿教学实践的日常习惯。一代又一代教师的接力，一点思考、一次微改变、一种变通、一种融合，无数个微不足道的、接地气的实践累积，就会带来大的突破。

高素质、专业化和创新型的教师就是这样成长起来的。

三、努力成长为一名好老师

回顾自己从教的经历，在职业生涯的第一个十年，我的教学成长大致经历了五个阶段。

第一个阶段：讲解接受式教学。刚入职时，我的教学评价标准是"课上讲解清楚明白、课后随时给学生答疑"，是如此简单、朴实。年轻的我积极参加教研，研读教学大纲和教材，听老教师的课，反复修改教案，精心上好每一节课。清晰明了、逻辑性很强的授课方式受到学生的普遍欢迎。直到一次考试，学生的答题情况让我意识到从讲解清楚到学生理解、学会之间是有距离的。

第二个阶段：启发发现式教学。发现问题之后，我开始探索将教学内容转化成系列问题，让学生看书、思考、讨论，然后把对问题的理解和解决思路表达出来，这样我就知道他们理解到什么程度了。给予学生开放的研讨空间，激发了学生的学习热情、表达见解的欲望，此时，我的教学评价标准是"学生的化学基础知识、基本技能和方法的发展水平"。但是，一年后，新的问题又来了——化学是以实验为基础的，有些讨论缺乏来自实验的证据和基于实验的思考，有些问题难以深入，于是我又开始琢磨。

第三个阶段：实验探索式教学。这种教学方式就是在教师的指导下，学生做实验，经过观察、记录、分析、讨论、争论，得出结论，获得丰富的直接经验。这样学习化学，鲜活、有趣、理解深刻，给予学生在实验室动手做、一起研讨的空间，最大限度地激发了学生学习化学的热情，形成了互相借鉴的氛围。此时，我的教学评价标准是"学生的实际收获和兴趣"。但是，一段时间后我发现，规定的反应和实验使学生的思维空间受限，兴趣难以长久保持。

第四个阶段：问题解决式教学。这种教学方式就是为学生布置明确的任务，学生通过预测、设计方案、实验、记录、分析、得出结论、交流分享来进行学习。这种教学方式整体性强、挑战性强，关键环节的讨论和修正，使化学教育的生命活力凸显；无论成功与失败，从已知到未知的探索，使学习的过程深深地嵌入学生的脑海。在这个阶段，我的教学评价标准发展成"学生解决问题与小组协作的能力发展了多少"。但两年的探索后我又发现，学生洞察问题和提出问题的意识缺乏、能力不够。

第五个阶段：探究式教学。于是，我将学生的思维起点前移，开始尝试探究式教学。备课时，我根据教学内容，收集大量的真实素材，创设问题情境，让学生独立或者和我一起提出问题，然后再探究解决问题。在这个阶段，我的教学评价标准是促进"学生发现和解决问题能力的发展，对学科核心内容的理解和对化学研究方法的掌握以及学习兴趣浓厚而持久"。

这是我个人的从教经历。当时的我虽不懂什么是教学研究，却无意中走出了一条教学研究之路，而出发点和落脚点都是学生的成长。

近几年，我常想：好老师的标准是什么？应该怎样做一名好老师呢？

(一)好老师的标准是什么

好老师是耐得住寂寞、潜心教育的老师。好老师有理想信念,潜心工作,投入更多的精力,不断向上发展,不会自我设限,也收获着学生成长、自我成长的幸福。

好老师是爱学生、爱学科、爱教育的老师。好老师会给予学生无条件的、无保留的慈爱,理性的、严格的深爱,信任、理解、欣赏学生,善于唤醒、激发学生。好老师爱自己的学科,理解所任教学科的本质,把握学科育人的价值,在信息时代,创造性地组织学生开展实践性学习。

好老师是成就学生面向未来发展的老师。未来社会需要有爱、有担当的人,未来竞争不是知识的竞争,而是想象力、创造力和领导力的竞争。好老师引导和帮助学生把握好人生方向,扣好人生的第一粒扣子。好老师能让学生看到更大的世界,给学生带来行为或思维持久的变化,使学生获得走向大学、走向社会、面对未知世界的素养。

好老师的标准是动态的、发展的。好老师的境界高,会在每个关键环节陪伴学生成长,每前进一步,都是站在一个新的起点上。在每个时期,好老师都会引导学生成为最好的自己。

(二)怎样成为一名好老师

好老师要不断提升育人境界。好老师应把握学科的育人功能,在每项活动中锤炼学生的品格,保护学生的好奇心和求知欲;在每个学科、每一节课的教学中,落实社会主义核心价值观。

好老师要从传道授业解惑走向师生共同成长。好老师要坚持言传与身教相统一，能够影响学生的精神世界；从学生的学习和发展出发，在教学实践中实现师生共同成长。

好老师必须有研究者的视角和思维。好老师爱琢磨，从学的角度研究教，基于学科，超越学科，在问题解决体验中获得知识，促进学生对学科本质和思想方法的理解，发展创新思维。探索的过程，也是教师成长的过程。

好老师成长在讲台上。教学成长是教师成长的重要标志，讲台是教师成长的重要场所。不断改进自己的教学，调整学生的学习，这个过程就是好老师成长的过程。

四、海淀教育名家的担当与坚持

教育改革呼唤教育家办学。培养大批优秀的教育教学名师、培育教育家是我国教育面临的时代课题。曾经有人把教育家分为教育思想家、教育理论家和教育实践家。从新时期对教育家成长规律进行的探讨与梳理中可以看出，已经成长起来的和正在成长的教育家，在一定程度上都属于教育实践家。因为，他们大多是从一线教师成长起来的，课堂是他们成长的沃土，基于教育教学实践的智慧是他们不断走向成熟的基础，他们能更准确、深刻地把握住教育的脉搏。

我们要努力创造条件，帮助教育实践者成为教育家，让教育家们共同前行。

(一)探寻当代教育家的特质

从古至今，中国不缺乏教育大家。古代有孔子、墨子、荀子等，近代有陶行知、蔡元培、张伯苓、晏阳初等。那么在当代，什么样的人才能被称为教育家？教育家有哪些特质？以海淀区的几位教育名家为例，可以窥斑见豹。

"学识渊博"的李晓风老师、"新教师"王春易老师、"分享智慧"的张鹤老师、"铁人"索玉华老师、"行走的玫瑰"窦桂梅老师、"艺树人生"张亚红老师，还有"带领团队研究"的我，这一张张"画像"，各有特点，却又共性最多：爱学生、爱自己的学科、爱教育。我们研究课程、教学、评价，越过一个个台阶，我们从有意义的学科教学到学科教育，不断地自我超越。在不断地自我超越的背后，我看到的是担当和坚持，这是教育家身上的特质。

在《现代汉语词典(第7版)》里，担当就是"接受并负起责任"。在工作中，担当代表着"在其位、谋其政"的履职尽责，代表着"知其难为而为之"的无畏勇气。

担当是一种气魄，在教育变革的背景下要与时俱进，敢于承担别人不敢承担的责任与任务。这不仅需要勇气，还需要知识、能力和方法。

担当更是一种使命，随着社会和教育的发展，这种使命呈动态变化的态势。清华大学附属小学的窦桂梅老师说："任何一个学生的心灵深处，都有想做好孩子的愿望。教育的使命就是呵护这种愿望。"于是，她义无反顾地承担起这个使命，坚持"为儿童聪慧与高尚的人生奠基"的办学理念，紧跟课程改革的步伐，紧走课程改革之路，积极构建"1＋X"课程体系，成为基础教育课程改革的优秀范例。

教育家的担当任重道远。教育家的担当，体现为崇高的社会责任感和对教育的使命感，也体现为宽视野和高境界。他们不拘囿于教育教学的领域，更关注当下，着眼于国家、民族的发展和未来。

教育家的坚持价值千金。"锲而不舍，金石可镂"，教育家的成长路径各不相同，但他们身上都有一个共同的特点，那就是在教育探索的每一个阶段，他们都积极主动，善于思索，勤于解决教育问题，并且持之以恒。在处理工作和生活中的各种矛盾与挫折时，他们表现出了非同寻常的坚持，在不断地遇到难题、攻克难题的过程中享受成功带来的快乐。

坚守教育理想、百折不回的精神是促成教育家稳步成长的重要因素。北京大学附属中学数学特级教师张思明老师"用心做教育"，始终以一个实践者的身份在坚持、在探索。教育工作于他是事业，也是生活的重要组成部分。他不断地思考、琢磨、感悟、享受，从而不断更新自己的知识结构，不断扩展自己的学术视野，不断提升自己的教育能力。

教育家的坚持源于对教育的终极关怀，表现为对教育价值的尊重和敬畏，更表现为对教育价值回归和实现的关注。

(二)教育家的"生长"与"培养"

教育家的荣誉称号不是教育工作者追求的目标。他们大都把崇高的教育理想信念落实到平凡的教育教学中，坚守正确的教育价值观，思考教育教学的本质；仰望星空，脚踏实地，志存高远，爱岗敬业，勇于探索，乐于钻研。一路走来，他们乐此不疲，渐渐地，形成了独特的教育思想和教育风格，在教育事业的改革与发展中发挥了引领和示范作用，因此才被称为教育家。

教育家的成长是不知不觉、无为而为的过程。这个看似自然而然的成长过程，是这些优秀的教育工作者们一路披荆斩棘的坚持，而且他们并没有因为走得太远就忘了为什么出发，他们的心中永远承载着对教育的大爱，对民族、对国家的大爱。

培养与成长并不冲突。教育家的成长是一个自然的过程。个性化的教育思想与教育实践智慧是教育家的基本特征。好的环境有利于教育家的成长。科学高端的平台、高水平教师的深度互动，可以帮助他们提炼教育思想、定位教育风格、践行教育理念、发挥教育影响。普通教师要成长为教育家，需要被影响、被唤醒，潜心育人，严谨笃学。

教育行政部门有效整合社会资源，通过系统而完整的培养制度，引领、推动、支持一批教育名师的成长。这种培养不是人工培育，也不是揠苗助长，只是给予他们更加宽阔的空间，为他们的成长提供更充足的"阳光"和"水分"，促进其更快、更好地发展，这也是教育行政部门的责任。

(三)让区域教育家引领未来教育家的成长

海淀区委区政府高度重视教师队伍建设工作。区内高校林立，科研院所、高新技术产业云集。在建设中关村国家自主创新示范区核心区的进程中，在"超前的理念、完善的机制、明确的方向和高远的目标"思想的指引下，海淀区委教育工委、海淀区教委积极采取措施，努力构建个性化立体式培养模式，致力于高端教师队伍的建设与培养，探索促进教育家成长的长效机制，让区域教育家引领未来教育家的成长。

首先，成立海淀区名师工作站和特级教师研究中心。海淀区名师工作站秉承"整合资源、高端培养、构建优秀教师专业发展的服务平台，促进学校可持续发展"的宗旨，由导师团队指导学员团队，整合名师资源，拓展骨干教师培养途径。海淀区特级教师研究中心旨在促进特级教师自身专业能力发展与提高，搭建更加宽阔的研究交流平台，促进更多的特级教师成为学者型、专家型教育名家，保持和发展海淀区基础教育的人才优势。

这些平台让更多教师的坚持更具动力，让更多教师肩负的使命更加神圣，从而拓宽了普通教师成长的路径，形成了团队协同发展的态势，带动更多的教师行走在"未来教育家"的路上。

其次，召开系列海淀区基础教育名师教育教学实践研讨会。从"十二五"开始，海淀区委教育工委、区教委召开了基础教育名师教育教学实践系列研讨会，这是海淀区加强名师建设的重要举措。到目前为止，已经召开了二十几位特级教师教育教学研讨会，我自己也是其中一分子。不同学科、不同风格的教师，都有"5＋X"的内容和大家分享，"5"包括名师的一个视频、名师的一个报告、名师的一本著作、一位专家点评、一位校长讲话，"X"是每位名师特色的展示环节。这一系列教育教学实践研讨会，是每位教师总结教育教学成果、梳理提炼教育思想的过程，是形成教育智慧、成为青年教师成长的榜样、担当起引领区域教师队伍发展的过程。

培养教育家是一项系统工程，这项工程需要为教育家的成长提供肥沃的土壤，营造宽松的环境，探索成就教育家的机制。当教师工作场域的教育生态、学科生态良好，"食物链"和"食物网"更加丰富的时候，教师的成长才更稳定、可持续。海淀区不断完善教师教育体制，搭建名师发展平台，建立起各学科的名师培养体系，培养了一批又一批北京市级名师和特级教师。

担当与坚持是教育家的特质，其支撑点是爱。教育家的爱是广博的爱。爱是尊重，也是一种重要的催化剂，能够加快学生成长，促进教师自己成长。海淀区通过教育家办学、教育家教学，促进了区域教育优质均衡发展，也吸引了广大教育工作者，特别是一线教师，以创造性的教育智慧参与到深化基础教育综合改革的实践中，不断提升海淀教育的影响力，不断擦亮海淀教育这块金字招牌。

五、教育家型卓越教师的特质

教育家精神是对卓越教师群体的精神"画像"，为名师的再发展指明了方向。

当代教育名家有哪些共同特质呢？我们试着给李吉林、马芯兰、李晓风、张鹤、程翔、李冬梅等老师，以及刘彭芝、李希贵、刘可钦、唐江澎等由名师成长起来的名校长"画像"——师德高尚、专业精深、无私奉献，关爱每一名学生，上好每一节课，育人成果显著。这是他们的共同特点。

从当代教育名家的成长规律可以看出，他们成长在课堂，能准确、深刻地把握住教育的脉搏；他们研究课程、教学、评价的每一个环节，探索有意义的学科育人；他们总是从"舒适区"主动走出来，迎难而上，不断地超越自我。在我们尊敬的教育名家身上，我们看到了责任与担当，看到了创新与坚持。这是他们的关键特质。

六、名师：努力从优秀走向卓越

名师是教师队伍中的优秀群体，但名师不是教师成长的终点。发展到一定阶段的优秀教师需要再成长，努力从优秀走向卓越，为社会做出更大的贡献。如何从优秀教师成长为教育家型卓越教师？

第一，培养基地是名师成长的大平台。

教育部于2018年启动了"国培计划"中小学名师领航工程，于2023年启动了新时代中小学名师名校长培养计划，学员为来自全国31个省（区、市）的特级教师和正高级教师，这是我国针对"金字塔尖"的教师群体开展培养的一项国家工程。

在这两个项目的培养基地中，海淀进校都是唯一的区级教研机构。很多人会问，为什么要申请这样一个国家级的教师培养项目？首先，这个项目很有意义。项目的培养目标在于将优秀的专家型教师培养成卓越的教育家型教师，培养目标高，培养难度大，在我国教师培养的历史中，属于具有开拓性和创新性的工作。海淀进校有责任去承担这样的任务，为教研机构如何培育教育家型教师先行先试，做出示范。其次，海淀进校相对于高校，有自己独特的优势。一是拥有高学历（博士）和优秀一线教学经验兼具的教研员，也有20多位特级教师和正高级教师，研究能力和实践能力兼备；二是海淀区141个学科教研基地为名师学员提供了很好的实践场域；

三是同时与十几所高校、科研院所有非常好的合作关系。最后，作为海淀进校的校长，我也有一点"私心"，希望能通过承担这样的高水平任务，拓宽高水平教研员的发展空间，开辟新的渠道促进教研员的发展，通过项目提升海淀进校培养不同阶段、不同层次教师的能力，以我们的实践丰富教师教育研究的成果。

第二，研究型体验式研修助力名师再成长。

在培养基地，以多样化课程为载体，名师边学习、边研究、边实践、边推广，通过"学员—导师"和"学员—学员"之间多个维度互动实现再成长。

一是良好的环境、志同道合的同伴有利于名师再成长。海淀进校培养基地构建了"基地—大学—中小学"个性化、立体式培养模式，形成"学员—导师共同成长"的新型关系。二是用高远目标引领，成为有风格、有思想、有智慧、能够引领基础教育改革发展的教育家型卓越教师。三是用系列课程支持三年六个单元的九大模块课程，开阔教育视野，提升教育境界，发展教育创新能力。四是有实践导师同行。在名师原有经历与经验的基础上，与同学科高水平教师一起，聚焦于学科核心素养发展，探索学习方式变革，上课、切磋和分享，在深度互动中、深刻体验中、共同创造中实现新的成长。五是有理论导师相伴。名师在课题研究和实践中，在一次次微论坛中，和专家一起，将自己的教学主张概念化、结构化，定位教育风格，提炼教育思想。六是通过开展教育援助，发挥辐射作用，从"一枝独秀"到"百花齐放"。通过名师工作室带领团队解决问题，开展教育实验，进行教育援助，在成就其他教师的过程中成长。

培养基地可以为名师再成长提供肥沃的"土壤"。我们要努力让基地保持良好的教育生态、学科生态，让"食物链"和"食物网"更加丰富，让名师再成长更稳、更快。培养基地有更加宽广的空间，有更充足的"阳光"和"水分"，还有"催化剂"，有"鲇鱼"，有"支架"，这些，都唤醒、促进了名师的主动发展、自我成长，使他们成为教书育人的创造者。

培养基地是正能量产生、释放、传播、循环、再生的地方，让名师更有动力，携手前行，形成团队发展态势，也将带动更多的优秀教师成为教育家型卓越教师，在教育改革中，领基础教育发展之航和学科育人之航，领学生和同伴成长之航。

七、领航名师在海淀

从2018年承担首期名师领航项目开始，我作为海淀进校培养基地的负责人，带领项目组和导师团队，从培养模式、培养机制、研修课程、培训方式等多方面进行了探索。

(一)构建卓越教师协同培育模式

海淀进校培养基地创造性地构建了"基地—高校—区域—学校"卓越教师协同培养模式。在首期名师领航基地、高校、中小学三个培养主体的基础上，在"双名计划"项目中，又增加了地方教育行政部门这个培养主体。各方主体协同培养，深度合作，共同助力教育家成长。

具体而言，教育行政部门依托自身优势，为协作提供有力的政策和经费保障；高校作为理论研究的主体，可以发挥自身学术资源优势；中小学具有一线教育实践的优势，可以提供教师成长的实践场域。教研机构是区域教学指导中心，教研员可以指导教师将教育理论落实到教学实践中。相关研究和实践结果表明，协同培养模式可以避免单一培养主体的局限性，有利于激发各方动力、共享研修资源、开展民主决策和优化培养环境，让项目最大限度地获得政策支持、专业保障和同侪经验，形成合作的增值效应。

(二)导师团队助力教育家成长

培养基地将学术理论与学科实践资源相结合，组建由实践导师、理论导师、教育导师、跟岗导师组成的强大的四导师团队，共同助力名师学员成长。教研员作为实践导师，帮助学员制定三年发展规划，贴身指导；海淀区中小学一线的特级教师、正高级教师、学科教研基地首席教师作为跟岗导师，承担学员在学校跟岗期间的课程安排、听评课的专业指导；高校学科教育专家作为学员的理论导师，承担学科知识、学科思想方法、课题研究的指导；师范院校的教育学导师，负责学员教学论、课程论、教育学、心理学领域及工作室建设的专业指导。除此之外，多所高校、研究机构、科研院所的专家都在海淀进校基地承担了通识培训、课程讲授、专业指导任务，导师阵容强大。

(三)整体规划三年六单元课程体系

整体规划了三年六单元课程体系(见图 2-1)，确定了六个阶段的培养目标，设计通识类、学科教育类、学科实践类、研究类等九大课程模块，

相伴成长

通过集体研讨、课题研究、跟岗实践等多种研修方式，助力学员发展。

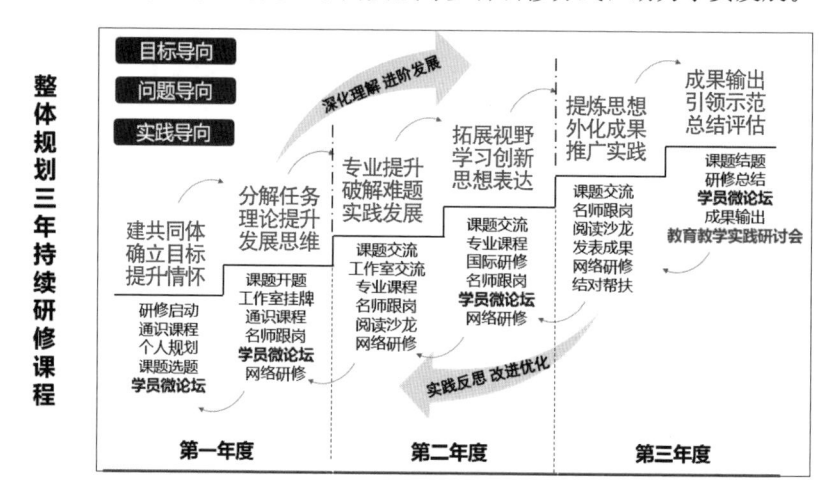

图 2-1　首期名师领航工程海淀进校基地课程进阶图

（四）让"教育家情怀"贯穿始终

使命感成就教育家。心有大我、至诚报国的理想信念和言为士则、行为世范的道德情操是教育家精神的重要体现。海淀进校培养基地重视提升学员的育人境界，以立德树人为己任，具有坚定的教育理想与教育家情怀。培养基地成立了党小组，以"教育家情怀"为主线，通过专题讲座、师德示范报告、党小组活动、名师成长工作坊等多种形式，促进了学员组织凝聚力和思想政治素养的提升（见表2-2）。

表 2-2　海淀进校培养基地师德研修课程

研修形式	研修内容及主题
通识培训：专题讲座	师德：卓越教师的品牌内核

续表

研修形式	研修内容及主题
通识培训：专题讲座	从名师到教育家型卓越教师
通识培训：专题讲座	教师个人教育哲学素养的构建
通识培训：专题讲座	名师领航的价值取向与学员的时代作为
学术论坛	加强师德师风建设的区域规划与实施
学术论坛	特级教师论坛：名师成长之路
学术论坛	领航名师：从优秀走向卓越
师德示范报告	做教师，你最好的选择
党小组活动	辅仁大学旧址研读、革命烈士祭拜活动
党小组活动	走进红色扎西——革命老区参访活动
名师成长工作坊	名师印象：教育家"画像"与特质提炼

(五)开展多样态的跟岗实践研修

"十三五"期间，海淀区建设中学和小学学科教研基地141个，和海淀进校教育集团成员校共同成为名师学员的跟岗研修和实践基地。

海淀进校培养基地的跟岗实践，既有学科首席教师全程参与和指导的一对一跟岗，也有分学科、分主题的集体下校，通过课程建设、听评课、微课题研讨、教研、学科组建设等不同内容的活动，开展众筹学习，与学校管理者、一线教师共同解决实践问题，同时将学科教研基地建设的经验带回当地，推动区域教育发展。

相伴成长

(六)创建专题研讨讲习机制

专题研讨讲习机制是海淀进校在培养教育家型教师的过程中探索的一种研修机制。学员与学员之间、学员与专家之间通过研讨、学习、展示与点评，来共享观点、表达输出、碰撞智慧、聚焦问题(见图 2-2)。在研讨讲习机制下，根据课程内容，设置了不同的形式，如微论坛、课题研习会等。

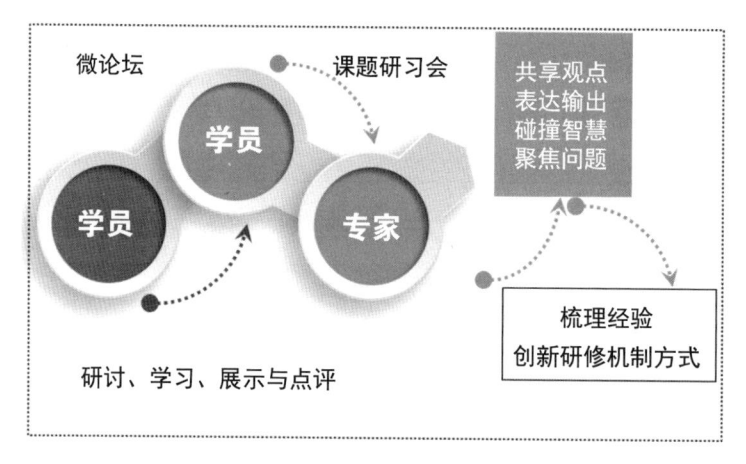

图 2-2　研讨讲习机制示意图

研讨讲习有分享、有倾听、有观察、有学习、有感悟，是很好的输出型、激发式培训，让学员通过汇集众智、表达输出，对已有经验形成新的认知框架，提炼和丰富教学主张与教育思想，是名师成长的必修课，为培养教育家提供了一种新的理念和思路。

(七)开展学员属地研修，发挥引领作用

学员的学习在基地，但成长是在当地。海淀进校培养基地设计了学员属地研修方案，回到学员的实践场域，通过"工作室研修""座谈会""课题开题论证会""书稿研讨""公开课及主题教研活动""印象系列名师成长工作坊""送教下乡"等环节，一是从多个维度全面了解学员的成长环境和经历、教学特色和风格、研究方向与进展等，更有针对性地助力学员成长；二是链接各方资源，共同赋能名师发展，促进名师提升在当地的影响力并发挥示范引领作用；三是促进名师学员之间的相互学习、借鉴与交流。

学员感想

感恩·遇见
教育部名师领航工程学员
云南省昆明市经济技术开发区明致学校　罗蓉

在海淀进校培养基地学习四年，我遇见了最具有担当的基地，遇见了最优秀的导师团队，遇见了最出色的同人，也遇见了最美好的自己。感恩海淀进校多位亦师亦友的专家、学者，他们用自己的初心，以身上的知识美与人性美，时时撞击我的心坎，润泽我的心灵。

海淀进校的教研员们，带给我们教学与教研育人格局的高度、专业的深度、学识的厚度、待人的温度。基地的导师、基地的课程、基地的每一

次讲座，让我意识到只有以深沉之博爱和负责之态度来面对工作，才能将教育工作做到极致，也让我明白在新时期，要以强烈的使命感和责任感去直面各种挑战。

四年中，研究与实践的双向互动，让我收获满满，并且提炼出了自己的教学主张。在北京师范大学出版社出版了自己的第一本教学专著后，我更加坚定了自己的信念，坚定了自己的教育初心，明白了教育发展，应谋在高处，落在实处，成在细处。作为领航班的学员，我除了感恩国家对这个项目的"厚育"，还立志要笃行不怠，不负此重任，初心如磐，实干奋进，努力锤炼自我，在研究中形成智慧，在实践中提升品质，期待"星星之火，可以燎原"。

在学习中，我也懂得了领航名师是一种荣誉，更是一份责任。希望我们每一位优秀的小伙伴，都珍惜这来之不易的学习机会，发挥好辐射作用，积极带领区域内教师共同进步。

光阴是有力量的，这条路上有爱、有光、有温度。在这里，我们有金戈铁马的激昂，有念念不忘的热忱。"莫愁前路无知己"，相信历经岁月山河，我们一定会在海淀进校培养基地的沃土中生根发芽，再铸精彩！

在海淀进校开启再成长的新征程

教育部"双名计划"学员　河南省漯河市第二实验小学　陈静

2023年2月，我以教育部"双名计划"名师培育对象的身份，第一次走进海淀进校。一下车，就看到罗滨校长和一众导师用温暖的笑脸在迎接着我们。以谦逊的姿态等待、以真诚的包容悦纳、以有力的支持相助，这便是海淀进校留给我的初印象。

在接下来的研修活动中，我一次又一次走进海淀进校，在与之逐渐相融的过程中，我深深感受到：在新时代基础教育强师背景下，在新周期"双名计划"三年培养工作中，海淀进校将教师高质量培养变成了生动的实践，为进一步推动高素质、专业化、创新型教师队伍的建设付出了不懈努力。

一、海淀进校，以怎样的顶层设计在激活教师成长

海淀进校非常关注培育对象自身素养的提升，注重我们在课堂上的持续成长。从研修任务的设计，到每次学习主题的选定、学习课程的设置等，我们可以清晰地看到：从教学主张的提炼、教学研究的聚焦，到校本研修的设计与实践，再到课程的开发与实施，还有如何建设名师工作室引领更多人的成长……海淀进校在顶层设计中，有目的、有层次、有梯度地引领我们立足课堂，研究学科教学。这样的设计，鼓励我以空杯的心态，在课堂教学中重新出发，俯下身子，去读懂学生，研究教材，让教学精彩起来，让主张明晰起来，让研究深入下去，让成果的生成水到渠成。

二、导师团队，以怎样的专业引领在助力教师成长

向内求其深，向外求其广。海淀进校为我们每个人配备了学术导师、理论导师、实践导师。导师们为我制定了因需而设、因材施教的培养方案，构建了丰厚的精神场域。在携手同行的路上，导师们"把脉问诊"，帮助我挖掘自我经验的发力点，助力点燃教育成果的绽放点，引导我发现自我成长的新质点。也正是在这样的和谐氛围下，我和伙伴们共同学习、研讨、交流，探索创新教育理念、教学方法，力求突破，不断超越。在这个过程中，教育情怀的丰盈、教育理论的丰厚、研究能力的提升、教学成果的生成，成为个人可持续发展的动力，使我逐渐完成从经验自觉到理论自觉再到精神自觉的专业成长的迭代升级。

三、助学资源，以怎样的精准投放在赋能教师成长

如何从一个人的行走到引领区域教师抱团发展？如何站在"双名"的高平台上，加速完成名师使命的迭代升级？海淀进校利用平台优势，为我们进行数字赋能、人格赋能、研究赋能。

2023年暑期，海淀进校聚焦于"数字赋能海淀'大教研'迭代升级"这一主题，利用主旨报告、专题报告、案例分享、专家点评、工作坊研修、团队展示、团建活动等多种形式，从不同视角、不同学科，围绕数字赋能的教学变革和教研创新展开深入的交流和研讨。在这样的学习活动中，我们了解了"一体化联研"和"双师课堂"，感受到了具有海淀特色的实践路径，共享了海淀进校的创新经验。学习回来，我带着满满的收获，与工作室的伙伴们，立足工作室发展现状，思考国家级工作室未来的发展方向，举行了多轮次、多角度的研讨，为工作室发展绘制了新的蓝图。

一群人，一个梦，一件事，一条心，一起走。海淀进校的培养，让我学会了追问教育本质，不断地领悟教师内涵，更好地把握教学根本，帮助我成为更好的自己。

2

丰富教师的学习供给

在深化教育改革过程中，面对教师成长的新需求，教研员要主动作为，超前思考，深入研究，以教师学习供给侧结构性改革为主线，升级教研职能，丰富教研内容，变革教研方式，创新教研机制。

丰富教师的学习供给，从而连续、系统地支持教师更新教育理念、重构教育经验，实现育人知识结构的优化，推动教师课程育人能力的整体提升，这也是我担任海淀进校校长期间着力推进的一项核心工作。

一、构建丰富可选择的"5＋M＋N"学科教研课程体系

这项工作始于 2016 年年初。当时教研活动的主要内容是调研、教研、考研。调研主要是到学校听课、评课；教研主要是分析教材教法、研究课程，以及少量专家讲座；考研主要是教研员组织区级期中和期末考试的命题，毕业年级每年4次，非毕业年级每个学科每年1~2次。面临的困难主要是选择性不强、实效性不强，具体就是学科教研主要按教科书内容（章或主题）顺序，以优秀教师大班授课讲教学设计为主，很多教师听懂了却做不到，而且难以满足教师个性化需求，造成很多教师不愿意来参加教研活动。为了让教研更有目标感，为了提高教研的针对性和实效性，反复考量之后，我提出将学科教研从教研活动升级为教研课程。

这看起来只是一个概念的改变，而做起来却是一个系统的大工程。这意味着要把原来碎片化、零散、无主题的教研活动升级为体现教师课程育人能力进阶的、系统化的教研课程，这是站在供给侧的角度对教研理念的全面转型。全覆盖、可选择的"5＋M＋N"学科教研课程，需要聚焦于学生核心素养发展，深研学科育人价值，注重跨学段教研的纵向进阶和跨学科教研的横向联通。

这是一项艰巨的工作。首先要提升的就是教研员的课程意识和能力。我和教研团队一起学习与研讨。2016年暑期全员研修主题是"教研员课程领导力建设与研训创新"，我做了《教研员课程领导力与研训创新》的报告，还特别邀请时任上海市教委教研室副主任纪明泽（《学校课程领导力的提升》）、浙江省教研室副主任张丰（《教研工作转型与教师研修策划》）作报告，和部分校长、教师进行案例分享，并组织分学科研讨。之后，继续通过主题研修、工作坊研讨，以及2017年暑期全员研修，持续跟进，全方位构建了教研课程体系。通过七年的研究、实践，年年进行优化，以学年为单位，落实国家课程标准和教科书要求，聚焦于各学科教师能力提升，确定教研课程目标、选择教研内容、探索多样方式、形成教研资源，构建出小学、初中和高中十二个年级、所有学科的教研课程体系。目前已基本形成学段全覆盖、学科全覆盖，主题化、可选择、有进阶的系列教研课程，实现"一段一方案，一科一系列，一人一课表"，满足不同专业发展阶段的教师的需求。

每个学科的"5＋M＋N"学科教研课程都包含必修、必选和任选三类。具体是："5"课程为本年级全体教师必修课程，每学期5次共20课时，以课程实施的教、学、评一致性为研修重点，在内容组织上聚焦于主题，重在夯实共同基础，突出重点难点，满足和引领全体教师的需求；"M"为选择性必修课程，每学科设3～4个主题，每学期每个主题3～4次约16课时，全体教师都参加，但是教师可以根据自身工作和需求选择研修主题，突出专题性、持续性和实践性，以互动的工作坊研修为主，是一种体验式、研究型的互动实践，可以形成新的认识、新的理解，更有利于把个体的优秀经验转化为群体的优秀经验；"N"为个性化选修课程，区级统筹指导，教研重心转移到学校，发挥学科教研基地引领、组织作用，满足不同类型教师个性需求，解决"教研的最后一公里"的问题。

全覆盖、可选择的海淀区"5＋M＋N"学科教研课程，在课程结构上包括课程模块、课程目标和课程内容。各学科的必修课程均由"课程整体理解""教学设计与实施""学业评价与改进"模块构成。其中前两个是必修模块，第三个模块由学科视具体情况进行设定。必选和任选课程在模块设定上由具体负责的教研员根据课程改革要求和教师实际需求进行整体规划。

2010年，支瑶老师从北京市第三十五中学调到海淀进校工作，从一位优秀的教师到教研员，她全程参与了教研课程的建设，我们听一听她讲述的教研课程背后的故事。

教研课程背后的故事

2010年，我来到海淀进校，成为一名化学教研员。十几年中，我组织的教研从碎片化的教研活动逐渐转变为结构化的教研课程。随着对学科教学、教师学习认识的不断深入，教研的内容、形式和组织实施也在不断变化着，由外在表现的变化逐渐向内涵本质的深化进阶。

组织实施优化：促进"M""N"课程提质。2016—2017学年，学校要求每位教研员都建设"5＋M＋N"学科教研课程。5年间，除了系统构建"5"课程，我每年都会规划3门"M"课程，但是只能保证高质量开设1门课程。刚开始的时候，我负责1门课程，邀请中心组老师负责另外两门课程，结果是教研员负责的课程"爆满"，选修其他课程的老师越来越少，因为老师们说"我们来参加教研，还是想听听教研员怎么说"。后来，我一个人负责3门课程，但是由于时间的限制，每年只能保证完整完成1门必选课程的规划。面对这种情况，我想到了团队，于是联合化学教研室的陈颖老师、尹博远老师开设了3门跨年级"M"课程——深度学习教学改进、项目式学习教学改进和素养导向的评价设计，以学校教研组为单位招收学员，为学校培育四五位种子教师，支持种子教师在教研组长的带领下开展校本研修。同时，将"M"课程的实施过程转化为教师教育资源，上传到海淀教研平台，供全体教师自主选学。必选课程组织实施的优化一方面确保了3门必选课程的质量，保证了"为教师提供多样化、可选择性的研修课程"目标的实现；另一方面，通过以种子教师为"传送带"，提升校本研修质量，促进教研内容向教学行为的转化。此外，高质量的校本研修可以转化为"N"课程，促进"5""M""N"课程一体化。

教研形式优化：工作坊研修促进"教与学"深度互动。

随着"5+M+N"学科教研课程推进，工作坊研修也成为一种常见的研修方式。但是，实施一段时间后，老师们反馈不喜欢这种研修方式，因为"效率低，不如教研员直接系统性地讲""教研员讲的跟我们讨论的'接'不上"。怎么办呢？看来，我还需要把工作坊设计做细、做深。

2021—2022学年，我设计实施深度学习教学改进工作坊。工作坊包括教师"深度学习"教学设计能力前测、基于"深度学习"实践模型关键要素的"实践—诊断—指导—改进"式指导、教学改进成果展示及反思三个环节。24课时的工作坊研修取得了非常好的效果。基于这次工作坊研修实践，我提炼出了工作坊研修的基本思路和关键环节的设计实施策略。例如，在聚焦问题、研讨分享环节，教研员不仅要为老师们提供研讨话题、研讨的时间和空间、充分交流展示的机会，还要注意倾听老师们的观点，从学科本体理解、学生研究、教学设计等维度对教师的学科教学设计行为进行分析诊断，提炼出后续指导的关键点。又如，在现场指导环节，不仅要对老师进行具体指导，还要从具体的教学问题中"跳出来"，既要提炼出问题背后的关键问题，也要指出关键问题的解决思路和策略。

未来，我们还将进一步深化对学科的理解，加强基于实践的教学研究、学习研究和教师教育研究，深度实践、严谨求证、持续反思，迭代优化"5＋M＋N"学科教研课程。

二、学科教学关键问题的提炼及解决

自2001年启动第八轮基础教育课程改革后，教师的教学理念发生了显著变化，理论水平和教学实践能力均获得提升，那么，影响课堂教学质量的问题还有没有？如果有，是哪些问题呢？

从学生全面发展、社会对人才需求的层面来观察课堂教学现状，确实还普遍存在一些问题。一是课程、教与学、评价的一致性不够，对"为什么教""教什么""怎样教""教得怎么样"等教学基本问题的认识不够深入。二是教学设计思路的结构化程度不够，具体表现在教学设计环节，如教学内容分析、学生分析、教学目标制定、教学方法选择、教学过程设计等缺少内在的一致性，教学过程设计中不能将情境素材选取、问题设计、内容组织、活动安排和学生发展建立逻辑关系。三是部分教师存在教学实施与设计思路脱离，教学理念和行为脱节的情况，教学设计停留于理念层面，课堂行为仍然凭经验而行之。

在区域层面解决这些问题时，我们正好承担了教育部基础教育课程教材发展中心"中小学学科教学关键问题实践研究"项目中的化学学科的任务。我带着化学教研团队开展了系统的研究和实践，在经历了关键问题提炼方法的颠覆性改变之后，找到了一条比较好的问题提炼和解决之路，并扩大到其他学科、其他地区。下面我以"初中化学关键问题的提炼与解决"为例加以说明。

初中化学关键问题的提炼与解决

学科教学关键问题是指决定学科课程实施质量的核心问题，包括教与学两个维度。"初中化学教学关键问题实践研究"项目以对初中化学教学现状研究与思考为基础，以解决初中化学教学质量提升的教学关键问题为导向，以关键问题解析、提供问题解决方案为途径，深化教师对课程理念的理解，促进教师将教学理念转化为教学行为，系统提升教师进行教学内容分析和学习者分析的能力，提高教师进行教学设计和实施的能力。

对初中化学 25 个教学关键问题的提炼、问题解决及教学实践的过程是教师专业成长的过程，其成果为区域教师专业发展提供了平台和通道，是教师教育的优质培训资源。

一、初中化学教学关键问题的梳理维度

以课标核心内容主题、教学设计和实施的关键环节、教师专业发展 PCK 的构成要素为关键问题的提炼维度，在内容维度上关注对学生发展核心素养最有价值的化学学科核心内容，在教学关键维度上聚焦于"目标—问题—活动—评价"一致性设计及实施，在教师 PCK 维度上聚焦于教师学科教学实践能力发展的障碍点、关键点和生长点。图 2-3 为教学关键问题三维提炼模型。

维度一：课标的一级主题，包括学科基本思想和方法、学科核心观

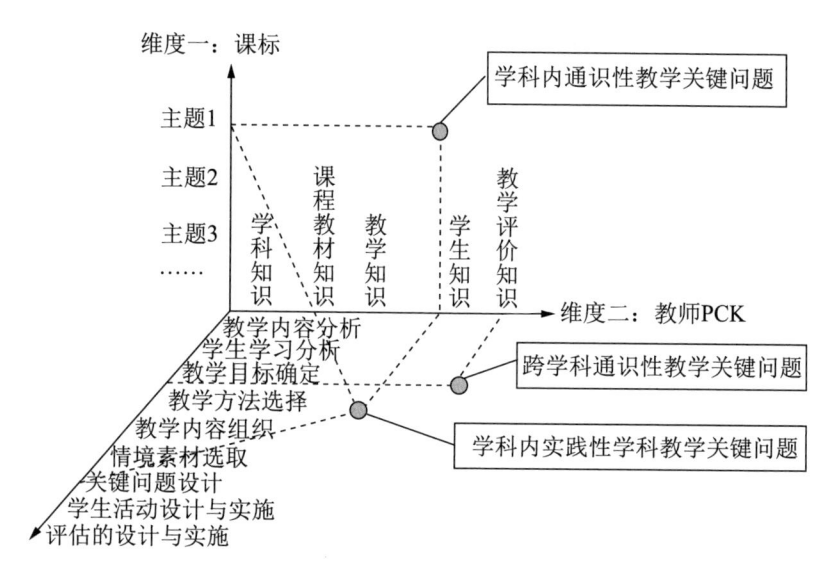

图 2-3　教学关键问题三维提炼模型

念、基本原理等，如科学探究、身边的化学物质、物质构成的奥秘、物质的化学变化、化学与社会发展。

维度二：教师 PCK 的构成要素，包括学科知识、课程教材知识、教学知识、学生知识和教学评价知识。

维度三：教学设计和实施的核心环节，包括教学内容分析、学生学习分析、教学目标确定、教学方法选择、教学内容组织、情境素材选取、关键问题设计、学生活动设计与实施、评估的设计与实施，要体现学科基本思想和方法、学科核心理念等。

二、初中化学教学关键问题的提炼方法

依照图 2-3 梳理出来的化学教学关键问题分为三类。

第一类为跨学科通识性教学关键问题，是教师进行教学设计和实施的一般性问题，可依据维度二和维度三进行梳理提炼。例如，如何确定具有评价操作性的教学目标？如何基于学科和课程进行教学内容分析？如何基于学生能力结构进行学生学习分析？如何基于学科和学生确定教学目标？等等。

第二类为学科内通识性教学关键问题，是基于学科内容的一般性教学问题，可依据维度一和维度二进行梳理提炼。例如，化学元素的学科应用价值有哪些？化学元素在某版本教材中的内容组织逻辑顺序是什么？化学元素的教学方法和策略通常有哪些？化学元素对于学生学科能力发展的功能和价值是什么？化学元素的教学评价方案有哪些？等等。

第三类为学科内实践性学科教学关键问题，是教师在教学设计和实施的实际操作过程中的具体问题，可依据维度三和维度一，结合维度二进行梳理提炼。例如，基于化学元素的目标功能定位如何设定学生活动类型？如何进行情境素材选取和问题设计？等等。

"初中化学教学关键问题实践研究"项目主要针对上述第二类和第三类问题进行研究。

三、初中化学教学关键问题的提炼流程

通过多次研究和实践，我们明确了初中化学教学关键问题的提炼流程，如图 2-4 所示。

依据此流程，教研员主持，与专家、一线教师反复研讨和论证，确定了 10 个学科内通识性教学关键问题和 15 个学科内实践性教学关键问题（见表 2-3）。

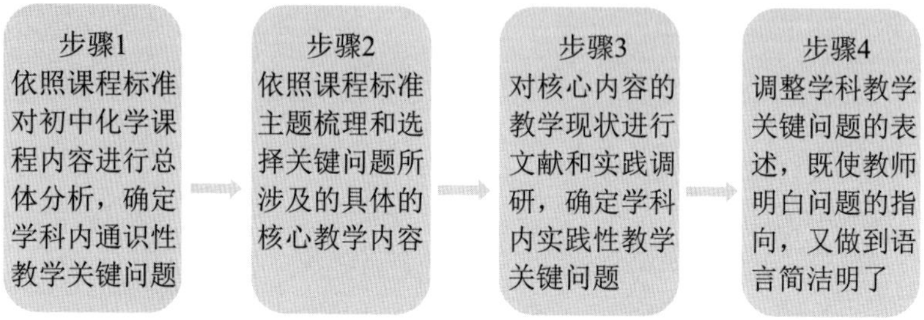

步骤1 依照课程标准对初中化学课程内容进行总体分析，确定学科内通识性教学关键问题 → 步骤2 依照课程标准主题梳理和选择关键问题所涉及的具体的核心教学内容 → 步骤3 对核心内容的教学现状进行文献和实践调研，确定学科内实践性教学关键问题 → 步骤4 调整学科教学关键问题的表述，既使教师明白问题的指向，又做到语言简洁明了

图 2-4 初中化学教学关键问题提炼流程

表 2-3 25 个初中化学学科教学关键问题

单元	关键问题
整体认识初中化学课程教学	1-1 为什么要开展促进学生认识发展的教学？
	1-2 怎样通过教学实现初中化学课程内容的学生认识发展价值？
	1-3 什么样的评价系统能够支持以学生认识发展为本的教学？
科学探究和探究教学	2-1 怎样理解初中化学探究教学？
	2-2 初中化学应培养学生哪些探究能力？
	2-3 教学中怎样让学生深入体验探究？
	2-4 教学中怎样落实学生的基本实验技能？
	2-5 教学中怎样实现学生探究能力的层级发展？
多角度认识物质的教学	3-1 初中化学应培养学生对物质的哪些基本认识？
	3-2 教学中怎样培养学生对物质的基本认识？
	3-3 如何基于 STS 思想开展物质性质的教学？
	3-4 如何基于探究模式开展物质性质的教学？
	3-5 如何发展学生对水溶液的基本认识？
物质构成的基本认识发展的教学	4-1 初中化学应培养学生对物质构成的哪些基本认识？
	4-2 教学中怎样培养学生对物质构成的基本认识？
	4-3 如何基于学生对物质构成的认识开展物质分类的教学？
	4-4 如何基于学生对物质构成的认识开展化学变化的教学？

续表

单元	关键问题
多角度认识化学变化的教学	5-1 初中化学应培养学生对化学变化的哪些基本认识？
	5-2 教学中怎样培养学生对化学变化的定性认识？
	5-3 教学中怎样培养学生对化学变化的定量认识？
	5-4 如何基于学生对化学变化的认识开展物质性质的教学？
深入体验化学应用价值的教学	6-1 初中化学教学中体验STS思想的方法和策略有哪些？
	6-2 初中化学应培养学生对化学与社会发展的哪些基本认识？
	6-3 教学中怎样培养学生对化学与社会发展的基本认识？
	6-4 如何基于真实情境培养学生的问题解决能力？

以学科内通识性问题"怎样理解初中化学探究教学"为例。问题提出的依据包括以下几方面。

(1)课程标准依据——科学探究是课标中内容标准的一级主题，是化学的核心内容，也蕴含化学学科的思想方法。

(2)教师教学问题——教师认同探究的价值，但在操作层面难以落实，在学科专业知识、跨学科知识、目标的理解、内容的整体把握、活动设计、活动组织和时间把握等方面均有待提升。

(3)教学实践的现状——实验始终是化学教学的薄弱环节，缺乏实验教学及实验活动的资源，缺乏对学生创新力的培养，评价导向关注实验技能落实。

在上述分析的基础之上，我们确定了该问题的功能定位：深化教师对探究教学的本质认识，并引导教师在探究教学方面形成基本认识，达成理念共识。同时确定了该问题对应微课程的子问题：探究教学对学生的发展意味着什么？怎样认识探究教学的基本特征？怎样认识化学探究教学的学科特征？

四、初中化学教学关键问题的研究经验与创新

在教研员组织协调下，专家团队和一线教师共同解决问题，包括对问题本质的分析、问题解决的策略和示范性案例。其中，文本成果表达体现研究的理论基础和问题的来龙去脉，内容表达比较完整，逻辑性更强，被整理为《初中化学教学关键问题指导》一书得以出版；对应的视频成果则在形式上更加生动活泼，有教学案例，有讨论分析和解决方法，在该书中有对应的二维码，方便扫描观看。

(1)问题导向，教学系统改进创新。以教学关键问题的分析和解决为导向开展研究和实践。10个通识性问题基于学生认识发展理论，帮助教师厘清学生对科学探究、物质构成的奥秘、物质的化学变化、身边的化学物质、化学与社会等核心主题应该形成哪些基本认识，教学改进的方向是什么；15个实践性问题引导教师探索如何通过教学设计和实施帮助学生达成上述基本认识、具体的教学策略是什么。通识性问题和实践性问题的紧密结合，使得教师既对学生认识发展理论有了认同感，又有了可操作的教学策略，还显著提升了教学实践能力。

(2)实践导向，问题解决机制创新。采用"上下对接"的方式提炼教学关键问题，在理论模型指导的基础上开展实践调研，充分保证问题对教师教学实践改进的指向性。问题解决过程突出了边研边建、边用边改边建资源的特点。高校专家、区域教研员和学校一线教师形成研修共同体，深入课堂开展行动研究，通过课堂观察、学生访谈、教师访谈等共同完成施

教、反馈和改进的任务，解决教学关键问题，同时帮助教师梳理问题解决思路和方法，并将其作为区域教研活动的研讨主题。教师培训、资源建设、教学改进同步并行，创新问题解决机制。

(3)需求导向，培训资源建设创新。关键问题的提出来自教师的真实困惑，问题解决满足教师专业发展的重点需求。资源建设和研修课程满足教师职后培训的个性化需求及其对培训内容的选择性和灵活性要求。学校对资源采取"分散学习、集中研讨；结合学情，适当转换；教学反馈、反思提升"的应用方式，从区域教研到校本教研，经历了从使用到再完善的过程，突出"边研边建、边用边改"的特点，并提炼出不同类型资源建设的方法思路和工作机制。

(4)价值导向，教师研修课程创新。教学关键问题的解决关注学科内容对学生发展的价值，关注研修课程对教师专业发展的价值。学科育人、课程促发展的项目价值导向，带来了区域教研模式的创新。教研活动课程化实施带动教研团队对教师研修课程目标、主题、内容和实施方式的系统思考和深入实践，为区域教研和校本教研注入创新活力，完善了"三级联动深度教研"模式，也为区域骨干教师队伍的专业提升探索出新的途径，丰富了教师研训的工作机制和思路方法。

解决这些问题需要教师深刻理解课程标准，把握学科核心思想与方法，提升教与学的研究水平和实践能力，在关键问题的提炼、梳理、解决过程中实现教学的系统改进，因此，学科教学关键问题解决是促进教师教

学系统改进的重要保障。

三、穿越边界的 STEM 教师专业发展

寒暑假，在没有人的情况下，如何给办公室和班级里的绿植浇水？公共场所的残疾人通道，从坡度、拐弯的角度来看，怎样更加方便轮椅的进出……在我们身边，很多这样的小事，我们的学生看到了吗？愿意尝试去解决吗？这些问题都需要调用科学、技术、工程、数学、艺术等学科知识来解决，是小发明、小创造，更是发展学生核心素养的关键小事。

20 世纪 80 年代美国提出 STEM 教育，众多国家在政策、法规、项目等方面纷纷跟进，全球呈现蓬勃发展的态势。STEM 教育在提高中小学生创新能力、沟通协作能力，发展批判性思维等方面具有不可替代的作用。近年来，STEM 课程在我国逐渐成为中小学分科课程体系的必要补充。中小学 STEM 教育的高效开展，关键要有一支具有先进的 STEM 教育理念、一定的跨学科专业知识结构、高水平的 STEM 课程教学实施能力的教师队伍。

当前，我国绝大部分中小学教师是通过分学科的课程体系培养出来的，有时候，缺乏科学、工程、技术等跨学科的教育视野和育人能力，远远不能满足学校开展 STEM 教育的需求。对照 STEM 教师能力框架，教师在 STEM 教育价值理解、STEM 跨学科理解与实践、STEM 课程开发与整合、STEM 教学实施与评价等方面均有较大的提升空间。

海淀进校 STEM 与创新教育研究中心进行了 STEM 教师研修的实践

探索，以服务国家创新驱动发展战略为宗旨，坚持"协同、合作、开放、包容、创新"原则，整合社会资源，通过专项培训种子教师、指导学校课程重构等方式，实现穿越边界的教师专业发展，提升区域教师STEM教育实践能力。

(一)从"学科孤立"走向"学科综合"，引导教师穿越学科边界

> 原以为"给企鹅建造一个舒适的家"这个项目对于八年级的学生会有困难，难以完成。但是，从课程的实施过程来看，学生非常感兴趣。学生对于问题的深入思考，方案的形成，"家"的制作，有困难时的查阅资料、一起讨论，这些环节都促进了学生实践创新能力的发展。通过这个案例的实践，我认识到，原来设计出一节穿越物理学科边界的课并没有想象中那么难。
>
> ——北京理工大学附属中学物理教师　马晓欣

这是一位物理学科教师的真实感受。大胆思考、小心探索，学生总有令人惊喜的表现。教师在这样的实践中不断成长。

STEM教育要求教师穿越学科边界组织课程教学。从"学科孤立"走向"学科综合"，是STEM教育的重要特征。学生通过解决真实问题、完成真实任务、获得真实的"活"知识，将各学科的知识发展成探究真实世界的综合能力。

穿越学科的STEM教师研修，以学科思想方法、大概念的理解和把握为主，以学科知识和技能为辅，获得STEM教育课程规划、研发、实施和

评价能力。学科综合不是简单地将科学、技术、数学等学科知识相加，而是调用多学科的思维方法、手段形成解决问题的思路。只有建立科学本质观、大工程观等跨学科观念，这样的融合才能真正发展成探究真实世界、解决复杂问题的综合能力。

多学科教师形成学习共同体开展研修，建设区域STEM教育的种子教师队伍。组织中小学校的科学、数学、信息技术、通用技术等不同学科背景的骨干教师形成学习共同体，开展STEM教育专项研修。学习共同体通常在30人以内，确保教师参与的深度和广度。

例如，在"基于科学本质的探究教学国际研修班"和"STEM教师高研班"等专项研修中，不同学校、不同学科的教师混合编组，以工作坊形式深入探讨主题，教师亲身体验用项目式学习的方式解决真实问题、完成真实任务的过程。研修课程通常持续1～3年，每学期有3～5天集中研修的时间，其余时间教师利用研修所学开展STEM教学实践，包括研发STEM教学案例、撰写研究论文、组织同班教师互访观摩现场课等。专题跟进式研修促进教师在理念和行为上穿越学科认知的边界，逐步形成学科融合的思想方法及大观念，并将之落实到课堂教学中。

(二) 从"学科教学"走向"课程育人"，支持教师穿越课程边界

"中药防霾口罩的制作"是由两个学生做的科研项目。他们从雾霾的成分、颗粒物分析出发，到中药原理的探究，再到防霾口罩的设计和制作。在这个过程中，他们经历了科学研究的方案设计、实验设计，基于证据观察和推测等，经历了产品设计的流程、制作的工序、

检验的方法，能充分体验到科学研究的艰苦和乐趣，真正发展了综合素养。这些，是常态学科课堂教学很难达到的。

——北京市八一学校化学教师　宋晓萌

这个案例是典型的学科教师开发、组织实施STEM教育课程的案例。STEM教育体现了育人模式的创新，要求教师超越学科内容教学的范围，从课程的视角理解、实施跨学科综合育人。因此，STEM专项研修，提升教师的课程意识、课程研发能力是重点之一。这需要教师穿越学科课程的边界，以宏观的视角思考课程，以"课程建设主体"的自我意识深度参与学校的课程体系建设。发展教师的课程育人能力，是STEM教师专业结构的重要组成部分。

新一轮普通高中课程改革明确指出，高中教育的任务之一是"促进学生全面而有个性的发展"。学校应基于实际和学生需求，建设促进学生发展的课程体系，使学生有更大的课程选择权。学校要为学生提供可选择、促发展的丰富课程。STEM教育课程的内容是学校课程体系中的一部分。

例如，海淀进校的课程指导中心在调研全区学校课程建设现状的基础上，持续举办"课程建设工作坊"，开展学科教师课程能力提升和学科组长课程能力提升的研修；以STEM课程建设等项目为载体，指导学校建设STEM特色课程群，处理好国家课程与地方课程、学科课程与综合课程、校内课程与校外课程的关系，进行顶层设计和系统架构。学校在课程重构的过程中，依据国家课程标准和课程内容，基于科技教育特色，融合高校科研院所的科技资源，重新规划学校课程体系，打通学段，融合学科，构建适合学生发展的STEM特色课程体系,包含未来城市设计、机器人、航空航天等众多STEM项目的主题型课程群,同时提炼出具有学校特色的STEM课程实施模式。

在学校STEM课程的建设与实施过程中,教师不再仅仅是学校课程的"执行者",他们在课程背景分析、课程体系建构优化以及STEM课程实施中都发挥着不可替代的重要作用。无论是课程建设的客观要求还是教师发展的主观意识,穿越课程的边界、深度参与学校课程建设,已经成为各学科教师的发展趋势。

(三)从"正确解析"走向"指导项目",帮助教师穿越教学边界

> 通过"'一带一路'港口城市文创产品设计与制作"项目,我很欣喜地看到了学生由被动接受转向主动学习,由输入学习转向输出学习。在课堂上,我不再讲解知识,而是指导学生进行项目设计和实施,帮助学生解决困难。
>
> ——北京市中关村中学地理教师　马珏

这是马老师在指导学生做项目式学习后写下的感受。项目式学习是STEM教育重要的学习方式。项目是学习的载体,完成项目的过程就是主动学习的过程。项目式学习的教学目标关注学生的学习理解能力、实践应用能力和迁移创新能力的整体发展,强调学习形式开放及深度学习的取向,核心活动是学生解决实际情境中的复杂问题或任务,完成的标志是产品或作品的产出。发展学生STEM素养,需要在真实情境下,经历综合、复杂的问题解

决过程或任务，经历复杂推理、思辨决策、远迁移等思维活动。

在STEM教育课程的课堂上，教师不再对内容"正确解析"，而是指导学生完成项目。指导学生团队自主地开展项目式学习（包括学科内项目式学习和跨学科项目式学习）的能力是STEM教师的必备能力。STEM教师专项研修，基于一个学科，可分析学科课程中的核心内容，寻找具有STEM教育价值的教学内容，设计项目、学习活动和评价方案。跨学科项目式学习的开展，还需要转变资源观，从教科书资源向网络资源延伸，从教师资源向学生资源延伸，从校内资源向校外资源延伸。在时间上也需要从课内向课外延伸，还需要不同技术手段或工具的支持。通过专项研修中的案例研发及实施，教师真正体验了教学的学科内外、课堂内外、网络内外的边界穿越，提升了STEM教学实践能力。

穿越边界的STEM教师专业发展，正呈现出个案探索向群体实践演进、探索应用向创新发展演进的趋势。未来3~5年的STEM学习，将是基于AI的STEM学习，是个性化的STEM学习，是可选择的STEM学习，是可组合的STEM学习。

基于学科又超越学科的综合性学习真实地发生了，有利于培养创新型、复合型、解决未来问题的人才。

四、基于数据的教师教学改进能力提升

这是一个教师教学改进从"基于经验"转型为"基于数据"的项目。2014年，海淀区成为教育部"国家中小学教育质量综合评价改革实验区"，海淀

进校承担了"学业发展水平评价"项目研究与实践。学业评价是指以学业发展目标为依据，收集学生学业成就的信息和证据，对学生知识技能、学科思想方法、关键能力、认知水平等方面发展状况进行价值判断。但评价本身不是目的，最终目的是通过对学生学业数据的分析，提升课堂教学质量，在区域层面通过包括学业数据、课堂教学观察数据在内的大数据进行反馈和指导，提升教师教学改进的能力。

(一)构建了素养导向的学业评价指标体系

研究团队在教育部指标框架基础上，依据学业标准，立足本区实际，确立了学业质量评价三级指标体系。

一级指标为所有学科通用，包括知识与技能、学科思想方法、问题解决能力、迁移创新能力四个维度。其中，问题解决能力突出在真实情境中进行分析解释、推论预测、设计问题解决方案、用多种方法解决问题的能力；迁移创新能力强调创新意识的外在能力表现，即能在陌生情境中综合运用学科知识技能和学科思想方法，发现联系，建构新模型，解决复杂问题。

二级指标是体现学科不同特点，基于学业标准对学业水平评价指标进行分析与研究，将四个一级指标细化为各学科能力指标，指向学科思想观念、认识角度和认知方式。

三级指标结合学科具体内容，将学科能力外化为可观察、可测量的行为标准，实现了学科能力的进阶描述。学段内的水平划分与描述，进一步增强了评价的针对性。通过学业水平测试数据的检验和修正，指标体系逐步完善，为教学诊断和改进提供了依据。

(二)提炼了素养导向的评价工具研发的基本理念与关键策略

评价工具研发聚焦了五个基本原则，一是学科能力导向，注重考查核心知识和基本技能，凸显关键能力和学科育人价值；二是进阶发展导向，关注学生在不同学段的能力发展表现，特别是高阶能力发展；三是展示特长导向，增强试题和作答的选择性，展示学生特长；四是综合导向，选择多样的真实问题情境，增强学科内和学科间的融合；五是过程导向，外显学生解决问题的思路和策略。

评价工具研发的基本流程如图 2-5 所示。评价工具为学生学业表现诊断和教师教学诊断提供更加丰富的证据与支持，实现评价对教学指导作用的最大化。

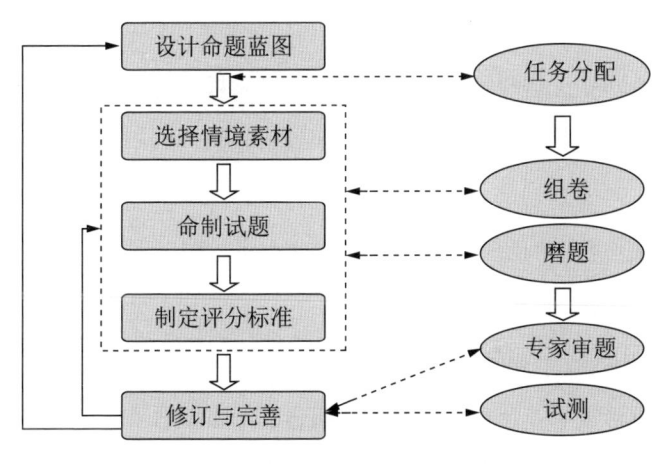

图 2-5 评价工具研发的基本流程

(三)形成基于核心素养发展的学业评价反馈机制

将"以核心素养引领教—学—评的一致性"作为反馈指导的整体思路，建立评价结果的"基于区域—学科—学校的三级反馈机制"，研发以核心素养导向的学业评价为依据改进课程和教学的示范案例，推动基于证据的持续改进。优化评价结果的应用，实现"评价数据分析—教学改进证据—教学改进行为—教学改进效果"的有效转化与科学评估，提升教师的教学改进能力。

在开展学业测评后，系统研究数据，并做关联分析。数据研究关注整体发展水平、有无明显短板学科、学科能力表现、学校均衡发展状况四个方面，进行组校对比分析、指标聚类分析和学生群体分层分析。例如，三个轮次的数据显示，海淀区学生能够高水平达到课程标准的基本要求，学科知识和技能扎实，但问题解决能力、迁移创新能力仍有较大的提升空间，且学区间、学校间的发展存在差异。将这些数据进行区、学科和学校的分类反馈，完成三个轮次的测评，通过测评找准问题。问题是教学改进的动力源，海淀教研对课堂教学的反馈指导，由基于经验转为基于大数据，精准定位教学问题，探索多样化教学改进策略，促进教学改进升级。

(四)以问题为导向的多样化教学改进指导

每年都形成学业评价的区级学科报告、学校报告。这些报告通过对不同学科的知识板块、学科能力水平发展状况的诊断与归因分析，为学校提供一张精准的教学改进导航图，探索出"研究数据—发现问题—分析原因—精准指导"教学改进范式。分析大数据，为全区和学校提供多样化教学改进指导。用"理论＋调研"的方式获取大数据：学科教育学、教育心理学等理论研究澄清了学科能力发展的一般过程及策略，调研活动从教学内容、教学过程、教学评价等环节收集教学现场的证据。例如，现在的课堂存在"就知识讲知识"、知识碎片化、任务设计与教学目标缺乏一致性、教学过程浅表化、教学评价方式单一、作业质量有待提升等问题。针对以上问题，我们加强研究，通过研究课、观摩课等多种形式指导教师整合教学内容，构建知识结构框架，挖掘核心知识承载的学科思想方法。

通过学业评价问题的分析，促进教师加深对课标的理解，把握学生学习特点，提高学习设计、实施与评价等能力；帮助教师找准学业达成的关键点、教学能力发展的生长点，从而打开解决问题的视角。

3
创新教师学习方式

教师研修，有了好的内容，还要有适当的方式。高效能的教研，既需要为教师提供有前瞻性的理论引领，又需要为教师提供有针对性的实践指导；既需要关注当前教学中的现实问题，又需要引领学科前沿问题；既需要开展集中性的现场学习，又需要实现导师指导下的个性化学习，以及随时随地的线上学习。科技可以为教师成长赋能，通过人工智能、大数据全面支持教师成长。在研修场景上，板书测评、智能教室、多功能实验室、工作坊、多屏互动式研讨，让教师在同伴学习、互动研讨、持续改进、反复实践、深度反思中，实现不断成长。

一、研究课是教师深度学习不可或缺的一种方式

2000年春节后,我当时所在的学校承担了北京市化学教研的任务,四位教师要上研究课,九年级、高一、高二、高三年级各一节,我在高三。分管教学的杨校长对我说:"罗滨,你要上一节21世纪的课。"21世纪的课是什么样的?我问了很多人,但没有人能回答出来。抓狂多日,才确定课题,一个月后,却收获满满。和很多教师一样,各种研究课伴我走过了工作的不同阶段。

在我国,几乎所有的教师都熟悉研究课。很多教师都上过研究课,但上好研究课并不容易,它需要教师进行反复研讨、打磨。研究课是教研的一种形式,是一种以教学现场为案例的集体研讨式教研,是教师开展深度学习不可或缺的一种方式。在教研安排中,研究课和教材教法分析、专家讲座、专题研讨、工作坊等并列出现。各个级别的研究课都有,其中以区县级和校级为主。因此,研究课不是一种课型,它和新授课、复习课、试卷讲评课等是不同的。研究课具备现场性、互动性、可模仿性,以及集体研讨带来的多角度启迪,是教师非常喜欢的一种教研形式。

为什么要上研究课?研究课是要解决问题的。在教育发展的不同阶段,教学总会面临新问题,教研员洞察并组织团队研究,教师进行超前的研究。通过研究,教师对问题有了新的认识、新的理解,从而形成解决问题的新思路、新方法。教研员要及时发现这些经验,指导教师梳理,并在一定范围内组织教研活动,将研究的阶段性成果进行现场示范。教学案例

实实在在地提供了一种思路、一个方向，专家和教师们开展头脑风暴、集体研讨，可以让更多的教师受益。

研究课研究什么？教研之初主要是研究教材、教法，帮助教师理解教材，给教师提供教学示范。近些年，增加了学生学、教师教的角度，研究课程标准、分析学生、设计学习任务、设计学习活动、学习组织策略、丰富评价方法等多项内容。视角的转变体现出以学生发展为本的育人理念。其实，从教研员的视角看，研究课也是研究教师在教学实践改进中的成长规律、成长策略的重要载体。

研究课是怎样开展的呢？研究课要整体规划，精心设计。以区级研究课为例，学科教研员要在课改的大背景下和调研的基础上，做好每学年的教研工作计划，计划具体到每周，根据教学内容，以问题为导向，确定研究课的课题、时间，以及课前准备的分工、研讨形式等。

好的研究课需要有好的选题和适合的教师，明确要解决哪类问题。例如，是解决关联真实生活的教学情境创设，还是人工智能（或信息技术）支持学生学习的应用问题？是针对青年教师，还是针对高水平名师的问题？等等。谁来讲课呢？自己申请、学校推荐、中心组教师推荐都可以，要求是有前期研究和实践的成果，要有新思路、新方法。教师还要有代表性，不能一味地让大校、名校的教师或者名师上课，普通校、农村学校的教师也需要机会，这一类学校遇到的问题也具有特殊性。

好的研究课需要好的教学设计和实施，课前准备教学设计和试讲最重要。首先，经过任课教师自己设计、校内研讨、教研员一起研讨几个阶段，围绕着要解决的问题确定研究课的思路、整体结构和教学设计的具体内容。其次是试讲，即真实地现场上课，大家一起听课，看学生学习的效果，看示范性是否突出，也要关注可能出现的科学性问题和低级错误，再研讨改进。试讲不是作假，是案例现场教研准备的一部分，是研究的过程，是任课教师改进教学、提高教学水平的实践过程，是保障课例教研质量的必要措施，也是对听课教师的尊重。教师一般在自己的平行班试讲1~2次即可。研究课也是粉笔字、普通话、PPT制作、板书等教学基本技能的示范。

  好的研究课需要深度互动和持续跟进。教研员事先可以设计观察量表，从而更好地收集课上的数据，把解决问题的方法、效果与初衷进行比较，以此作为教学改进的依据。现场通常包括听课、说课、研讨。研讨是平等、交互式的专业研修过程，一般由教研员来组织。教研员要营造畅所欲言的氛围。任课教师介绍备课，特别是修改的过程，可以说是"心路历程"；听课教师说优点，提炼解决问题的经验，讲不足，发现的问题要一一指出，并提出建议。研究之后，继续跟进很重要。一是将教学案例进一步优化，转化成本区教师研修的课程资源；二是指导任课教师将思考和收获形成文章。研究课的准备、实施，就是专业学习共同体的形成过程。它创设了多方对话的场域，区校学科团队共同研讨、交流学习，形成一种课例或问题解决的范式，把个体经验转化为集体的优秀经验。研究课可以带动整个学科的发展。还要强调的是，研究课一定是真实的课，是可以留有遗憾的课。研究课也是一种历练，能挑多重的担子，就有多大的发展。

  教师上一次研究课，相当于接受一对一的培养，在实践中体验，在感悟中发展。

相伴成长

二、基于学习心理品质研究选择教学策略

21世纪之初,我在人大附中做校长助理,时任区教委副主任胡新懿组建了海淀区教学管理交流协作组,我是一个组的组长,来自十几所学校的教学校长经常交流,我开始了解不同学校学生的情况。后来,作为分管教学的副校长,我被聘为海淀区课程改革专家组成员,需要站在全区各类学校的视角出主意、想办法。2009年,我在北航附中做校长,并承担一个班的化学教学任务。在这个过程中,我发现大家关注较多的是学优生和学困生的学习状况,而对中间群体学生(通常意义上的中等生)的关注较少。而我越来越真切地感受到,有一大批按时到校、认真听课、仔细完成作业的学生,其学业情况却总是在中间水平。这究竟是为什么呢?我申请立项了全国教育科学"十一五"规划教育部重点课题"高中中等生课堂学习效率提高策略研究",开始了关于学生学习心理品质的研究,以此探寻提高中等生课堂学习效率的策略。

中等生泛指学业成就等在同龄人中处于中间情况的大部分学生。他们在班级中人数最多,其学习态度往往比较认真,但其学业成就处于中等水平,且具有易分化的特点。我首先开展"高中中等生学习心理品质现状调查及分析",聚焦于高中中等生群体。在进行问卷统计时,取学业成就处于年级范围内排名中间75%(去掉前15%和后10%)的学生作为中等生统计对象,对北京市高中中等生学习心理品质进行了调查研究。该研究是在高一、高二年级进行的。

学习心理品质是指学习者根据学习情境的各种变量、变量间的关系及其变化，选择或使用特定学习方法调控学习活动的心理能力，是影响学生课堂学习效率和学业成绩的重要内在因素。学习心理品质通常包含学习态度、学习状态和学习习惯三部分。在调查问卷中，研究主要通过学生自陈的对学科课程和学科教师的喜好，学科学习压力的大小，与家长、学校教师及同学相处是否融洽来测查其学习态度；从注意力、动机和心境三个方面来测查其学习状态。关于学习习惯，研究则从课前预习、课堂听课、课上笔记、课堂活动、课堂提问、课后作业和复习等方面设置问题，测查学生在上述几个方面的具体行为习惯。访谈话题则围绕学生对学业成就的满意度、影响自身学习的外界因素、学习状态的调控方法、影响学习效率的学习习惯等展开。

我利用自主开发、编制的高中生学习心理品质调查问卷，在北京市开展高中非毕业年级中等生学习心理品质现状调查。参与问卷调查的样本学校覆盖北京市 7 个区（东城、西城、海淀、朝阳、大兴、昌平和密云）3 类学校（市级示范校、区级示范校和普通校），共 24 所。研究从每所学校选定高一两个班、高二两个班的学生进行施测，最终得到问卷 2 636 份，其中有效问卷 2 502 份。同时，研究对参加后期教学研究的样本校（即实验学校）学生进行小组访谈。研究对每所学校进行三次访谈，访谈对象分别为 10 名中等生、10 名学优生及 7~8 位任课教师，共访谈学生 60 人、教师 22 人。

(一)高一、高二年级中等生学习心理品质现状

1. 高一、高二年级学生学习心理品质差异及分析

在 2 502 份有效问卷中,高一年级 1 413 份,高二年级 1 089 份。调查显示,高一、高二学生在学习状态和学习习惯上不存在显著差异($p>0.05$),而在学习态度上则有显著差异($p<0.05$),且高一学生的学习态度水平普遍高于高二学生,见表 2-4。

表 2-4 高一、高二年级学生学习心理品质差异检验结果

学习心理品质	年级	样本含量	均值	标准差	标准误	p
学习态度	高一	1 413	3.0 543	1.08 910	0.06 156	0.023
	高二	1 089	3.2 368	0.92 197	0.05 146	
学习状态	高一	1 413	3.1 246	0.96 433	0.05 451	0.838
	高二	1 089	3.1 090	0.95 718	0.05 342	
学习习惯	高一	1 413	2.9 297	1.02 290	0.05 782	0.212
	高二	1 089	3.0 312	1.02 116	0.05 700	

之所以出现上述差异,可能是因为高一学生进入高中的时间不长,对高中阶段的学习充满好奇和期待,对学科学习及任课教师表现出更为积极的价值认同;而高二学生经过了高中阶段学习的适应期,对学校、学科、教师和同学都有了更多自己的看法,加之高二学生的学习任务相对繁重,学习压力比较大,其产生厌学心理的可能性较高,这些因素都会使他们对学科学习及任课教师的认同度降低。

2. 学优生和中等生的学习态度差异及分析

学习态度是指学生对学习及学习情境所表现出来的一种比较稳定的心理倾向，是学习者对学习持有的积极、肯定的或者消极、否定的反映倾向。研究将中等生和学优生的学习态度问卷调查结果划分为优秀、良好、一般、差、很差五个等级，并对其进行频次百分比统计。统计结果表明，学优生中学习态度处于"优秀"和"良好"两个等级的人数占其总数的33.34%，中等生中学习态度处于"优秀"和"良好"两个等级的人数则占其总数的21.66%。这说明中等生在学习态度方面落后于学优生。出现这种情况可能是由于学校、任课教师、同学及家长与学优生的相互认同使他们能够更加适应周边的学习环境，从而形成较为积极的学习态度。此外，值得关注的是，学优生和中等生中分别有9.52%和32.40%的学生的学习态度处于消极状态。这部分学生与相关他人的相互认同度较低，其学习的心理压力也较大，需要教师从各方面加以引导，帮助其转变学习态度。

3. 学优生和中等生的学习状态差异及分析

学习状态是指在从事学习活动时，学生心理活动在强度、稳定性、持久性方面所表现出来的特征。我们通常从学习动机、注意力、心境三个方面对其进行描述。研究将中等生和学优生的学习状态问卷调查结果划分为优秀、良好、一般、差、很差五个等级，并对其进行频次百分比统计。统计结果表明，学优生中学习状态处于"优秀"和"良好"两个等级的人数占其总数的46.61%，中等生中学习状态处于"优秀"和"良好"两个等级的人数占其总数的29.86%，两者相差近17个百分点。这说明中等生和学优生在学习状态上的差异显著，且大于两个群体在学习态度方面的差异。学优生学习状态水平明显高于中等生，这说明学优生在学习过程中有适当强度的学习动机、较高的注意力以及较为良好的心境，而中等生在学习状态的各方面还有待加强。

4. 学优生和中等生的学习习惯差异及分析

学习习惯是指在学习过程中利用某种学习方法经过反复练习，形成的一种稳定的自动化的学习行为方式。学习习惯是个性化、固定化学习策略的外在表现，适应于特定的学习任务和学习情境。研究将中等生和学优生的学习习惯问卷调查结果划分为优秀、良好、一般、差、很差五个等级，并对其进行频次百分比统计。统计结果表明，中等生和学优生在学习习惯方面的差异最为显著。其中，学优生中学习习惯为"优秀"和"良好"两个等级的人数占其总数的57.14%，中等生则只占22.50%，两者相差近35个百分点。这说明中等生在学习习惯方面还有较大的提升空间。教师在教学过程中应该在诸如课前预习、课上听课、记笔记、提问、讨论、动手等方面对中等生进行有意识的指导和训练，帮助中等生养成良好的学习习惯，掌握相关的学习策略。另外，相对于学习态度和学习状态而言，学生的各种课堂学习习惯会更加直接地影响其学习效率。研究进一步统计问卷中关于课堂习惯的非等级式选择题，结果发现，中等生和学优生在某些具体的课堂行为习惯上也有差异。例如，当被问到"在听课时，你通常会怎样做"时，6.51%的中等生选择"认真听重点内容"，而71.43%的学优生选择"认真听解决问题的思路和方法"，即学优生听课时的关注点更加聚焦于方法和思路。当被问到"在课堂上进行小组或班级讨论时，你通常会怎样做"时，中等生、学优生选择"在讨论中积极发言"的分别为48.84%和

42.86％，选择"成为讨论的主导"的分别为 9.30％和 28.57％。这说明中等生的思维和语言反应速度相对较慢。当被问到"在课堂上进行分组实验等动手操作活动时，你通常会怎样做"时，62.79％的中等生和 71.43％的学优生都选择了"在活动中积极动手操作"。这反映出在课堂上进行"动手做"的活动更加受学生欢迎，学优生表现得更为积极和主动。同时，在该问题中，选择"成为活动的主导者"的中等生和学优生的比例分别为13.95％和 14.29％，比较接近且都偏低。这反映出课堂上的动手实践活动比其他形式的活动更能够给学生较为均等的参与机会。

(二)高一、高二年级中等生学习心理品质特征

研究对实验学校学优生和中等生的对比分析表明，两个群体在学习心理品质各方面的差异是显著的，中等生的学习心理品质存在以下特征。

1. 与外界相互认同度较低，学习态度有待转变

研究结果也表现出这种特征。例如，当被问到"你对自己的学习成绩满意吗"时，无论是学优生还是中等生，表示"不满意"的比例是相同的；而当被问到"家长对你的学习成绩满意吗"时，学优生中接近全部表示"满意"，中等生则接近全部表示"不满意"。

外界对中等生学习成绩的不认可会挫伤其学习的自信心，进而影响他们的学习态度和在学习过程中的自我效能感。积极的学习态度、适当的自我效能感不仅能促使学生调整并保持良好的学习状态，也是学生能够取得较好学习成绩的前提。对中等生来说，学习态度的转变、自我效能感的提高除了靠自身努力外，还需要来自学校、家长和教师等各方面的共同关注

与正确引导。

2. 自我调控能力相对较弱，学习状态有待稳定

相对于学优生而言，中等生学习动机的强度呈现过高或过弱的特点。这有可能导致中等生的学习状态不稳定，不能够使自身的心理状态更好地适应学习的需要，也间接反映出中等生的自我调控能力有待提高。访谈时，学优生的谈话气氛更为热烈，相互之间的观点碰撞更为激烈，而中等生则略显沉闷。这也在一定程度上反映出两个群体在心理状态上存在差异。

学习状态是影响学生学习成绩的直接因素。如何帮助中等生调整学习动机的强度，同时又不给他们过大的心理压力？如何使中等生在课堂上保持较高的专注度，真正参与到教学活动中，使其思维处于活跃状态？如何使中等生保持平和的心态，尽量不受外界突发因素的干扰？这些都是值得教师在完善自身教学工作时关注和思考的问题。

3. 课堂学习认真，深度思考能力有待提高

在教师访谈中，大多数教师认为中等生在课堂学习中通常表现出高效学习的特征，如注意听讲并认真记课堂笔记等；同时也会表现出低效学习的课堂习惯，如被动回答教师的提问、记笔记没有重点、参加小组活动不积极、不主动发表自己的观点、不能迅速地将所学知识与已有经验联系起来、不注重学习方法的提炼和应用等。

学优生和中等生的对比分析表明，两个群体在解决具体问题时的思维模式和思考能力是有差异的，学优生更加关注问题解决的思路和方法，在遇到困惑时自我解决问题的能力较强。问卷结果表明，中等生与周边人群

如教师、家长、同学等的相互认同度较低，尤其是外界对他们在学习上的认同度较低。研究对学生的访谈表明，中等生需要提高深度思考能力。只有这样，中等生才能够从根本上提高听课效果，提高回答问题的质量。

4. 乐于进行实践活动，活动习惯有待完善

课堂上的小组讨论、分组实验等实践活动是学生普遍乐于参加的，但中等生和学优生在活动中的具体表现存在一定差异。相对而言，中等生在小组讨论活动中成为活动主导者的比例较低，活动的参与度较低，活动习惯有待完善。这种参与度的提高从形式上可以是学生动手活动或讨论活动时间的增长、表达自身观点的机会增多、动手实验的效果改善，从内涵上应是学生思考问题的深度加大、思维主动性增强、主动生成的信息量增大等。

(三)改善中等生学习心理品质、提高其课堂学习效率的策略

诚然，改善学生学习心理品质是一项系统工程，需要学校、教师、家长以及社会的广泛关注和通力合作。但改进课堂教学无疑是改善中等生学习心理品质的最佳途径，因为课堂教学是学生学习心理品质的直接影响因素。如果教师在日常教学中采取一定的方式和方法帮助中等生提升学习兴趣、调整学习状态、摒弃不良的学习习惯，那么就能够提高中等生在课堂学习时的关注度和参与度，进而从整体上缩小中等生与学优生的差距。

1. 全面关注中等生的发展需求，转变其学习态度

学生的发展是"全人"的发展，学生在发展过程中的需求也是多方位、因人而异的，所以教师应全面关注学生的各种发展需求，针对不同学生的

需求提供不同的帮助。例如，有的学生自信心不足，需要教师给予更多的关心和鼓励；有的学生自尊心过强，需要教师给予正确的引导。教师只有帮助学生克服弱点，逐步提升其自我效能感，促使其形成积极的学习态度，才能真正改善学生自身的学习心理品质，使其积极地投入学习中。

2. 加强对中等生的学习方法指导，提高其自我调控能力，稳定其学习状态

掌握良好的学习方法有助于提高学生的学习效率，对于中等生而言，掌握学习方法尤其重要。所以，教师有必要在课内外加强学习方法的指导。教师在课堂上应凸显"过程与方法"维度的教学目标，让中等生在活动过程中领会相关的学习策略和方法，养成正确思考问题的习惯；课外则应定期与中等生进行沟通和交流，及时发现中等生的学习困难和障碍，提出有针对性的建议。

3. 引导中等生关注自身课堂学习行为，自主完善课堂学习习惯

提高中等生的课堂学习效率，意即改善造成其低效学习的不良习惯和方法。中等生的课堂学习习惯有一定的改善空间，但很多时候他们意识不到自己的学习习惯有待改善。学生只有自主地意识到自身学习过程中的缺陷，才可能从根本上转变自己原有的学习方式，正确认识自我。为帮助中等生对自身状况形成客观的认识，一方面，教师可让中等生观看自己的课堂实录，然后通过反思修正和自我检验等方法转变自己的课堂学习习惯；另一方面，对于中等生的那些有可能导致其与课堂教学进程不同步的学习行为，教师有必要及时给予提醒和建议，并通过重点跟进、及时明示、激励评价等方式使学生转变学习习惯。

4. 丰富教学方式，促使中等生深度参与实践活动

相对于学习习惯而言，学生在学科学习中的问题解决思路是决定其课堂学习效率的更为内隐的重要因素，因此，教师有必要采取灵活多样的教学方式，以促进中等生思维的深度参与。教师应该在教学准备阶段就针对中等生的学习特点设定教学目标、整合教学资源，在进行教学设计时有必要进一步了解中等生在面对各种教学情境、教学问题和教学内容时的所思所想，进而设计有针对性的教学活动。这样能够帮助中等生认识到自己问题解决思路的缺陷，促使其建立新、旧知识之间联系的网络体系，进而提高其将所学知识、方法应用于新问题、新情境的迁移应用能力。同时，教师在教学过程中还应注意营造积极的师生互动氛围，使中等生能够真切地感受到来自教师的关爱和指导。

三、参与式工作坊：众筹优秀教育教学经验

在很长一段时间里，我一直在观察、思考：一线教师听懂了却不会做，其他教师优秀的教育教学经验难以复制等问题，如何解决？

教研属于成人学习的范畴。只有当教师被激发，能够关联其自身经验，能够深度理解并不断尝试且教研内容与其需求一致时，先进的理念和优秀的经验才能发挥作用。为了增加教师之间的互动，生成新的想法、做法，我们持续探索用参与式工作坊的方式开展教研，众筹教师优秀的教育教学经验，通过案例分析、深度互动研讨，把个体的优秀经验转化为群体的优秀经验。

(一)什么是参与式工作坊

参与式工作坊是由多名教师共同参与，教师在参与过程中相互对话、共同思考、发表意见、凝聚共识、反复尝试的教研过程。参与式工作坊有三个主要特征。

(1)围绕一个主题。参与式工作坊通常是为了解决一个问题或一类问题，因此要让教师了解本次工作坊的目的，明确主题和任务，这样有利于获得多方的意见与想法，有利于议题讨论和推进。

(2)强调教师参与。尊重每位教师的经验和感受，让教师自觉地成为"分享者"和"研讨者"，通过良好的引导、协调沟通，让每一个参与者发表意见，引导教师不断深入思考问题，实现对问题的进阶理解。

(3)营造研讨氛围。要营造一个比较宽松的氛围，采取有趣的互动方式，把要讨论的问题串联起来，成为一个有系统的过程。

(二)参与式工作坊里有谁

工作坊通常包括坊主、学员和促进者三类成员，也可以增设指导者。坊主通常为教研员或者接受委托的学科带头人，如特级教师或省、市级骨干教师，是工作坊的方案设计者、教研的组织者、研讨的促进者。学员为参加教研的教师，是研讨者、学习者，也可以是带着优秀教学案例来的分享者。促进者通常为区级教研员或培训者，提供区域学科研修资源保障，为工作坊提供专家力量支持，协调坊主和学员的互动关系，与坊主、学员共同谋划各项研修活动，验收、推广工作坊的研修成果，这是一个不可或缺的角色。指导者通常为高校专家或一线名师，对坊主和学员进行专业引领和指导，如设计教研主题和任务、观察和督促教研活动、进行小结指导等。

为了鼓励更多的教师发言，每个工作坊的学员人数不能太多，一般不超过50人。坊主与学员的角色可以阶段性互换，这样有利于教师个体深度参与。

(三)参与式工作坊怎么做

首先是准备发起阶段。该阶段主要由促进者协同坊主，一般通过问卷调查和个性化访谈的方式，面向学员征集教师在实践情境中遇到的问题、共同感兴趣的话题，再经过分类、分析、筛选，确定工作坊的教研主题和任务，选择好优秀案例，准备好引导性微讲座，设计好引导性问题。同时准备好方便互动的物理空间，还有纸、笔、笔记本等物资。

其次是众筹实施阶段。该阶段主要包括微讲座、案例分享、问题讨论、小组分享、专家指导和小结五个环节。坊主首先明确本次教研的主题和任务，通过专题微讲座引入，分享优秀案例，提出引导性问题，环环紧扣，引导学员讨论。每个环节都要通过征集想法、讨论，形成基本共识。在每个环节，学员基于个人实践经验的建议非常重要，坊主要及时关注并随时提炼，从理论视角分析，提供思考和解决问题的支架，有新的问题出现时，也要及时回应或讨论。

参与式工作坊特别重视分组展示与分享环节。学员不仅是学习输入者——他们本身拥有丰富的教育教学经验和实践智慧，还是知识和经验的输出者。小组展示交流结束后的专家指导和总结环节，是学习者由量变到质变的转化环节，需要坊主带领坊员围绕小组研讨和汇报的主要观点进行梳理和深化，促进既有的实践经验及理论观点进行关联性整合，帮助教师在原有经验基础上实现知识建构和概括性提升。

参与式工作坊的教研质量往往由问题的质量、坊主和学员之间对话与研讨的深度决定。由于提前有系统思考和准备，学员顺着问题讨论，依据搭建好的学习支架，不断交换意见和见解，可以有效调动和激发自身的实践经验和智慧，在思维碰撞中、研讨演练中获得新的灵感和启发，从而能有效促进自身的知识整合与意义建构。

最后是实践跟进阶段。重视参与式工作坊学习结果的转化应用，将教研中有限的研讨延伸和扩展到无限的教学实践中，形成一个完整系统的教研链条。形成的过程性成果，如典型的教学案例、精彩的教育教学情景片段、教育教学经验的分享等，都可以作为成果被纳入下一轮次工作坊教研资源库中。学员返岗教学后，在坊主组织下，借助于微信群等信息技术手段，可以继续保持交流、分享和互相观摩。

参与式工作坊实现了教研方式的创新，尊重个体经验，采取民主、合作的教研方式，让更多教师参与进来，以问题和任务为驱动，通过逆向设计的思路，激发教师的主观能动性，更能够挖掘团队的潜力，将教师的优秀经验、智慧汇聚起来，强化了系统性思考意识，提高了教研的有效性。

四、以项目为载体的互动式教研

为了让更多的教师能够通过研究的方法主动破解教育教学中的难题，

在以往课题研究的基础上，我们建立了以项目为载体，教研员与教学干部、教师联合开展的攻关机制，团队一起边研究、边实践、边改进。聚焦于"义务教育阶段学业标准的研制""基于学科能力表现的教学改进""深度学习""项目式学习""学习方式变革""单元作业设计与实施""促进自主学习的线上与线下融合式教学"等主题立项，我们建立教研共同体，开展互动式教研。

项目通常由教研员主持，通过分解的子项目将一线教师不断卷入，使其深度参与研究。这是一种扎根学校校本教研和一线教师课堂实践的教研方式。教研员牵头，与高校专家、一线骨干教师组成研究共同体，聚焦于学科课程育人理念、单元教学设计与实施、项目式学习、增值评价等关键内容开展研究性实践，通过"问题—研究—实践—改进"的教研模式，让一线教师能够聚焦于真问题，螺旋式提升课程育人能力，并实现成果及时应用和优化。

"高中化学精品课程资源建设项目"和"深度学习教学改进项目"是其中非常典型的两个项目，真正体现了教师在项目中边研究、边实践、边改进的能力提升路径。

高中化学精品课程资源建设项目实施和成效

2010年年初，教育部"高中新课程选修模块精品课程建设"项目启动。这是在高中课程改革实验启动六年后，为传播优秀课程改革成果，共建、共享优质课程资源，提升教师教学能力，提高教育教学质量，深入持续推进基础教育课程改革，以及促进教育公平和教育均衡而主导实施的重大项目。

项目以精品课程资源建设项目为载体，通过专家团队和一线教师的深度合作，深入研究模块教学，探索促进学生全面发展的课堂教学模式，建立系统完善的模块精品课程资源，资源共享，促进区域教育优质、均衡发展；通过资源建设和实践建设，转变教师教学理念，改进教学实践，形成区域优秀化学教学团队；探索区域层面高效的、促进教师团队专业发展的建设精品课程资源的工作机制和模式，创新区域教研和校本教研模式。

在这个项目中，教研员带领一线化学教师，建立系统的模块精品课程资源，提高模块实施质量，通过共享促进区域教育优质、均衡发展；形成区域优秀化学教学和教研团队，发挥学科引领和示范作用；创新基于教学困惑解决的校本和区域教研模式，探索促进学生综合能力发展的课堂教学模式，同时探索区域建设精品课程资源工作机制和模式。

在这个目标指引下，项目组确立了"实践、评价、改进、再实践、再评价、再改进"螺旋式提升的项目实施思路，实现专家团队与一线教师的双向互动。历经三年，项目形成了以下成果。

一、形成了区域精品课程资源建设的项目机制

形成了研建共同体，形成了"项目带动、研建结合、使用改进、螺旋式提升"的资源建设机制，突出了边研边建、边用边改，基于教学实践建设课程资源的特点，可供其他模块和其他学科借鉴。坚持专题研究与资源建设双线并行、实践应用与资源完善同步进行，项目实施的过程即课程资源不断丰富和完善的过程，也是优秀教学团队、区域和校本教研模式、教

师课堂教学模式确立和改进的过程，为改进教学设计提供了基础和范例，为教师能力提升搭建了台阶、提供了路径。

二、建立了优秀的高中化学骨干教师教学及教研团队

建立了海淀区优秀的高中化学骨干教师教学及教研团队，近30位教师来自海淀区10所各类学校。通过项目实践和研究，与专家团队深度互动，骨干教师团队内部通力合作，教师们的教学实践能力和教学研究能力得到快速提高。他们关注学科本质和思想方法，从学生认识发展的角度系统掌握了高中化学新课程中模块教学设计的思路和方法，且能结合自身的教学经验进行教学改进和教学创新。这支精良的骨干教师队伍是进一步建设精品课程资源的人力资源，也是今后引领区域教研、带动校际协作、开展教学创新的"金种子"。

三、探索出基于学生发展的问题解决体验式教学模式

经过多轮次的教学实践，教师团队逐步体会课程教学设计的核心理念，探讨体现学生主体性的教学策略，根据学生活动表现进行反思和教学改进，最终确立了基于学生发展的原理模块教学模式——问题解决体验式教学模式。该模式主要包括以下环节：①教师创设情境(结合教学内容)，提出关键问题(指向教学目标，引发原有概念)；②学生设计方案，交流完善(发生概念转变，建立新概念)；③学生实施方案，解决问题(应用概念，建立思路)；④学生得出结论，展示交流(形成问题解决模型、概念固化)；⑤师生总结拓展，反思评价(指向教学目标)。

上述模式以学生的原有概念为教学切入点，以学生的概念转变为教学活动设计的重点，使学生在问题解决的活动中实现概念转变和认识发展。

四、探索出促进教师专业提升的专题跟进式教研模式

精品课程资源的建设和实践创新了区域教研和校本教研模式。在项目实施过程中，任务明确，主题聚焦，有利于解决教学的具体问题。研修方案明确，有利于忙于日常工作的教师整体规划研究。研修机制充分体现团队合作，有利于汇集每位教师优秀的实践经验和智慧，同时学校和区域优秀教学团队将引领学校和区域高水平的教学研究活动。一方面，专家团队高端引领，全程参与，把握方向，这样的深度参与有利于每位教师充分发表意见，在碰撞中使认识得到提升；另一方面，研修的内容持续跟进，教师亲身经历教学问题解决，有助于教师解决新课程实施的难点，提升模块教与学的质量，有利于教师将理念内化，更好地转化为教师的教学行为。

这种"顶层设计、专家引领、全程参与、深度互动、反思改进、高端培养"的教研模式，大大提高了校本教研和区域教研的实效性，也为区级骨干教师培训提供了新的思路，丰富了教师培训的工作方法。

一体化教学与教研：深度学习教学改进的区域实践

随着基础教育课程改革的深入推进，育人为本导向的课程实施及核心素养导向的课堂教学成为必然，广大一线教师面临诸多新挑战。2014年9月，海淀区加入教育部基础教育课程教材发展中心(以下简称"课程中心")"深度学习教学改进"项目(以下简称"深度学习"项目)，并成为项目实验的示范区，承担起先行先试、创造经验的任务。我作为项目综合组的副组长和海淀区项目的负责人，带领团队整体设计、统筹推进，经过近八年的探索，项目实验从开始的初中学段、六个学科和三所实验校，逐渐扩展到覆盖小学到高中所有学段、所有学科和区内大多数中小学校。在实践过程中，项目团队聚焦于学生核心素养的发展，深研学科育人价值，学习深度学习的理论，探索单元教学的基本流程及实践模型，逐步形成区级层面的项目实践模式及工作机制，取得了丰富的阶段性成果。

一、区域统筹，整体推进项目研究与实践

课改的关键是改课。在"海淀区中学深度学习教学改进项目"立项后，海淀区将其作为全区推进教学改革的重要抓手，海淀进校从区域层面整体统筹、规划和实施项目，使其有序、高效开展。遵循"研训整合、试点先行、逐步拓展、持续改进"的工作思路，海淀区将项目的教师培训与区域学科教研整合，选择实验学校和实验学科，从实验学校重点学科的常态课教学探索和改进切入，研发单元教学样例，再逐步拓展和深入。

项目实践经历了三个阶段。

第一个阶段，建立区级学科团队，探索单元教学的内涵及要领。项目实施的第一年，我们组建了学科核心团队，成员包括区学科教研员、高校学科专家及学科骨干教师。在参加课程中心的集中培训后，学科教研员带领小团队研讨学习，深度理解学科本质，聚焦于单元教学的实践要素，开展选择单元主题、确定单元目标、设计学习活动、持续性评价的系列研讨和教学实践，初步形成深度学习的学科教学案例，逐步提高对单元教学的认识和理解。

第二个阶段，聚焦于教学关键问题，探索素养导向的教改实践路径。项目实施的第二年到第四年，我们逐步增加实验学段、学科和学校。区教研探索以项目为载体的跟进指导机制，各学科聚焦于深度学习教学的关键环节，调研分析教师教学实际情况，梳理提炼教学改进关键问题，深入课堂开展行动研究。项目组通过问卷调查、学生访谈、教师访谈等方式进行调研，探索出基于教研共同体的"学习—实践—评价—反思—改进"一体化教学与教研路径。

第三个阶段，全面深入常态实施，推进教学与教研的一体化实践。项目实施后期，我们将深度学习理念融入常态课教学。各学科将深度学习教学改进案例与学科教研课程进行一体化设计和实施。教研主题聚焦于核心素养导向的深度学习教学策略，教研内容围绕深度学习教学实践模型各要素逐层展开，教研形式体现众筹众研、多方互动。一体化的教学与教研实践为多层级、立体化开展教师培训提供示范和引领。

二、学科协同，深研单元学习设计与实施

海淀区在课例研究过程中探索教学改进路径，逐步形成"学科协同推进、研究实践并行"的区域教研机制。

（一）从内容单元到学习单元，深入理解单元教学的价值及内涵

深度学习强调单元教学，以单元的视角来备课、上课。从内容单元到学习单元是深度学习的重大突破。内容单元是单纯站在课程内容组合的角度教学，而深度学习强调学生在教师的引领下，围绕具有挑战性的学习任务，通过学生和教师、学生和学生、学生和环境之间深入互动，经历相对完整的学科认识活动或问题解决过程，进而实现相应学科核心素养的进阶发展，即单元的本质内涵是学生的学习单元。这样的突破对于教师来说，仅仅通过文献查阅、听讲座是难以深入理解的，必须亲身经历单元教学核心问题及其解决过程才有可能实现。这些核心问题包括：如何将课程标准

中要求的学科核心素养具体化为单元学习目标？哪些课程内容能够承载素养发展的单元学习目标的完成？学生要经历什么样的挑战性任务才能够实现目标？如何对学生学习过程中的目标完成情况进行持续性评价？教师只有不断地经历、反思这样的教学，才能真正理解单元是素养导向的课程实施基本单位，是学生学科素养发展目标落实的基本单位，从更系统和全局的站位来思考教学，并逐步落实在日常的教学中。

（二）从课例研发到课例研究，持续完善单元教学设计与实施

项目初期，研发课例起到了示范和引领作用。当学科教学实践增多、课例增加后，我们开始深入常态课堂开展课例研究，对核心内容逐个突破，由点到面，逐渐深化和拓展单元教学的实践经验。这些实践有利于教师整体理解深度学习的要义，把握实施的关键。素养导向的学习目标、引领性学习主题、挑战性学习任务、持续性学习评价是"深度学习单元教学实践模型2.0"的四个核心要素。从主题确立、目标细化和分解，到任务的设计，再到评价方案的制定，教师在单元教学中要保证四个要素的一致性。深度学习单元教学有助于教师深入思考和挖掘具体学科课程内容的学生核心素养发展价值，思考学科核心素养与关键能力内涵及外在表现、水平划分及评价指标等。

在课例研究过程中，我们以学科课程标准中要求的核心内容为切入点，以两个基本问题"学科核心知识的素养发展价值是什么""如何通过单元教学实现核心知识的素养发展价值"为驱动任务，针对重要的课程内容，开展多轮次单元教学设计和实施的持续改进。在每一轮次的改进中，教师对深度学习的关注点不同，解决的教学关键问题也不同，因此，每一轮次

的改进都有其独特的价值，都能够加深团队对深度学习的内涵的理解，丰富相应的教学策略。经过四个轮次的教学改进，单元教学主题从最初的"微观角度认识水溶液中的离子行为"转变为"食盐精制——微观认识电解质及其在溶液中的反应"，体现了团队对离子反应素养发展价值认识的深化。

三、三级联动，分层分类构建教学共同体

构建"三级联动—深度教研"，打造区域特色教研模式。"三级联动—深度教研"是海淀区的特色教研模式。通过"区域—联片—学校"三级教研联动，区级教研统筹组织、专业指导，发挥联片教研和校本教研的自主性，满足了区域、学校、教师发展的真正需要，实现了分层分类教研指导，提升了教师教学实践能力。深度学习项目促进了三级联动教研的深度和广度，学区、学校结合学生及教师实情，在不同层面构建了教学共同体，为教学研究提供了人力资源保障。

通过典型示范引领，实现学校的集群化内涵发展。实验校在区域教研、联片教研中示范教学设计和改进的思路方法，利用研究课展示单元整体教学的关键课，引领其他学校。小学、初中、高中学科形成了深度学习项目学科骨干团队，将深度学习理论融入实践，提炼出学科教学策略，引领全区学科教师持续跟进。其中，小学数学、语文、英语，初中数学、语文、英语、物理、化学、生物、历史等学科的教研员及部分骨干教师，多次承担课程中心深度学习项目实验区的学科指导任务，在项目的实践推广中发挥了重要的示范作用。

经过近八年的研究积淀，各学科均形成多个覆盖学科核心内容的优秀案例，相应的案例资料包括教学设计文本、教学课件、课堂实录及学习资源，部分案例已被收入《深度学习项目学科教学指南》，同时也被转化成海淀区的学科教研课程。通过一体化学科教学与教研的整合实施，越来越多的学校自愿加入项目，学科教学团队的规模逐步增大，项目课例的内容主题涵盖越来越全面，这也带动了区级教研、联片教研和校本教研的内涵发展和形式转变。

第三章

与教研员相伴，为教研发展深耕

教研员要带领更多的教师看见教育的无限可能!

教研,只有基于教学、先于教学,才有生命力!

教研只有从学生成长出发,贴近教师发展需求,才更有存在价值。

第三章　与教研员相伴，为教研发展深耕

2009年6月，我加入海淀进校，从一名兼职教研员成为一名专职教研员。成为教研员后，我对教研的理解越来越深刻，紧迫感也越来越强。

教研制度是中国特色教育制度体系的重要组成部分，是我国基础教育的优良传统，是保障基础教育质量的重要专业支撑。长期以来，教研工作在推进课程改革、指导教学实践、促进教师发展、服务教育决策等方面，发挥了十分重要的作用。2019年6月，《中共中央 国务院关于深化教育教学改革全面提高义务教育质量的意见》第19条，明确"发挥教研支撑作用"。同年11月，《教育部关于加强和改进新时代基础教育教研工作的意见》，强调"教研工作是保障基础教育质量的重要支撑"，要"完善教研工作体系""深化教研工作改革""加强教研队伍建设""完善保障机制"。

探讨如何更好地促进教师专业发展，必然离不开对教研制度建设和教研员能力建设的关注。海淀区多年来持续探索教研转型实践，开展教研能力建设，提升教研队伍的专业性和多岗位胜任能力，全方位赋能区域教师成长，形成了"大教研"海淀范式，实践成效显著。

1

中国教师背后那群"神秘的人"

　　教研员是区域教育高质量发展的专业引领者。教研员能力素质的高低在很大程度上影响着教师队伍的素质，直接影响着教研的水平和教育教学的质量。深化教育领域综合改革，给教研工作带来巨大的挑战，教研员迫切需要提升专业素养，但在缺标准、缺制度、缺系统性、针对性和规范性培训的现实情况下，回应并引领教研员发展需求，建设一支高水平的教研员队伍势在必行，这也是海淀教研持续探索的着力点。

一、教师群体中的"关键少数"

　　中国是人口大国、教育大国。半个多世纪以来，社会经济高速发展，举世瞩目。2009年和2012年国际学生评估项目（Program for International

Student Assessment，PISA)中的"上海奇迹"，让世界认识了中国教育的成功经验，引发了全球特别是美国、英国等教育发达国家对中国教育的强烈关注和好奇。各国的校长、大学教授、教育官员、媒体记者纷纷访问上海。他们走进学校，听课，和教师交流，探寻上海教育的秘密。在与上海教师的接触中，他们得出了一个重要的结论：上海教师背后有群"神秘的人"，他们能够帮助普通的教师变成非常有效率的教师。中国独特的教研制度被认为是促进教师专业发展的关键。

其实，我国各地都有这样一群"神秘的人"，他们有一个共同的名字——教研员。基础教育领域的教研体制是具有中国特色、不可替代的教师素养发展系统，这个系统里有一支特殊的专业队伍，就是教研员队伍。

(一)教研员是一群怎样的人

教研员是默默站在一线教师的背后，给予每位教师无私帮助的人。大学毕业后，我成为一名中学化学教师。开学第一天，教务处发了一份通知：海淀区中学教研活动，初三化学，周二 8:30，在海淀进校。从此，年复一年，无论我教哪个年级，周二上午我都要去海淀进校听教材教法分析，或者去其他学校听研究课，有时还会有专家的讲座、专题研讨、论文交流等。其他学科也都有各自的教研活动时间。在从教之初的青春岁月里，教研员的高位引领、规范要求、贴身指导让我迅速成长。大约 10 年之后，我成为兼职教研员；再后来，我成为专职教研员，成了站在一线教师身后的人，为了教师的成长无私奉献，在教师的发展和成就中体验幸福。

教研员是默默地承担着区域教育责任的人。我国的教研体系伴随着新中国教育制度的诞生而建立，在不同时期，教研的内容、方式都在发生变化。成立之初，各地教研机构以帮助一线教师掌握学科专业知识、胜任学科教学工作为主；20世纪八九十年代，部分教研机构又承担起教师学历提升的任务，这个阶段的教研特点是"补偿"；20世纪90年代以后，顺应素质教育的要求，教研机构开始关注教师"如何教"，聚焦于课堂，开展以"教材教法分析"和"研究课"为主的教研活动，主要特点是"示范"；进入21世纪以后，教师学历已达标，但是随着课程改革的深入推进，又凸显出教研"研究"的特点，要解决教育教学的新问题。在每个阶段，教研员面临的挑战都很大，他们要和一线教师一起学、超前学，更新育人理念、加深学科理解，寻求解决问题的方法。以保障区域教育质量为己任，无私奉献、攻坚克难，不断地超越自我，是教研员们的特质。

(二)新时期教研员面临怎样的挑战

2017年，普通高中课程标准明确了每个学科对发展素质教育的独特贡献，明确了学生要通过本学科学习逐步形成的正确价值观念、必备品格和关键能力。这就需要教研员这支专业队伍站出来，通过教研创新、教研转型来做好专业服务。

首先，要将教研的重心从"课堂教学"转向"课程育人"，将学生学习的目标从"知识获得"转向"素养提升"。多年来，教学目标是"知识获得"，教研将更多的精力集中在学科具体内容和教学方式的研究上，而对学科育人关注不够。只有提升教师的课程育人能力，才能发展学生的核心素养。其次，要将教研的内容从"教师的教"转向"同时关注学生的学"，教学改进从"基于经验"转向"基于实证"。指导教师研究学生和学法指导，将学科知识与生活生产实际关联，通过设计具有综合性、复杂性、实践性的任务，激发学生的学习兴趣，开展多种形式的学习，促进学生学科核心素养的形成和发展。建立素养导向的学业评价机制，引导教师从学生学习目标完成的视角进行教学改进，从经验转向经验与实证相结合。最后，要将教研的形式从"专家传授"转向"重视教师众筹"，重视教师的个体经验，重视教研时每位教师行为的变化，将"统一教研"转向"兼顾个性发展"，为不同发展阶段的教师提供可以选择的研修课程。

(三)新时期教研员的角色和使命是什么

新时期，教研由原来的单纯研究课堂教学转向研究教育教学全要素。教研员就是国家课程方案和课标的解读者、执行者，是学校和教师工作的问题发现者、指导者、解决者，是学校和教师实践经验的发现者、总结者、推广者。因此，教研员应该是区域学科首席教师，即一个区域中负责日常学科建设的最高业务领导。教研员不仅要承担全区本学科建设的主体责任，如本学科的课程规划、研修实施、质量评估、资源建设、队伍建设等，还要担负起给行政部门提供可供决策参考的数据和建议的责任。

建设教育强国是中华民族伟大复兴的基础工程，教育要强，必先要教师强；教师要强，必先要教研强。我国基础教育领域有 1 800 多万名教师，教研员只有不到 10 万名，是教师群体中的"关键少数"。他们在教师身边，围绕学科教育的关键领域与核心环节，和教师一起破解难题，推动教学提质增效；他们主动学习，提升自己的素养，引领、带动教师提升教育质量。

从教育大国到教育强国，这群"神秘的人"不可或缺。

教研员说

多年教研工作的实践与探索让我更深刻地体会到：教研是生命动态的过程，起到了海纳百川、凝聚智慧的作用，教研员就是要为一线教师服务，要有意识地去了解广大教师的需求，要为一线教师的课堂教学提供专业指导。

——海淀进校中学数学教研员、正高级教师、特级教师　张鹤

二、教师成长需要多岗位胜任的教研员

随着课程改革的逐步推进，教研从"补偿式"到"示范式"，再到"研究型"的特点逐渐凸显，关注学科本质、指向学科核心素养提升、示范引领和问题解决相结合的互动式研修逐渐成为常态。

教研转型呼唤多岗位胜任的教研队伍。随着教育改革的深化，学校在

课程建设、教学实施、教学评价、教学管理、队伍建设等方面的需求加大，教研部门的职能不断丰富，教研转型的特征明显。丰富教研内容、突破教研模式和方法、研训融合、教研能力提升等成为研究和实践的重点。

教研员能支持学校课程供给的转型升级。经过十几年的课程改革，学校层面面临许多新的问题：一是围绕学生核心素养发展构建课程体系，强调课程的整体性，系统设计和统筹规划国家、地方、校本三级课程；二是要注重学段之间的课程衔接，关注学科之间的联系，整合好学科课程与跨学科课程、校内课程与校外课程等；三是调整课程供给结构和内容，为学生提供丰富多元和可选择的课程、学习资源、学习环境，优化学校课程质量。在促进学生全面且有个性地发展、实现学校供给端课程结构和内容的转型升级过程中，教研员如何满足学校需求，为学校提供持续的专业支持，是我们应该积极研究的课题。

教研员能支持学生学习方式的转变和丰富。当前，人才培养的着力点已从比记忆、比计算，转向比创新、比想象。学生的学习目标经历了知识、"双基"、三维目标三个阶段后，进入"核心素养"时代。学科核心素养的提升过程就是学生完成任务的学习过程，是学生独立思考、做实验、合作解决问题、修订错误的过程，更是学生体验成功的过程。教研员如何指导教师"教"？指导教师根据学科内容特点，以学科知识为载体，创设高水平的任务情境，选择适合的教学策略，设计不同特点的学习活动；让学生全身心投入学习活动中，经历成功和挫折，在掌握学科核心知识的同时，把握学科本质和思想方法，发展高级思维能力，逐步提高问题解决的能力，形成和发展学科核心素养。以核心素养为导向的教学，需要教师深度理解学科课程的育人价值、整体把握学科课程内容，需要教师站在学生的立场思考教育供给，激发、唤醒学生。教研员如何帮助教师具备这样的能力呢？

教研员能支持基于评价反馈的实践性教学改进。为更好地改进教学，提升教育教学质量，区域需要建立学业水平评价及分析反馈制度，教研员要及时总结课堂教学调研情况，结合问卷、访谈等调研方式，做大数据分析，整体把握区域学科教学现状，提出改进建议。一要坚持素养导向的学业水平测试，既要明确指向核心素养的知识与技能、学科思想方法、解决问题能力和迁移创新能力四个要素，也要明确学科核心素养在不同年级的表现进阶，以具体学科知识为载体实施任务驱动，在学生综合解决问题的过程中加以考查。二是用好学业水平测试结果，指导教师进行教学改进。教研员应指导教师根据多维度数据的分析、素养表现的反馈，明确需要提升的空间，做好学生学习分析，选择合适的教学策略以改进教学。

教研员能创新教研模式支持教师个性化发展。教师队伍的水平决定培养学生的质量。当下，教师关于课程和教材的知识、开发课程的能力、设计实施学生项目式学习的能力、组织跨学科综合性学习的能力、持续性评价学生发展的能力等都需要提升。学校需求多样，教师群体类型多、实践经验差异大、个性化需求增加，教研员如何做到点面结合？教研员如何转变理念，提高教师研修的课程领导力，创新研修内容和方式，有针对性、实效性、精细化、个性化地引领和指导教师专业发展？

在新形势下，教研转型迫在眉睫，教研工作必须结合实际，实现教研工作指导思想转型、工作任务转型及工作机制与方式转型，提供高水平的专业服务。最重要的是，要实现教研转型，提升教研工作的质量和水平，需要进一步明确教研员标准，着力提升教研队伍的专业能力，努力锻造一支多岗位胜任的教研员队伍。

教研员说

教育教学改革一直没有止步，教育考试和评价机制改革也在稳步推进，但是教研员最核心的工作职能没有变，那就是研究、指导、服务。学做研究——为了满足新时期对教研工作的要求，我们必须从"示范"向"研究"转型。学做指导——多个版本教材的参编经历促使我对课程、教材、教学及相互关系的认识越来越清晰，对指导教师正确理解教材、上出高质量的科学课越来越得心应手。学做服务——教研员是区域学科首席教师，不仅承担着整个区域学科教师研修课程规划与实施的主体责任，还要向学校和教育行政部门提供校本教研、专职教师队伍建设、教学质量提升等方面可供参考的专业建议。我作为一名"老教研员"，基于学习、研究、实践的提升，一直在路上。

——海淀进校小学科学教研员、正高级教师　王思锦

三、教研员应具备的十大素养

区域教研部门既要为学校和教师发展服务，又要成为教育行政部门的决策参谋，发挥专业智库作用。教研转型的核心是主动求新求变，顺应教育改革的实际需求。教研机构要发挥"现代化立交桥"作用。一支高素质的教研员队伍是区域教研质量得以保证的关键。在新的历史时期，党中央对新时代优秀教师有了更高的标准——要做"四有"好老师，用教育家精神擦亮教书育人的底色，努力做"经师"和"人师"相统一的"大先生"。教研员作为教师群体中的"关键少数"更要以此为勉励。那么教研员群体应该具备哪些素养呢？如何更好地发挥专业支撑作用呢？

我们从自我研究开始，从为自己制定标准开始，踏上教研转型之路。通过研制教研员标准，明确教研员应具备的核心素养，加强教研员能力建设。2012 年 7 月，学校组织全体教研员从给优秀的教研员"画像"开始，自下而上研制教研员专业素养框架。我们从专业精神、专业知识和专业能力三个维度，从教研员的专业意识和专业情怀出发，聚焦于学科专业知识、教师教育知识、课程知识，关注课程建设与资源开发、教学研究与指导改进能力等十大素养、20 条具体内容，研制教研员专业素养标准（见表 3-1）。

表 3-1 教研员必备的十大素养

标准维度	标准要素和主要内容
专业精神	1. 专业意识 (1)牢固树立服务意识，为学生、教师和学校的发展服务。 (2)理解岗位内涵职责，以提升区域教育教学质量为己任。 (3)合理规划职业发展，提升教研能力顺应教育改革需要。 2. 专业情怀 (4)热爱学生、热爱教育，不断提高服务品质，提升教育境界。 (5)遵循规律，尊重差异，分类、分科、分层持续开展教师研修。
专业知识	3. 学科专业知识 (6)学科专业知识精深，把握学科本质和学科思想与方法。 (7)能指导教师落实课标，能够示范教学的新理念和新设想。 4. 学科教研知识 (8)根据内容和学生实际，指导教师创设情境，促进学生学习。 5. 教师教育知识 (9)明确教师和组织需求，构建区域特色学科教师教育课程。 (10)能规划组织区级研修，有针对性地指导联片教研和校本研修。 6. 课程知识 (11)理解学科的育人价值，能够把握教材编写意图、设计教学。
专业能力	7. 课程建设与资源开发能力 (12)能参与制定区域课程方案，指导学科校本课程开发和实施。 (13)能根据学科课堂教学需求，带领团队建设区域课程教学资源。 8. 教学研究与指导改进能力 (14)能多种形式调研教学现状，科学诊断课堂教学并精确指导。 (15)解读学科课程标准和教材，通过讲座和案例指导教师教学。 (16)能聚焦于学科教学关键问题，带领团队研究并在实践中改进。 9. 质量评价与分析反馈能力 (17)制定学科学业评价的方案，研制学科评价工具并实施评价。 (18)基于大数据的分析和反馈，给学校和教师提出改进的建议。 10. 教育教学科研能力 (19)能洞察学科教学存在的问题，以课题和项目为载体研究解决。 (20)能组织课程改革实验研究，善于发现并总结推广优秀成果。

专业精神是教研员工作的内驱力，包括专业意识和专业情怀，体现区级教研机构对区域教育的责任与担当。以提升区域教育教学质量为己任，体现教研员不断自我超越的工作态度和教育境界。

专业知识是教研质量的基础，包括学科专业知识、学科教研知识、教师教育知识和课程知识。教研员只有专业知识精深、课程意识强，重视对课程育人的研究和指导，才能提高课程育人水平，从而更加关注教师和学生的真实需求，为教师提供个性化、差异化的指导和服务。

专业能力是教研品质提升的保障，包括课程建设与资源开发能力、教学研究与指导改进能力、质量评价与分析反馈能力、教育教学科研能力。教研员团队只有围绕关键领域与核心环节，拓宽研究的广度，增加研究的深度，才能发挥优质课程资源的示范引领作用。同时，要加强"学"与"教"的关键问题研究，基于真实问题、客观事实和可靠数据，科学地进行教学分析并指导，推动教学提质增效。

在不断创新教研专业服务供给的过程中，教研工作的重心不断下移，教研员的角色不断演变，教研员的职责范围也逐渐扩大。教研员只有具备了这十大素养，才能胜任新时期教研工作，从执行教学政策转向发展地方课程政策，从课堂指导转向全方位专业支持，从基于经验的指导转向基于实践的共同成长。

这样，教研工作才能聚焦于学生核心素养发展的关键问题，关注学段衔接和学科融合，关注校内与校外结合，带领团队开展跟进性实践研究，帮助教师从被动适应教育改革到主动参与，教师发展从个体研修到群体协作，构建区域教研转型新范式。

改革的路，都是新路。坚持"育人导向"、"问题导向"和"实践取向"，坚持共享发展，创新部门协同机制，创新区域课程改革的研究、实践、改进和追踪机制，解决课程改革中的重点和难点问题，这就是我们一线教研员的责任与担当。

教研员说

教育是一个生命影响另一个生命。锻造一支有生命力、能够持续成长的美术教师队伍是重中之重，意义非凡。美术教研员要做教师职业道路的领航者、教师专业素养提升的助力者、教育教学实践的先行者、教师研修课程的开拓者、教育均衡发展的助力者、特殊时期的教育前行者。

——海淀进校小学美术教研员、正高级教师、特级教师　李雪梅

四、教研员的成果梳理与提炼能力

能够组织学校和教师开展有价值的教学实验，能够发现一线优秀教学成果，指导、提炼并组织有效推广，是教研员的基本功之一，也是一项较

高的素养要求。

当前，各地教研机构和中小学校教育科研呈现蓬勃发展的良好态势，在各级各类课题申报和立项的数量、质量上都稳步提升。其中，教育教学成果的梳理与提炼能够使零散的教育实践经验升华为可借鉴、可推广的教育教学创新模式，是教育科研的重要一环。然而，成果的梳理与提炼却十分考验研究者，也被许多中小学教师视为痛点和难点。那么，教研员在总结自己的教学成果和指导一线教师提炼成果时，有哪些路径和策略呢？

(一) 跨越困境：明确教育教学成果的内涵与价值

有学者曾对北京市 23 位某学科骨干教师的教学成果进行分析，发现教学经验描述类、教学设计类成果多，分别占全部成果的 43.5% 和 30.4%；有理论支撑的成果，如借助于理论观点解释教学案例，或对教学案例有比较系统的阐释和思考的较少，分别占 21.7% 和 4.3%。在与中小学校接触的过程中，我们发现很多校长、教师在参与课题研究中有一个比较突出的问题，即实践结果卓有成效，但梳理提炼出的成果却质量不高。问题主要表现在对成果的提炼停留在现象描述和事实罗列层面，观点不鲜明，研究要素缺乏；没有厘清核心要素的关系结构，对相关研究成果的分析与借鉴不到位等。究其原因，主要表现在四个方面：一是研究者对于教学成果内涵、特点和类型尚不明确；二是研究者不知道总结提炼成果应该在哪些地方着力，缺乏提炼成果的基本方法；三是研究者不清楚成果提炼的基本流程；四是研究者的成果表述缺乏逻辑且文字不够精练。

教育教学成果是指对提高教学水平和教育质量产生明显效果的教育教

学方案，通常涉及课程建设、课堂教学、质量评价和教育资源建设等方面。成果可以是学科的，也可以是综合性的，其重要特征是符合党的教育方针，遵循学生身心发展和教育教学规律，具有独创性、新颖性和实用性。提炼教育教学成果的核心价值在于把实践经验总结、上升为规律性的认知，转化为普遍适用的成果，让更多的人受益。教育教学成果的梳理提炼是一个从问题、过程、方法到答案的严密的论证体系，由若干要素构成，要素之间要具备极高的匹配性和关联性。保证科学规范的同时提高呈现的艺术性是梳理成果的基本要求，也是值得教育实践者、研究者不断探索的最高标准。

(二)厘清要点：把握教育教学成果提炼的必备要素

优秀的教育教学经验产生于长期的实践探索中，能够体现立德树人的根本要求和时代精神，是创造性地解决基础教育教学面临的实际问题和未来挑战的科学的思路方法与措施，可以产生广泛而积极的影响，在教育教学中发挥示范引领作用。因为提炼与总结教育教学经验的时间周期长，过程环节多，经历事项繁杂，所以进行成果梳理、提炼的前提是树立跳出学科看教学、跳出教学看教育的大局观和系统观。梳理、提炼教育教学成果要把握住问题、过程、创新、转化四大核心要素，问题的聚焦是前提，过程和方法是基础，内容和创新是核心，应用和转化的效果是判断成果总体质量的标准。聚焦问题，突出针对性；强调过程，突出发展性；挖掘内涵，突出创新性；注重转化，突出普遍适用性。

聚焦问题，突出针对性。凡是能称得上优秀的经验和成果，都在一定程度上解决了教育教学改革中的重点、难点和热点问题,所以梳理提炼教育教学经验的时候,我们首先要明确在什么背景下,教育教学面临着什么挑战,或出现了什么问题,然后聚焦于有针对性地解决此类问题应实施的干预措施和推进的实践探索。

强调过程,突出发展性。每一项优秀成果都是在实践中经历种种锤炼,在无数次的反思、改进之后形成的。所以在总结教育教学经验时,对成果的重要阶段或重要事件提纲挈领地表达显得十分重要,包括利用了什么工具、采用了什么方法。

挖掘内涵,突出创新性。教育教学成果要经过实践检验,能解决现实问题,让更多人受益,其核心是"有价值",灵魂是"创新性"。进行教育教学成果提炼时要注重挖掘内涵,兼顾理论与实践层面,高度提炼成果的学术价值。内涵的挖掘一是要阐释"做出了什么",二是要聚焦于"能发挥什么作用"。

注重转化,突出普遍适用性。"有研究无成果"和"有成果无转化"是基础教育阶段教育科研面临的两大窘境。梳理总结研究经验,提炼出相应成果很重要,而成果是否优秀,是否具有普遍适用性和可操作性,在多大程度上能被推广、被借鉴,还需要经过实践的检验。

(三)优化表达:聚焦优质教育教学成果的关键表征

优质教育教学成果是科学性和艺术性的融合统一,其关键在于少谈做了什么事,多谈基于什么观点和思考进行了怎样的实践,包括经历了几个阶段,效果怎么样。优质教育教学成果的表达有以下几项关键表征:题目精准、结构严谨、言之有据、呈现有法。

题目精准：揭示问题，直达主题。教学成果的题目承载着凸显教学成果核心内容的重要职责，需要被不断地审视和修改。题目要精，简洁醒目，不能太长、太啰唆；同时还要准确，不能有歧义和语病，关键词之间的逻辑关系要能突出成果重点。一个好的标题，外显的是主题，内隐的是问题，甚至能让读者看出成果创新点以及成果的适用领域。可以说一项成果的最终水平与题目高度相关，如"基于'深度学习'的小学数学教师研修课程""新任教师通识培训微课程资源建设与应用"等成果，都是围绕成果内容精准确定题目的优秀范例。

结构严谨：搭好框架，注重逻辑。一篇优质的教育教学成果总结就是一篇结构严谨、内容扎实、逻辑清晰的好文章，可以根据"问题、过程、内容、效果"四要素，即"针对什么问题，开展了哪些相应的研究和实践，取得了哪些成果，成果是否解决了问题"进行框架的搭建。同时文章各要素要环环相扣，一脉相承，内在逻辑要高度一致，互为印证。以海淀区《中小学新任教师培训指南》这一成果为例，在结构上，首先明确问题，即如何促进新任教师培训工作的专业化。其次聚焦于过程，为促进新任教师培训工作的专业化，研究实践工作包括转变培训理念、分析培训需求、明确课程要素、设置课程体系与实施策略、评估课程效果等。最后呈现成果。在理论方面，构建"行为导向的教师培训需求与分析模型""培训课程设计与实施六要素模型""新任教师培训课程体系"；在实践探索方面，提供了丰富的应用理论研究成果的培训实践案例，包括对柯氏评估模型的创造性实践与应用、促进学以致用的机制策略、不同学科新任教师的培训案例等。

言之有据：观点新颖，支撑有力。所谓观点新颖，就是要做到"人无我有，人有我新"。而比观点新颖更重要的是言之有据，即观点背后有"量化数据＋定性案例"作支撑。成果应开宗明义，观点应出现在段首语的位置。以《海淀区义务教育阶段学业标准与教学指导研究》为例，我们是这样呈现其创新点的。一是引领了新时代教学改革：基于学习科学、学习进阶理论构建教学改进体系，将国家课标与教师课堂进行密切关联，抓住理解国家课标、发展学生学科能力、丰富学习方式等学科育人的关键，使教学由考试导向转向育人导向，推动新时代教学改革，落实立德树人根本任务。二是为教师的教学改进提供了一套信得过、用得好、抓得住的工具。

呈现有法：术语专业，图表发力。提炼是对已有成果进行分析、概括，使之上升为规律性认识的过程。成果经提炼后应凝缩为一个或若干个理论术语，具有特定内涵，产生典型效果。比如，提起"情境教学"就会想到李吉林老师，提起"1＋X"课程就会想到清华大学附属小学，还有海淀区的"5＋M＋N"教师研修课程，等等，这些都已经形成品牌成果。此外，若成果内容比较复杂，还可借助于图示、图表等方式进行可视化呈现，让成果各部分的逻辑关系更清晰、特色更凸显、效果更震撼。

教研员说

  我们团队非常注重研究与实践总结和成果固化。2014年，我们开始进行课题研究，逐步形成了"情境舞蹈教学"理念与以"身体体验"为核心的基本思想，出版了《小学舞蹈艺术教程（低年级）》《小学舞蹈艺术教程（中年级）》《中学舞蹈艺术教程（初中）》等课程资源，研发了《义务教育舞蹈学业标准与教学指导》用书，使教师教学有据可循、有法可依、以评促教。我们还持续性地研发多元化、结构化、单元化的课程资源，建立舞蹈课程资源库，应用"学习—实践—评价—反思—改进"的循环式研究机制，开展以舞蹈美育为主的跨学科、民族舞蹈传统文化以及实践活动、校园集体舞等方面的研究。

——海淀进校小学舞蹈教研员、正高级教师、特级教师 史渊萍

2

教研转型的系统设计

  区域教研要让成为教师的人更加优秀，以高品质的教研服务未来教师发展。新时期，教研要通过创新以高品质服务为建设教育强国赋能。

  教研转型不是狭义的教学研究的转型，而是顺应教育改革发展的需求，指向学生核心素养发展，围绕课程指导、教学研究、质量评价、资源开发、教师培训等领域全方位提升教研能力，探索区域教研服务理念、工作内容及模式、工作机制的创新发展。海淀进校于 2012 年开始探索区域教研转型之路，为海淀教师打造智慧学习空间，提供全方位的教研专业支持。

  随后，"十三五""十四五"时期，根据国家课程改革和海淀教育发展定位和方向，我们以每五年为一个周期做整体规划和统筹设计。2016 年，我又成功申请立项了全国教育科学"十三五"规划教育部重点课题"基于核心素养发展的区域教研转型实践研究",并以此为依托,开展研究与实践。我们从五大方面积极转型,以教师学习供给侧结构性改革为主线,推动海淀区教师课程育人能力整体提升,努力用高品质教研支撑高质量教学。

一、教研转型的整体设计与行动

海淀区基础教育名校林立、名师云集、学校需求多样,如何满足共性需求和个性需求?如何为区域教育决策、学校内涵发展等提供更高品质的服务?2009年,我到海淀进校工作,时任海淀区委教育工委书记张卫光对我说:海淀进校教研要超越教材教法。我有更多机会走进海淀区各中小学校、走进课堂、走近学生、走近老师,与更多的校长和老师交流。在两年多的时间里,我一直在思考,学校和教师真正需要得到的支持是什么?如何更好地支持师生成长?我发现,随着课改的深入,人才培养目标发生变化,教研部门原有的"以听评课为主的调研、以教材教法分析和研究课为主的教研、以命题为主的考研"已经无法满足需求,教研转型升级势在必行。

2012年,海淀进校成立40周年。在这个关键的时间段,我们总结过去、立足当下、面向未来,重新认识教师的发展需求,围绕全面深化课程改革的关键领域和关键环节,丰富进修的职能、调整内设机构、创新工作机制,开启海淀进校教研转型的实际行动。

(一)明确发展愿景,建立进校团队共同价值追求

转型需要干部团队带头按照外部环境的变化,对海淀进校的职能定

位、工作任务、工作机制、发展战略进行动态调整和创新，将旧的发展模式转变为符合当前教育改革要求的新模式。

2011年至2012年，全校展开大讨论，记不清楚有多少次大大小小的会，数不清用了多少个夜晚。在设计学校的标识、编写书籍、出版画册、召开学术论坛等工作之上，我们最重视文化传承和建设，明确了未来的发展方向和理念、目标和任务。只有建立共同的价值追求，才能统一思想、凝聚力量向前行。

首先，形成了"进修精神"，即"责任与担当、团队与研究、拼搏与奉献、海纳百川、协同创新"。其大格局和高境界，体现了进修文化的传承与发展，体现了教研人的责任与担当，彰显了海淀教研人的创新发展的"法宝"，更加牢固地树立了专业服务的意识。"进修精神"的提炼和明确，引领、鼓舞着我们坚定地走好后面十几年的艰难教研转型之路。

其次，明确了做"世界一流的教师教育"的发展愿景。在制定海淀区"十二五"时期教育发展规划时，时任区委书记赵凤桐明确提出"世界一流的海淀教育"，以服务国家中关村自主创新核心区的建设。当时，我们虽然不知道世界一流的教师职后教育是什么样的，但是，我们知道，海淀进校的教研人只有有"世界一流的教师教育"水平，才能服务好海淀区世界一流的教育发展目标。于是，在反复讨论之后，我们明确了发展愿景，也达成了基本共识：一流的标准是动态发展的；一流首先是追求卓越、不断超越自我的态度；一流的教师教育需要有一流的教师教育理念、研修课程、研修方式、研修成果，更需要有一流的教研员队伍。

(二)完善教研职能，调整机构设置，提供组织支持

区域教研转型，根据改革需求完善职能，而组织机构的变革是基础和关键，对研修工作开展起着发动、调节的关键枢纽作用，需要通过组织机构的变革来改变过去各学科门类分科严格、学段之间存在鸿沟、教学指导单一的现象。

在形成"进修精神"、明确发展愿景后，我们重新定位教研机构在新时期的职能，即海淀区"课程指导中心、教学研究中心、质量评价中心、资源建设中心和教师发展中心"五大中心职能，也就是教研员在服务学校时，要基于学校课程、课堂教学、质量评价、资源建设、教师发展等方面进行深入研究和系统指导，更加体现以学生为本、以教师为本的理念。

同时，我们调整了海淀进校的内设机构，使内设的专业服务机构更加健全、结构化，教学研究中心按学前、小学、初中、高中设教研室，相互衔接，先后增设了课程室、评价室、资源室、德育研究室、创新教育研究中心等部门，调整教学服务中心、信息与技术中心，丰富了教科室的职能，保留了名师工作站和特级教师研究中心。2015年，在两个教育质量相对薄弱的地区成立了研修分中心，即北部研修中心、学院路研修中心，满足了当地教师的个性化发展需求。2019年5月，我还承接了海淀进校教育集团的任务。6所中小学成为集团学校，开启了教研机构引领、指导普通中小学发展的新阶段。接着海淀进校教育集团又成立集团理事会，增设集团办公室，采取了一体化发展的战略，即学校发展一体化、课程建设一体化、教学提质一体化、资源融通一体化、学生发展一体化。

(三)升级教研内容,形成全覆盖、可选择的教研体系

教研内容的升级主要围绕课程指导、课堂教学、质量评价、教学资源和教师发展五大领域一体化教研,这是实现教研转型的核心能力建设,也是难度最大的工作。团队经过十二年的研究、实践、优化,在以下五个方面形成突破。

一是为干部教师提供课程规划能力提升课程,以学校课程建设的实际任务为驱动,建构十个研修模块、若干专题的教师研修课程体系,逐步形成"问题诊断—研修课程—精准指导—实践改进"区域课程优化模式。二是为全学段教师提供"5＋M＋N"学科教研课程,包含必修、选择性必修和任选三类课程,通过多轮次实践探索,目前已基本形成丰富的主题化、可选择、有进阶的系列研修课程,实现了"一段一方案,一科一系列,一人一课表",满足了不同专业发展阶段的教师需求。三是探索基于素养导向的学业评价数据开展教学改进研修课程,构建了海淀区素养导向的学业评价指标体系,开发了评价工具并提炼出相应的理念和策略,开展了七个轮次学业发展水平测评,形成了基于评价结果的"区域—学科—学校"三级反馈机制。四是构建海淀"三维四级"教师研修课程体系,研制了"四要素"教师研修课程开发与实施标准,建构了教师研修课程设计与实施六要素模型,针对不同发展阶段教师的特征和需求,分类开展新任、骨干、成长期教师培训,通过众筹式工作坊研修方式保证课程的有效实施。五是丰富了数字化课程与教学资源,研发形成三类教师教育资源,包括学科教学关键问题类资源、学科重难点问题解决类资源、学科教学策略类资源。为回应线上教

学期间对于线上教学与教研工作的迫切需要，教研员带领中小学教师研发专题性课程资源，包括15 000多个涵盖全学段、全学科的"海淀·空中课堂"资源包和120个"海淀·空中亲子乐园"资源包。

教研内容的转型升级使得教研内容从狭义的"教学研究"转向广义的"大教研"，满足了不同学段、不同学科、不同发展阶段教师的个性化需求。开展跨学科、跨学段教研，也为国家课程标准的修订提供了实践探索经验。

（四）创新教研机制，打通教研到课堂的"最后一公里"

以机制创新激发活力、增强动力。海淀教研遵循"在线培训与在场研修相结合""校际合作与区域联盟相结合""个人指导与团队建设相结合""名师培养与名师辐射相结合""理论研究与实践探索相结合""多元评价与研修改进相结合"等原则，逐渐形成独具特色的教研工作机制。该机制主要包括以下四个方面。

一是研训一体融合教研机制。学科教研员与培训中心教研员一起研讨，统一培训方案，用研支撑训，在训中研，将教研中形成的优秀成果转化为培训课程资源，将教研成果转化为研修课程，真正实现教研机构内部研训一体的横纵融合。二是三级联动深度教研机制。区域教研整体规划学年教研、专业指导、统筹推进，联片教研针对片区学校特点和教师需求，聚焦于专题，积极探索指向教学实践的、参与性强的互动式教研，校本教研基于本校教师实际，聚焦于关键问题，开展指向实践改进的跟进式教研，优势互补，纵向衔接。三是"双微驱动"学科教研基地机制。由学校学科教师、海淀区学科教研员、兼职教研员、学科骨干教师共同参与，首席教师带领"微团队"，以"微项目"为载体，开展教学实践研究，探索问题解决的实践路径。2014年开始准备，2015年启动，"十三五"期间，共建立141个学科教研基地，覆盖43个学科。四是项目载体联合攻关机制。教研部门内部五大职能中心，教研部门与高校、研究院所、其他研训部门及中小学之间，形成研究实践共同体，以"学业标准""学科能力""深度学习""教研转型"等项目为抓手帮助教师和教研员破解课程改革中的重难点问题，协同创新、联合攻关。教研机制的创新进一步满足了教师专业发展的共性需求和个性需求，分类、分层开展有针对性的教研，打通了区域教研到课堂的"最后一公里"，区校协力实现教学创新，提升育人质量。

(五)提升教研能力，提高教研队伍的专业服务水平

教研员是教研转型的主体，教研员队伍素养高，海淀的教研水平就高。为此，我们全力开展团队自身建设，研制教研员专业标准，开发教研员研修课程，构建教研员专业发展支持体系，全方位提升教研能力。

上述四个方面的转型行动，是区域教研转型面向新时期新形势的理念性变革的外在表现。海淀教研转型在理念上主要体现在六大方面：教研目标由"提高学科教学能力"转向"提高课程育人能力"，教学目标由"关注学生知识获得"转向"关注学生素养提升"，教研内容由"关注教师教的行为"转向"关注师生深度互动"，指导改进由"基于课堂教学经验"转向"经验与实证结合"，教研规划由"统一教研内容"转向"兼顾共性与个性需求"，教研方式由"专家单向传授"转向"教师众筹深度互动"。教研理念的更新、理

解内化体现了新时期教研工作的全面转型升级，有利于教师素养的提升和学生核心素养的发展，是区域教研机构转型路上的"镜子"和"尺子"，指明了方向、明确了标准。

在以上教研转型的核心任务中，"教研理念转型"是教研转型的前提，"调整职能和机构设置"是教研转型的基础，"教研内容与模式转型""教研机制转型"是教研转型的核心，是研究重点，也是难点，而"教研能力提升"是教研转型的保障。海淀进校形成了"学科纵向贯通横向融合、学段纵向衔接横向管理、部门纵向分工横向协同"的立体化工作模式。通过组织机构变革，学校发展再上台阶，为海淀区中学、小学、幼儿园和职业教育专任教师发展提供了更高品质的专业服务。

二、区域教师学习中心的软实力建设

未来是迅猛变化的，是难以预知的。聚焦于学生应该具备哪些素养、教师要如何提高自身的学科育人能力应对未来的挑战、教研人应该怎么办，海淀进校人在行动，不观望，不徘徊。面对问题和挑战，我们去学习、去思考、去研究、去探索，然后不断地改进。教研转型创新探索实践的重中之重是教研员队伍建设。海淀进校教研能力的整体提升，是海淀区教师学习中心的软实力。

我们海淀教研人建立了共同的价值追求，职能定位丰富了，内设机构调整了，我们的队伍又应该如何适应呢？我们更需要在工作岗位上、育人改革的实践中，践行"进修精神"，向着"世界一流的教师教育"愿景努力。

(1)明确研训者专业素养。我们的教研员研究自己和自己的工作,如前文所述,开始研制海淀区教研员专业素养标准。2012年7月,我们开始为优秀教研员"画像",经过两年7个轮次的研讨,研制出来的1.0版本包括专业精神、专业知识和专业能力三个维度、10项指标、20条内容。2018年,项目组修订、研制素养标准2.0版,在原有基础上将内涵丰富和发展为三个维度、12项指标、28条内容。2019年,海淀进校接受教育部课程教材研究所委托,承担"教研员专业标准研究"项目,研制全国中小学教研员专业标准。在教研员素养标准的引领下,探索教研员专业发展路径,促进教研员素养稳步提升。

在此基础上,申军红副校长、刘锌主任带领培训者团队还研究、梳理出自身应该具备的素质特征,即高尚的师德修养、优秀的专业素质、出色的研究能力、丰富的科研成果和突出的引领作用。这些,都是教研员对自身高要求的体现。

(2)优化研训者组成结构。根据新的职能,优化教研和培训队伍专业结构和学历结构是重点。首先是优化队伍的学历结构,"引进与培养"并举。我们先后引进了16位博士和博士后,这些人才大部分都是有工作经验的,对于没有工作经验的,我们给他们配备一位教研导师和一位教学导师,入职以后一边做教研,一边在学校给学生上课,以便了解教学一线的情况。引进的这些高学历人才在"双导师"制、全员培训、专题培训等多种模式的培养下快速成长。其次是优化队伍的专业结构。课程、资源、评价、教师教育、STEM教育等方面,都需要专业的人才负责,为此,我们引进了课程、资源、评价专业的硕士和博士(博士后),使课程中心、评价中心、资源中心等职能中心更好地发挥了作用。

（3）练就多岗位胜任能力。两支队伍同时发展。一支是多岗位胜任的教研员队伍。我们不可能在每个职能部门都建立一支庞大的学科教研员队伍，这就要求我们的每一位教研员都要具备能做教研、能做评价、能研发课程教学与教研资源，能在多岗位胜任的能力。另一支就是我们的双专业发展的干部队伍，即管理专业和学术专业齐发展。目前我们班子成员里有3位博士、2位特级教师、3位正高级教师，还有5位硕士。

（4）系统构建教研员研修课程。学校成立了"进修书院"，设在教科室，来统筹规划每年培训课程的内容和形式。林秀艳副校长带领团队一起构建标准导向的"2＋M＋N"教研员研修课程，基于海淀区教研员专业标准，着力打造"全员＋专题＋私人定制"的教研员研修课程体系，包括面向全体教研员开展的暑期全员研修和教科研年会。基于岗位需求和特点开展的部门专题研修，是基于教研员个体需求展开的个性化研修课程，通过"全覆盖、可选择、个性化"的教师研修课程的构建与实施，助力教研员专业发展和教研队伍建设，全面提升教研能力。

为满足教研员个性化需求，提供了"私人定制"研修，有针对性地解决问题。例如，2012年4月，我们启动了"海淀区教研员高级研修北京师范大学访问学者项目"。该项目一共举办了两期，共计26名教研员参加。该项目采用了"四个一"任务驱动的模式，即一篇高水平研究报告、一篇核心期刊发表的研究论文、一次体现研修成果的教研活动和一个主题教学案例。研修项目"量体裁衣"——教研员们带着自己的研究课题走进北京师范大学，在为期一年半的研修时间里跟着导师"一对一"学习研究，带着问题去，带着成果回来。还有教师自己提出到北京大学旁听学习、再学习进修第二个硕士学位等。

在发展中转型，在转型中发展。教研员和培训者队伍建设是区域教师发展中心建设的核心工作，是教研转型的基本保障。

三、如何全面提升教研员的学科教研能力

坚持立德树人，发展学生的核心素养，要求学校的课程供给转型升级、学生的学习方式更加丰富、教师的共性和个性化专业发展需求更加强烈，这些都需要教研员持续、高水平的专业支持。这是教育发展到今天对教研员的新要求，也是教研工作面临的新挑战。要回应这些要求和挑战，教研员需要全面提升自己的学科教研能力，从而更好地承担起学科建设的主体责任以及为行政部门的决策提供参考数据和建议的责任。

(一)教研员学科教研能力的内涵

教研员不是一线教师，却是教师的教师，要懂教学，能上示范课，能指导教学；教研员不是理论研究者，却要会研究，能够帮助教师解决问题，需要具有能够发现经验、提炼教育实践经验的智慧；教研员不是行政管理者，却有给教育行政部门提出建议的职责，往往也会被赋予一定的行政色彩。教研员作为特殊的教师，其专业能力的核心体现在教研领导力和学术影响力。教研领导力是教研员成就教师的能力，学术影响力是教研员成为教师重要资源的能力；学术影响力是教研领导力的关键基础，教研领

导力是学术影响力发挥作用的关键保障。教研领导力和学术影响力的形成，以学科教研能力为本。

教研员的学科教研能力，是指教研员以学生高质量的学习为目标，聚焦能力建设，以教学实践和研究为基础，以丰富可选择的学科教研课程为资源，以课堂为主要场域，通过设计多种形式的教研活动，实现教师学科育人能力的持续提升。教研员的学科教研能力是超越学科知识和课堂教学本身的、具有特定属性的专业能力。教研员需要综合运用学科专业知识、课堂教学经验、学生学习规律、教育学和心理学知识去理解教师教学的特点和困难，并针对不同年龄、不同背景、不同发展阶段教师的能力表现来整体设计、组织教研，帮助教师实现学科教学能力的进阶提升。这需要教研员综合考虑教与学过程中的各种因素，发展关于学生的知识、教师的知识、学习的知识，带领教师团队将自己所知道的学科内容以学生容易理解的方式进行加工、转化。

从专业精神、专业知识和专业能力三个维度综合考量教研员的学科教研能力，我们不难发现，教研员的学科教研能力的形成与评估离不开教研知识、教研策略、教研成效三个方面。其中，教研知识包括基于教研理解的学科专业知识、学科教学知识、教师教育知识等；教研策略涵盖课程开发、教学研究、资源建设、评价反馈、教师研修、教育实验、成果推广等内容；教研成效是指教研员把内容知识与策略知识优化组合、巧妙融合后形成的教研氛围，产生的教研成果与教研成果转化带来的教研效益（见图3-1）。

教研员学科教研能力的三个要素不是孤立存在的，而是彼此交融的，

相伴成长

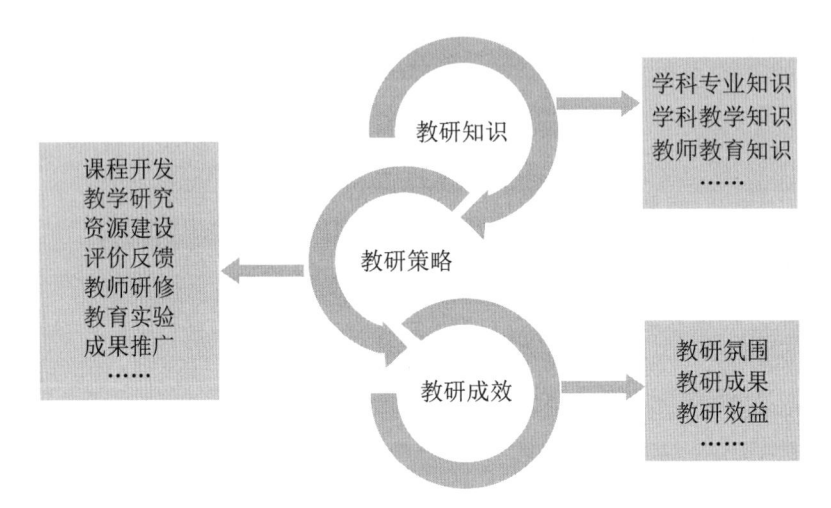

图 3-1　教研员学科教研能力的内部构成要素示意图

三者之间有一个自然排列的逻辑。教研知识是教研策略的基础，是一个理性的支点，具有定位的作用，保证教研的内容与方向。教研策略是在特定的教研情境中、核心议题特定的内容知识背景下，教研员所设计的具体的教研活动以及所采取的方法、形式等。教研策略在实际应用过程中与内容知识优化组合则产生教研成效。教研成效贯穿教研工作全过程，即使教研行为终止，教研成效仍在继续。

(二)教研员学科教研能力的发展

教研员的学科教研能力是在教研实践中逐渐形成、发展起来的，是教研领导力和学术影响力的重要支撑，与教研员准入、退出、培养和考核息息相关。那么，教研员学科教研能力如何培养？三个构成要素的提升有怎样的实践路径？

教研员教研知识的获得和发展，是在教研实践、案例研究、行动研究、反思改进等过程中发生的。教师应该从知识的消费者变为知识的生产者，在行动中生成属于自己的正式知识和实践知识，从而决定使用什么样的学科理论知识或者实践教学法知识，最终转化为自身、学校、社会和生活的理论。同理，教研知识在教研实践过程中逐渐产生，又在实践中逐步提升、转化成为教研策略。

教研知识有两种类型，即显性教研知识和隐性教研知识。显性教研知识包括学科专业知识、教师学科教学设计、教材教法分析方案、研究课的方案、命制的试卷等能用书面文字、图表表达出来的教研知识。隐性教研知识是指教研理念、教研经验、组织教研的技能和技巧、听课时的洞察力、教研组织的文化等难以用语言清晰表达的知识，具有非理性特征。隐性教研知识往往存在于教研员个人头脑中，常常依托特定的情境存在，很难通过正规的形式传递。隐性教研知识显性化，有助于教师的专业发展，有助于教师找到自身成长的规律和关键点，也是普通教师成长为学者型、专家型教师的关键。

教研知识的"双向转换"发展模式。教研知识作为教研员学科教研能力的基本要素，是教研员的基本标准。具备更高的政治素质，把自己的教研经验和对教研的理解与学科专业知识、学科教学知识、特定的教师群体、特定的教师教育资源等结合在一起，形成独特的专业情怀和专业知识。专业情怀和专业知识再经过教研员个性化、经验化的融合与过滤，展示出来并沉淀下来的知识即教研知识。教研知识具有科学性、广泛性、隐蔽性等特征。教研知识是选聘教研员的关键条件，也是衡量一个教研员是否合格的重要指标，直接影响教研工作的效果。

教研知识在实践中的发展途径主要有两个：一是厘清显性教研知识，如各类教师研修课程（活动）的设计流程、模板等，设计的背后综合体现的是一个教研员对相关学科专业知识、学科教学知识和教师教育知识的把握；二是发掘隐性教研知识，如在什么样的教研理念下实施教研、个人反思及阐释等，这些都体现出教研员对教研岗位职责的深刻理解和时代主张。从厘清显性教研知识到发掘隐性教研知识，再到形成更高级、更复杂的显性教研知识，构建出教研知识"双向转化"的发展模式。两个环节双向互动、螺旋式提升，就是教研从实践探索到理论提升、从理性思考到实践探索的循环过程，其频次和深度可以体现出教研员的基本素养，更决定了教研员成长的速度。

教研策略的"层级渐进"发展模式。教研策略作为教研员学科教研能力的核心，是指在特定的内容知识背景下，教研员所设置的教研情境、所设计的教师研修活动、所采取的教研方法等。教研策略具体涉及课程开发、教学研究、资源建设、评价反馈、组织教师研修、开展教育实验及成果推广等基础教育的方方面面。在复杂的教研情境下、在具体的教研行为中，这些策略显示出鲜明的情境性、实践性和个性化特征。

关于教研员教研策略的发展途径，其基本原则是教研行为的结果导向，主要环节有两个。一是个体隐性教研知识显性化。这一环节的操作要素为常规教研及行为跟进，通过常规教研活动的反思改进，使教研知识和"隐性"的教研精神不断在实践领域生根、发芽。二是群体显性教研知识隐性化。这一环节的操作要素为教研员引领下的教育科研和集体反思，也就是以课题项目为载体，建立学习共同体，通过科学规范的研究和实验，找到破解教育教学难点问题的路径，再通过梳理提炼研究成果，应用于区域、学校、教师的教育教学实践，甚至辐射到更大范围的教育教学实践，使显性的教研智慧理性输出，在实践领域开花、结果。在两个环节中，从教研员个人的反思改进到带领教师群体的阶段性共同进步，两个层级交替进行、更新发展，构建了"层级渐进"的发展模式。这一模式凸显了教研员专业素养的内核，是教研员从合格走向优秀的重要路径，与教研员个人素养密切相关，更与单位和领导给予教研员的方向引领、资源支持和平台大小密切相关。

教研成效的"学术融合"发展模式。教研成效是指教研员学科教研能力的重要表征，指教研员把内容知识与策略知识优化组合、巧妙融合后形成的教研氛围，取得的教研成果。教研成效有鲜明的自身特点：组合性、直观性、转化性等。在一定程度上可以说，教研成效是一个教研员把内容知识与策略知识融合的结果和产物，是一种教研学术的表达。

关于教研成效的"学术融合"发展模式，其主导思想在于教研要素成果化，主要环节有两个：一是对教师研修效果的评估，这个评估嵌套于教研员所设计与实施的教师研修课程（教师研修活动）的全过程，以教师研修效果，特别是教师课堂教学行为的表现来评价教研效果；二是对教、科、研成效的考量，包括实践性成果、理论性成果、工具类成果的分类统计，更重要的是通过各级各类研修成果，对教研员在教研实践领域发挥作用、产生效果的过程性考量。新时期的教研，更加关注教师的课程育人能力、学生的素养发展水平。例如，学科教研从以研究"教"为中心转向研究"学"，更加以学生的学习、教师的学习为重心。"学术融合"发展模式的两个环节，凸显教研员"研究"、"服务"和"引领"的职能本色，关注促进教师发展和教研员自身发展的评价与激励，有别于一线教师的考核，学术含量较高。阶段性的理性成果输出和应用的数量及水平，是教研员学术影响力的重要表现。

综上，教研员学科教研能力的内涵、特征与发展模式如表 3-2 所示。

表 3-2　教研员学科教研能力的内涵、特征与发展模式

教研员学科教研能力	内涵	特征	发展模式	操作环节	对教研员队伍建设的意义
教研知识	学科专业知识 学科教学知识 教师教育知识 （政治素质和 教研情怀）	科学性 广泛性 隐蔽性	双向转换	1. 厘清显性教研知识 2. 发掘隐性教研知识	基本标准
教研策略	课程开发　教学研究 资源建设　评价反馈 教师研修　教育实验 成果推广　教研情境	情境性 实践性 个性化	层级渐进	1. 个体隐性教研知识显性化 2. 群体显性教研知识隐性化	培养培育
教研成效	教研氛围 教研成果 教研效益	组合性 直观性 转化性	学术融合	1. 教师研修效果的评估 2. 教科研成效的考量	评价激励

(三)创新教研员的选聘、考核和流动机制

以教研转型促进教学转型，是促进内涵发展、提升育人质量的关键。我们曾经对全国 17 个省份的 81 家教研机构进行了问卷调查，结果显示：

教研队伍学历、职称偏低，46%的单位拥有副高及以上职称的比例在50%以下，59%的单位拥有硕士及博士研究生学历的比例在10%以下；教研员专业素养的提升途径比较单一，主要集中在培训和外出学习上；教研内容不够丰富，教研员主要工作仍聚焦于区域教师培训与指导、听课评课及教学指导两个方面，比例高达95%和89%，而考试评价、课程建设、课程教学资源的开发与利用等工作内容所占比例相对很低。由此可见，教研员队伍建设还难以很好地适应深化课程改革的需求。

通过对教研员学科教研能力的分析，以及对教研员准入退出、培养培育、评价机制的线性思考不难看出，教研员学科教研能力内部要素的和谐共生是教研员专业发展的根本路径，是教研工作转型发展的关键。达到教研能力内部要素的和谐共生，乃是教研员无止境的理想和追求。

因此，教研员的选聘要以教研知识、对教研部门整体职能的理解和认同为基本标准。教研员对自身角色要有正确认识，具有基于教研正确理解的相关必备专业知识。对教研员的评价激励，最基本的尺子是学术影响力，而学术影响力一方面是一线教师参与研修的效果，另一方面是教科研成果及转化效果。同时，要建立教研员的流动机制，即教研部门内部不同岗位之间的流动、本地教研部门与教研部门之间的流动，还有本地与外地教研部门之间的流动，流动的目的是博采众长、互通有无、协同发展。实质上，促进教研员学科教研能力的终极策略在于教研实践的连环改进。改进可以从教研员学科教研能力全要素入手，聚焦于课改中的关键问题，共同探讨教研员学科教研能力如何在动态循环的教研实践中螺旋式提升、稳步发展。这应该是教研员专业发展的必然趋势。

当然，除了从教研员学科教研能力的角度来对接教研员的准入与退出、培养与评价，还可以广泛借鉴美国、法国、荷兰等国家的教育督导（教学督导）的任职资格及培养模式，全方位、立体化建构教研员资质标准和专业标准，创新工作机制，从而更好地指导教研工作，更好地服务基础教育发展。

四、促进教师交互学习的智慧空间建设与应用

2011年，海淀进校新校区开始选址，在多位区领导支持下，办理完各种手续，于2019年6月18日开工建设。新校区定位是"面向未来的智慧型教师发展中心"和"海淀教师的家"。因此，新校区的设计、建设与应用都以教师学习为中心，践行教育与科技有机结合，体现人文与绿色相融合的理念，创新物理空间、虚拟空间、人文空间使用，所有空间都服务于全区教师的专业成长。在开放、融合的教研环境中，教师们众筹智慧，分享观点，精进业务。李宏伟副校长、支瑶副校长分别带领后勤团队、信息与技术团队把大家的希望与设计逐步落实。

海淀教研人用空间的改变推动教研转型升级，助力海淀"大教研"迭代升级，同时这也是以数字化助力教育事业实现新质生产力发展的重要举措。

（一）促进教研创新的智慧空间建设

教师互动学习空间：支持教师深度互动交流，包括各类工作坊教室、

双屏互动教室、多屏互动教室等。工作坊是深度互动的学术型研讨空间。工作坊有利于教师众筹智慧，分享观点，激发碰撞，现场生成，是一种协作的、建构的学习组织形式。双屏互动教室和多屏互动教室可以开展跨地区、众筹式工作坊，支持异地互动研讨、线上线下混合式研修；实现全自动精品课程录制；即时呈现，分享展示，固化成果，通过软件平台实现互动交流场景，研讨过程可追踪留痕。

教师自我研究空间：促进教师深度教学反思，包括微格教室、进修书院、图书馆等。微格教室能够实现精品课程录制、教师教学基本功的诊断和训练、教师教学技能研讨和提升、同伴研讨或独立研磨。进修书院是集学习、研讨、交流、休闲于一体的文化区，为教研员提供了专业成长、学习交流、答疑解惑的平台，是海淀教研员之家。图书馆有读书岛、个人阅读区等空间设计，是知识中心、学习中心和交流中心，充分体现了人文性。

教师自我测评空间：技术赋能前瞻性研究型实践，包括板书测评室、自助微课录制室等。一间不大的板书测评室可容纳 24 名教师同时进行板书书写的实时训练和测试，整体的书写过程可记录、可回放，可提供测评数据供反思和提高，可组织教师对板书书写进行测评，提供分数和评价。自助微课录制室可以进行虚拟和实景的精品课程录制，教师自助录课，观看、诊断自身问题，提升教育实践反思能力；可进行优秀教师课程资源的展示、积累和研发，提升教师技术应用能力；等等。

科学教师研修空间：促进教师实验技能提升，包括物理、化学、生物教师实验研修室，可实验、可研讨、可展示、可演示。一方面，可以支持教师开展实验教学研究和研讨、提升教师的实验教学技能和实验操作技能、创新实验资源的研发和应用等，实现实验与研修一体化；另一方面，可以支持教师开展实验基本功测评、实验操作录制、实验操作测评等，诊断教学能力，实现教、学、研、评一体化。

专业教师研修空间：促进全学科教师发展，包括合唱教室、书法教室、西画教室、舞蹈教室、职业教育专业教室、学前教育专业教室等。书法教室和西画教室创设了教师书法及平面艺术研修空间，支持教师艺术教学实践创新，形成教师互动交流新形态。职业教育专业教室引领教师做学科教研、新技术研发、新专业调研、专业课程开发等，有茶艺、非遗项目、京味儿文化、自动滴灌技术在植物栽培中的应用等分区。学前教育专业教室集研修、实训、体验、研究于一体，开展基于情境体验和体验学习后的工作坊研修。

大规模研修空间：常态化支持更多教师现场研修，包括阶梯教室、学术报告厅、圆形报告厅、计算机房等。各类型的阶梯教室和学科教室可以支持直播、录播，课堂互动教学、远程互动直播教学，专家报告、教材教法分析，通过录播实现对教学过程的科学评价，线上、线下备课功能等。学术报告厅是可以实现学术报告和剧场一体化的综合性活动场所，可容纳603人，供学术会议、专家报告等活动使用，也可以组织非专业性小型演出。圆形报告厅可以实现会议和研修一体化，可容纳105人，可以组织各种类型的线上、线下学术会议，设有同声传译室，可召开国际学术会议。

虚实结合的研修空间：开展创新型研究实践活动，包括未来教室、XR沉浸式全景仿真演播室、教学分析中心、双师课堂智慧教室、在线教学与教研实验室等。未来教室包括视频互动系统和教学互动系统，在 LED 大屏幕显示系统和教学多媒体系统的承载下，营造出一个趋近于真实的教学场景"空中在线互动课堂"，支持在线分组研讨、在线协作编辑、在线文字交流等功能。XR 沉浸式全景仿真演播室集合了虚拟现实、增强现实、混合现实的新技术，通过虚拟场景，使教师身临其境进行讲解，实现场景设计与植入、课程录制与合成的一站式技术支持服务，提升研修课程精品资源的质量。教学分析中心可以结合课例动态开展课堂教学行为和教师专业能力的诊断与分析，为教学改进提供科学依据。双师课堂智慧教室、在线教学与教研实验室可以开展基于课例研修的跨地区、跨校区联合教研和远程教学指导，支持异地高效互动，探索技术助力优质资源共享、教师柔性流动的新范式。

此外，还有无处不在的研讨空间，如学科研讨室、公共研修室、访学交流室、开放空间等，以及多种展示空间，如各学科部门走廊展示空间可展示名师团队、名师个人、团队历史、团队成果，公共展示空间可展示全区教师成果、学校成果、教师作品、学生作品等。

(二)智慧空间的应用成效

海淀进校智慧校园的建设与应用主要解决校园内各软硬件系统数据的互联互动，形成全域的数据分析能力，融合学校的管理机制，提升全校服务能力和师生信息化素养，最终实现教育教学、教学研讨、教师专业发展等方面的全面提升，包括五大方面的成效。

(1)建立了高效、互联的校园管理体系。通过搭建统一的集成式、总控式、可视化管理平台，接入学校各类智能化系统和软件应用系统，实现校园硬件与硬件、软件与软件、硬件与软件、人与人、人与物、物与物之间的信息交换、互联互通以及基于场景的联动，为学校管理者提供"一站式可视化"管理，全面提升学校的信息化应用能力和智能化管理水平。运用各类智能技术改进学校教育教学的新路径，开启学校面向未来演变发展的新模式，实现通过人工智能、大数据等新一代信息技术与学校应用场景相结合，实现全校数据统一、资源互通、应用互联，并为各类教育活动提供个性化应用服务。

（2）打造了便捷、丰富的校园服务环境。新校区智慧校园，更加贴近师生校园的生活场景，为师生在校园的食、学、行提供贴心的服务，为师生构建全站式宜读校园生活。同时，积极探索学校教务、办公、教师发展、学员成长等方面的创新服务模式，通过搭建移动式管理服务平台，实现对学校人、财、物、事的智能管理，并为师生、管理人员、家长提供人性化、智慧化、效能化的公共服务，让教职工随时随地实现日常办公高效便利、教务管理有序运行、教师服务轻量便捷、教师提升动态跟踪。

（3）构建了多元、多样的教研培训支撑。通过现代化的信息技术支撑，在突破时间、空间限制的基础上，将多元、丰富的教研资源精准地推送到所需的学员手里。同时，利用5G、高速全光网络、各类移动终端设备，打造"学习＋"的研修模式，建立线下、线上、混合的多样化教研模式，实现教学培训、教研研讨的交流无障碍，全面建成面向未来的智慧型海淀教师发展中心。

（4）助推面向未来、具有前瞻性的教研课程引领。课程发展、教学研究是我们重要的工作职责，一方面针对现有课程开展教学研究、课程发展研讨，另一方面对新型的、具有前瞻性的、面向未来的课程进行教学探索、教研讨论。在新校区建设中，根据课程教研、研讨需要，设计了人工智能创新实验室、VR教学实验室、脑科学研究实验室等。通过对具有前瞻性课程的研讨、研究，既满足未来学校实际教学使用，又有力地提升学校的核心教学、教研竞争力。

(5)实现了科学、可视的教研成果评估。通过建设各类教学、教研、管理等学校教育系统所提供的教学情境，利用丰富的教学资源以及有效的教学评价手段，在传统的教学模式外，发展新的教学模式，为教师改进教学组织形式和教学方法，提升教学水平提供技术支撑；通过采集教师基础信息、日常教学讲评、教研培训活动的过程性数据，生成教师数据"画像"，为不断改进教师教学水平、提高教师综合素质提供个性化的指导与建议，持续助力教师专业发展。同时，依托大数据、人工智能技术，为领导的决策提供实时、有效的信息依据(教师培养、学术科研、教学培训等)，提供有力的数据支撑。

总之，通过系统化改进学校教与学、教与研、学与研的研究形态改进学校综合管理和服务模式，构建智能化、一体化、绿色安全的校园生活、学习、工作环境，全面提升学校的信息化应用能力和教研服务水平，最终实现"对标世界一流，科技融合教育，助力全区教研，引领全国示范"的建设目标。

3

海淀"大教研"的实践成效

　　海淀教研历经 10 年教研转型实践探索,从教研理念更新、职能机构调整、教研内容升级、教研机制创新、教研队伍建设等方面全方位转型升级,形成了"大教研"海淀范式,产出了丰富多元的研究成果,如"海淀区义务教育学业标准与教学指导丛书"(北京师范大学出版社)共 15 个学科、23 本,"与名师一起进修丛书"(北京师范大学出版社)5 本,"新时代教师培训丛书"(教育科学出版社)3 本等。

　　海淀"大教研"专业地服务海淀教师发展,促进区域教育质量提升,在全国发挥了引领辐射作用。实证数据证明,海淀教研能够有效促进教师教学实践和学生学业成就,进而促进区域教育质量的整体提升。这既是对海淀教研转型效果的有力佐证,也昭示了未来区域教研转型的方向和趋势。

一、创建了基于课程标准的区域教学改进体系

国家课程标准是对基础教育课程的基本规范和质量要求，是教材编写、教学、评价和考试命题的依据，规定了各门课程的性质、目标、内容框架，给出了教学和评价建议。如何基于课程标准和学生发展进行教学与评价，是提高教学质量的关键。新时期，海淀教研继承优良传统，顺应改革、主动作为，历经 7 年，创建了"基于课程标准的区域教学改进体系"。这项教学成果于 2018 年荣获了基础教育国家级教学成果奖一等奖和北京市基础教育教学成果奖一等奖。

2019 年 9 月 10 日，在第三十五个教师节到来之际，庆祝 2019 年教师节暨全国教育系统先进集体和先进个人表彰大会在京举行。我特别荣幸地作为国家级教学成果奖获奖代表，在人民大会堂接受党和国家领导人的接见。

(一)成果提出的背景

2011 年，海淀进校到中小学集体调研，看到了课程改革带来的很多成果，也发现了一些问题。这些问题不适应新时代人才培养要求，教学转型势在必行。

考试导向的教学仍然较多，学科育人的价值难以体现。具体表现为：一是以教师正确的知识解析为主，忽视了学生主动思考、主动学习的过程；二是提问多，但问题大多是封闭的，忽视了学生思维的发展；三是活动多，但活动目的不够清楚，忽视了学生解决问题能力的发展。这是教学

理念落后、教学能力不强造成的。

课堂的教学目标不够清晰，不同教师教学起落点不同。一是考试的内容反复强化训练，非考试内容少讲或不讲；二是低年级"超标准教学"、高年级"未达标教学"情况时有发生，国家课程标准落实情况不够好。究其原因，有些一线教师不看或看不懂国家课程标准，不太清楚阶段性教学目标，教学只依据教材内容、考试说明和个人经验，课堂教学内容随意拓展，不同教师教学的起点和落点差异较大。

学生学业完成情况不明确，教研指导教学时缺乏证据。一是缺乏科学的、体现学科能力进阶的评价工具，对学生学业完成情况把握不准。二是长期以来学业评价过于关注知识与技能，轻能力发展。三是海淀学校多，教师多，城乡差异大，原有以教材教法分析、研究课、专家报告、命题为主的教研已无法满足教师多样化需求。教研指导教师教学改进大多凭个人主观经验，缺少基于证据的分析与研究，缺少基于大数据的精准教学指导，精准度不够，策略较单一。

适逢义务教育阶段国家课程标准(2011年版)颁布，为了更好地落实国家课程标准，更好地解决上述问题，海淀进校继承优良传统、主动作为，发挥教研机构专业的桥梁和转化作用，创建了大面积提升教学质量的"基于课程标准的区域教学改进体系"。

(二)成果核心内容

"基于课程标准的区域教学改进体系"(见图 3-2)成果包括四要素：研制体现学科能力进阶的学业标准、构建标准导向的"5＋M＋N"教师研修课程、开展学科能力发展的评价反馈、提供问题导向的多样化教学改进指导。

图 3-2 基于课程标准的区域教学改进体系

(1)研制体现学科能力进阶的学业标准。将国家课程标准的内容结合年级具体教学内容，转化成海淀区学生学习的程度标准，研制出 1～9 年级 20 个学科学业标准。标准体现学科能力，关注年级之间的学科能力进阶，用"能辨识""能比较""能分析""能发现""能解释"等输出性、表现性行为动词描述。

(2)构建标准导向的"5＋M＋N"教师研修课程。为帮助教师深刻理解、把握学业标准要求，面向全体教师，构建了必修与选修相结合的"5＋M＋N"学科教研课程。每个年级、每个学科、每学期开展至少 12 次（4 课时/次，5＋M＋N＝12 次，M＝3～4 次，N＝2～3 次）教研。

(3)开展学科能力发展的评价反馈。为了评价学生的学业进步程度，聚焦于学科能力进阶，构建学业评价三级指标体系，研发科学、好用的评价工具。开展学业测评后，系统研究数据，并做关联分析，数据研究关注"整体发展水平、有无明显短板学科、学科能力表现、学校均衡发展状况"四个方面，进行组校对比分析、指标聚类分析和学生群体分层分析。例如，三个轮次的数据显示，海淀区学生能够高水平达到课程标准的基本要求，学科知识和技能扎实，但问题解决能力、迁移创新能力仍有较大的提升空间，且学区间、学校间的发展存在差异。将这些数据进行区、学科和学校的分类反馈，三个轮次的测评，共完成学段总报告9份、学科报告34份、学校报告220份。

（4）提供问题导向的多样化教学改进指导。通过对不同学科的知识板块、学科能力水平发展状况的诊断与归因分析，为学校提供一张精准的教学改进导航图，探索出"研究数据—发现问题—分析原因—精准指导"教学改进范式。分析大数据，为全区和学校提供多样化教学改进指导。用"理论＋调研"的方式获取大数据：学科教育学、教育心理学等理论研究澄清了学科能力发展的一般过程及策略，调研活动从教学内容、教学过程、教学评价等环节收集教学现场的证据。例如，现在的课堂存在以下问题："就知识讲知识"，知识碎片化；任务设计与教学目标缺乏一致性，教学过程浅表化；教学评价方式单一，作业质量有待提升；等等。针对以上问题，加强研究，通过研究课、观摩课等多种形式指导教师整合教学内容，构建知识结构框架，挖掘核心知识承载的学科思想方法。

四个要素中，学业标准是桥梁，将国家课标和教师课堂教学密切关联，是学生学业完成的目标；"5＋M＋N"教师研修课程确保教研系统性实施,是落实学业标准的重要保障;"学业评价反馈"是衡量学生学习情况的尺子、反思教师教学情况的镜子;问题是教学改进的动力源,"多样化策略指导"是教学改进落实、学业质量提升的关键。

(三)成果特色与创新点

海淀教学改进体系开辟了培育未来高素养人才的教师专业发展新路,体现以下特色。

切实转变了教学理念,由"考试导向"转向"育人导向",引导广大教师顺应课程改革,落实立德树人根本任务。考试导向的教学,"吃透考试大纲—分析考试要点—基于考点强化训练—知识再现为主的评价",突出特点是"讲、背、练、考",关注知识。育人导向的教学,"分析国家课标—形成海淀学业标准—基于学业标准教学—能力发展为主的评价",引领广大教师转变了教学理念,关注育人。

明确了课堂教学依据,把国家课程标准创造性地转化成海淀学业标准,是对国家课程标准落地实施的重要补充,是对义务教育课程标准修订的前瞻性思考和有益探索。海淀学业标准,是国家课程标准的细化和具体化,基于学科本质和思想方法,结合学科核心知识,对学科能力水平进行分级描述,符合学生特点,是学习的标准、教学的标准和评价的标准,有助于实现深度学习。

创建的"研—修—评—改"一体化教研范式,具有普遍适用性和可借鉴性,大面积服务和支持教学质量的提升。学业标准直接关联教师教学,标准导向的教师研修课程是教学改进的重要保障,指向学科能力发展的评价机制是教学改进的关键环节，问题是多样化策略指导教学改进的动力源。教研要加强单元设计、主题学习设计，反思活动目的与内容、活动形式与组织、活动的素材选取与使用，重视驱动问题的设计。关注教学前、中、后的过程评价，将自主评价与他人评价有机结合，有依据地逐步改进教学。

(四)成果实践应用效果

引领了新时代教学改革。基于学习科学、学习进阶理论构建的教学改进体系，将国家课程标准与教师课堂进行密切关联，抓住深度理解国家课程标准、发展学生学科能力、丰富学习方式、开展深度学习等学科育人的关键，促使教学由"考试导向"转向"育人导向"，推动新时代教学改革，落实立德树人根本任务。

支撑了教师的教学改进。一是提供了一套信得过、抓得住、用得好的工具。"系列成果学业标准与教学指导"丛书(15个学科、21本)帮助教师明确学科能力进阶，明确深度学习活动设计路径和实施策略。二是建立了精准的教学改进系统，充分利用学业评价数据，使基于证据的教学改进成为常态。三是构建了三级联动深度教研模式。整体设计"区域—联片—学校"三级教研，建立了47个学科教研基地，各有侧重、分级实施，支持每位教师教学改进。

带动教学质量高位提升。该成果帮助教师普遍提高了教学能力。调查表明：90%以上教师认为，学业标准、200余个教学关键问题及其解决策略对自己教学帮助很大。在全国"一师一优课"活动、北京市教学展示和课程、教学、资源等领域，海淀区获奖众多，凸显了区域教师的实力。

辐射范围越来越广，产生重要影响。一是海淀教研充分发挥示范引领作用，开展教育帮扶和教研协作，如房山区和通州区，奈曼旗、赛罕区、赤城县、遵义市等，尤其是昌黎县整体应用该成果开展教研，教师教学能力普遍提高，成为京津冀教育协同发展的典范。二是海淀教研辐射范围广，在国内外影响力增大，承担外地教师培训达万人以上，培训英国教师，在全国和国际会议作报告数十次。三是在《中国教育学刊》《中小学管理》《课程·教材·教法》等杂志上发表20余篇论文，下载总量超过万余次，引用近500次；中国教育电视台、新华网、《中国教育报》、《现代教育报》等29家媒体多方报道，给"海淀教研"品牌赋予了新内涵。

面向全体、育人导向的海淀教学改进体系，是全体海淀进校人共同努力、专业地服务学校育人模式的改革，提升了全区教师的教学能力和全区的育人质量。研究过程注重实践，坚持边研究边实验，边实验边改进的基本原则，从区域、学校、教师三个角度加以检验，按"实验校—区域—全国"逐渐推广，发挥了引领、支撑、带动和辐射作用。

二、形成了海淀"大教研"实践范式

海淀"大教研"实践范式，是以学生素养发展为本，以解决实际问题为导向，以教师育人能力提升为切入点，"全要素整合、全方位覆盖、多主体协同、多领域服务"的一体化教学支持系统。该范式在各学科教研中体现"理念—内容—机制—评估"全要素，增加跨学段纵向衔接、跨学科横向关联的全方位覆盖教研，强调教研员、教师、教学干部和教研组长多主体参与，围绕着课程指导、教学研究、质量评价、资源建设、教师发展提供多领域的专业服务。

"大教研"行动是顺应新时代教育改革，立足解决学生终身发展和教师课程育人能力提升的难点，由区域整体规划、组织开展的整体提升教学质量的综合行动，是开放、动态发展的系统，持续支撑全区育人质量提升。该成果历经10年、3个阶段，依托9个项目，163所中小学（校区）先后参加，近3万名教师参与，辐射超10万名教师。

(一)面临的问题

2011年版义务教育课程方案与课程标准发布，2014年普通高中课程方案和课程标准的研制工作启动，教学改革不断深化。育人目标的不断升级，使教师和学校面临着诸多挑战，原来以听评课为主的调研、以教材教法分析和研究课为主的教研、以命题为主的考研已经无法满足需求。海淀区教研员通过多种方式对全区163所中小学（校区）进行调研，看到课改以来教师的积极转变，也发现了一些问题，这些问题表现为以下几方面。

(1)全科整体育人不够充分。思政课教学学段割裂，衔接不够，造成思政课育人功能发挥不充分。其他学科教师对本学科育德的价值认识和研究不足，对教学内容的育德要素挖掘不够，方法较生硬。

(2)基于标准教学高度不够。教师对新课标的内容理解不深刻，对本学科育人价值把握不到位，在备课、上课、作业和考试各环节，缺乏操作性强的工具(策略)引领和规范，新课标落实困难。

(3)课堂学习深度不够。教师努力践行新课程理念,课堂活动大大增加,但是课堂提问和活动表浅,学生参与的广度和深度不够,思维容量小,活动获得的经验缺乏加工,造成问题解决、迁移创新能力不强。作业负担重、效率低。

(4)教学资源供给不足。支持教师高质量教学和学生学习的资源不足,资源的内容不系统,形式较单一,利用率低,学科间不平衡,学段间也缺少衔接。"人工智能+教育"的背景之下,教师资源建设和应用能力需要提升。

(5)校本教研动力缺乏。校本教研活动增多,但目标不清,内容单一且随意,难以解决教师实际问题。校本教研机制不健全,动力不足,教学干部难以给教师专业支持,策略少,校本教研规划设计及组织实施能力待提升。

(二)解决问题的过程与方法

以项目为载体,教研员、专家、教学干部和教师多主体协同,采取调查研究、案例研究、实验研究、行动研究等方法,"问题—课题—研究—实践—成果—应用—改进"环环紧扣,5年探索、5年应用,开展促进区域教学质量整体提升的"大教研"行动。

1. 第一阶段:规划与设计(2012年)

开启教研转型实践探索,升级教研职能,设计问题解决的路径,规划区域教学质量整体提升的立体化行动方案。

2. 第二阶段:研究与实践(2013—2017年)

(1)思政课和课程思政一体化建设。2014年开始"学科德育"探索,

2017年探索"素养导向的小初高思政课一体化教学"，筹设"大中小学思政课一体化教研组"。以课例研究为载体，开展课程衔接、教学研究等方面的一体化探索。

(2)研发优化教学的标准与工具。研发单元教学设计模板、作业设计模板、课堂教学评价标准、中学线上教学评估标准、学业测评试卷评估标准、教学工作计划评估标准6个工具。研制5个教学改革文件，行政、业务双线引领教学方向，规范教学行为。

(3)以项目为载体开展学习方式变革实践。通过学科能力、深度学习、学习方式变革等项目，提升教师指导学生进行基于项目、基于问题、基于探究、基于技术学习的专业能力。边研究边实践，探索多样化学习方式。

(4)强强联合开展资源建设与应用。组建教研员与教师团队，构建资源建设及应用的工具和机制；与上海、江苏等10个教研室组建教师教育资源联盟，系统开发学科教学关键问题资源；创新资源供给，规划小、初、高三个学段43个学科的学习资源。

(5)开展校本教研创新的研究与实践。提升教学干部、教研组长等关键主体的教学管理能力，围绕课程、教学、资源等领域，开展百余次工作坊、3 000余人次研讨；学科首席教师负责，以"双微驱动"策略开展学科校本教研，在学校建立141个学科教研基地，激发内在动力。

3. 第三阶段：应用与反馈(2017—2023年)

四种路径应用成果，将点状探索变为立体推进，将实践案例转化为教研课程，将研究成果转化为行政文件，将个体经验变为群体智慧。2019

年，海淀进校与北京大学联合对全区 1 974 名参与区教研项目的教师开展研究，印证了区教研对提升教育质量的促进作用。

(三)海淀"大教研"实践范式的主要内容

"大教研"行动历经 10 年，立足解决学生终身发展和教师课程育人能力提升的难点，是由区域整体规划、组织开展的整体提升教学质量的综合行动，含五个专项行动：学科育德铸魂行动、教学全程引领行动、深度学习变革行动、教学资源建设行动、校本教研激发行动(见图 3-3)。以五个专项行动为主的"大教研"行动及成果，在服务区教育行政决策、推动基础教育课程改革、整体促进教师专业发展、大面积提升教学质量等方面发挥了智库作用和先行示范效应。"大教研"行动是开放、动态发展的系统，持续支撑全区教学提质。

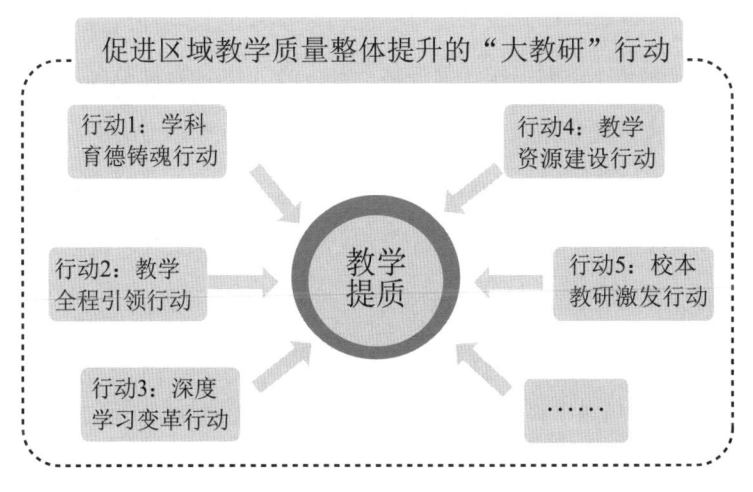

图 3-3 海淀"大教研"行动框架

（1）学科育德铸魂行动：以一体化教研为载体的学科育人体系。一是统筹大中小学思政课一体化建设。"大中小学思政课一体化教研组"建立了内部贯通、市区联动、基础教育与高等教育协同攻坚的机制，建立内容一体化设计、实施与评价的工作机制；整合高校、中学、小学的资源，开展跨学段研讨、教研、"同上一节课"等活动；和高校联合设立思想政治理论课教师培养基地。二是构建区域学科育德体系。研制《学科德育指导手册》（清华大学出版社出版），抓住学科德育的目标、情境、任务和评价四个关键要素开展实践；建立扎根课堂的实践研究、合作互助的团队协同、分层分类教师研修、不断迭代的成果输出四大机制；两批次共建立45所中小学实验学校，形成优秀课例数百个。

（2）教学全程引领行动：以标准和工具为引领的教学提质路径。一是形成了系统性、结构化课堂教学系列标准与工具，包括单元教学设计模板、作业设计模板、课堂教学评价标准、中学线上教学评估标准、学业测评试卷评估标准、教学工作计划评估标准6个工具，帮助教师明晰标准引领下的课堂教学优化路径。二是研究成果转化为5个区政府和区教委教学改革文件。2018年海淀区教委印发的《关于进一步推进教研工作的指导意见》和《海淀区中小学课堂教学指导意见》，2019年海淀区人民政府印发的《海淀区关于新时代深化中小学教育教学改革的实施意见》，2021年海淀区教委印发的《海淀区义务教育阶段学科作业设计与实施指导意见》和2022年出台的《关于加强中小学学校考试管理的实施意见》，从行政管理的角度将新课程要求落实到课堂上，让学生更有实际获得。

（3）深度学习变革行动：以深度学习为核心的多样化学习方式。一是厘清课堂教学整体优化的关键要素。单元教学实践模型迭代升级为 2.0 版，六要素包括素养导向的学习目标、引领性学习主题、挑战性学习任务、持续性学习评价、开放性学习环境、反思性教学改进，为实现深度学习提供了更清晰的路径。二是形成指向核心素养的多样化学习方式及实践策略。形成项目式学习模型，使学生通过解决真实问题、完成综合性和实践性的项目任务，提升跨学科实践解决问题的综合能力；形成实践活动课程的设计流程；形成"教师—学生—资源—技术"线上教学四要素模型，探索"引导支持型、主题拓展型、实践探究型"三种线上高质量学习课型，引领、指导线上教学持续改进，形成高质量的教学案例。三是形成"种植园区智能助力""'一带一路'港口城市文创产品设计"等跨学科教学案例 31 个，现场课 10 节；跨学段现场课 26 节；2016—2018 年，12 个学科，12 场"核心素养与学科教育论坛"，累计现场课 46 节，有效促进教学改进，提升教学品质。

(4) 教学资源建设行动：双向互动的全学科教学资源供给系统。一是创新资源建设的支持模式。建立教研员与教师双主体"双向互动"的全学科教学资源建设与供给机制，开发了支持资源建设及应用的工具和模型，研发形成系统、丰富、专题性的学科教学关键问题资源 2 297 个。居家上课期间，教研员带领中小学教师研发了 15 000 余个"海淀·空中课堂"资源包，覆盖 12 个年级、43 个学科。二是探索形成资源有效应用的路径与策略。形成"试点先行、经验总结、形成模式、经验推广"的资源应用流程，以及"三级导学""跟进助学""区校联动混合研修"三种资源应用模式。2020 年，全部资源在教研平台上共享。2023 年 3 月 28 日，在教育部智慧教育平台启动会上，我代表海淀进校交流了资源研发的经验。

(5)校本教研激发行动：多主体、全方位的学校教学提质动力机制。一是学科教研基地打通区教研到课堂的"最后一公里"。分阶段推进，先中学、后小学，5年4批，建设141个学科教研基地，覆盖43个学科。建立首席学科教师机制，"微团队""微项目"双微驱动，开展教学实践研究，突破教学难点问题。二是全面提升学校发展关键主体的课程领导力。面向教学干部、教研组长、备课组长开展"集体—异地—跟进实践"的三阶段系列研修，累计百余次工作坊，3 000余人次参加，提升教学管理、教研指导能力和发展动力。

(四)海淀"大教研"实践范式的主要特色

教研范式创新：全面构建区域"大教研"实践范式。教研转型探索形成的海淀"大教研"实践范式系统全面、精准高效：先进教研理念体系落实新课程改革，以学习为中心，教研内容体系全覆盖、可选择，指向教师课程育人能力提升，教研运行机制"横纵相通、内联外合"，教研效果评估反馈体系基于实证优化改进实践。

教学指导创新："跨学段、跨学科、多领域"一体化教学研究和指导。教学指导内容创新，强化全科整体育人，开展学科德育研究，破解学科教学育人难题，在课程、教学、评价、资源多领域系统指导；教学指导路径创新，教研工作下沉，基于课堂现场开展浸入式工作坊式教研；跨学段教研纵向进阶，小初高一体化教研成为常态；跨学科教研主题统整横向贯通，联合教研整体育人；教学指导资源创新，资源专题化、丰富可选择，学科、学段全覆盖。

学科校本教研模式创新：以学科教研基地建设为机制解决教学关键问题。通过学科教研基地，聚焦于校本难题，充分借助于标准、工具、成果等开展"微项目"研究。区教研员专业指导，校内学科首席教师主持、其他教师共同参与，形成"微团队"，协力实现教学创新。

成果转化路径创新：以行政推动、课程化的思路促使研究和实践成果转化落地。以"成果—文件—教学管理规范"的推进思路，提升教学管理水平，转变教师观念，优化教学行为；以"案例—成果—教研课程"的课程化思路，梳理提炼优秀经验、优秀案例，并进一步转化为学科教研课程和成果推广应用课程等，全方位支持教师教学改进。

(五)海淀"大教研"成效显著

教研转型成果学术价值高，形成可推广、可迁移的成果转化路径与模式。主持或参与出版"新时代教师发展系列丛书"、"'深度学习'教学改进丛书"、《学科德育指导手册》等，在《课程·教材·教法》《中国教育学刊》《中小学管理》等杂志上发表85篇论文；探索出可推广、可迁移的"C-G-S"（college-government-school，高校—政府—学校）成果推广应用的路径与模式，形成模块化、系列化、可选择的教研课程，支持更多地区和教师创造性地开展教学变革，提升当地教育质量。

成果在实践中提质效果突出，海淀区教师课程育人能力和学生学业成绩大幅度提升。2017年以来，在北京市"启航杯"比赛中海淀区一等奖获奖率持续超40%，在全市大比例领先。多年来，海淀区学生综合素质持续提升，学业成绩全面大幅度提升。2019年，来自北京大学的第三方项目组调研结果表明，海淀区教研通过提升教师校本教研的参与度影响教师教学实践，引领教师向以学为中心的教学转变，从学科教学走向课程育人。

教研转型成果在同行中认同度高，大面积提升了当地的教研能力。海淀教研积极承担社会责任，实施教育帮扶，带动当地教研部门的职能转型和发展，应用成果支持薄弱地区。2014年以来，成果辐射到天津市南开区、重庆市北碚区等17个地区；2016年以来，为河北省昌黎县、内蒙古自治区科右前旗、云南省怒江州等18个困难地区提供教研指导，直接培训了70 362名中小学教师和889名教研员，使当地教研能力得以提高，惠及教师和学生人数超95万，为国家教育脱贫攻坚做出突出贡献，获得了广泛的社会赞誉；2021年，海淀进校和我本人获北京市教委脱贫攻坚嘉奖。

教研转型成果在国内外影响力持续扩大，充分发挥示范引领作用。18位教研员承担了教育部基础教育司高中"双新"示范区、示范校建设研修课程任务；16位教研员承担中国教育学会高中新课程实施"领航计划"培训者培训课程的设计与实施；2014、2015、2019、2021年4次承办教育部课程中心"深度学习教学改进"项目的研修；连续5年承办中国教育学会学术年会微论坛和分论坛，承办5届中国教育学会教师专业发展学术会议、4届课堂教学研讨会，提供89节示范课。2018年成功承办首届世界教育前沿峰会圆桌论坛、世界银行与北大联合举办的15个国家教育工作者参与的国际暑期学校考察项目，承办2019年中国教育创新"20＋"论坛年会等。多次在全国和国际会议上分享经验，在国内外影响力逐步增大。

"大教研"行动的成果全面助力海淀区实现教学整体提质。面向未来，海淀区将在学生学习研究、混合式教学教研、精品学科教研基地建设方面持续发力，为全区教学质量提升赋能。

三、区域教研对教师教学实践有促进作用

作为基础教育质量的高地，海淀进校作为区域教研机构发挥了关键的支持性作用。在这一过程中，海淀教研对师生发展产生了什么样的影响？其中有哪些要素发挥了关键的作用？

为了回答以上问题，2019年，海淀进校与北京大学中国教育财政科学研究所（北大财政所）共同成立项目组，以数学、语文和化学三门学科的教师专业发展活动为例，对全区1 974名教师开展测查，选取海淀区高中阶段2016—2019年毕业的高三学生学业成就，基于结构方程模型和增值估计模型，将区域教研活动按组织、内容、专项、有效性等维度进行拆分，从教师个人和专业背景、校本教研、教师的教学实践、自我效能、学生成绩等角度检验区域教研对教师及学生成绩的影响。实证分析框架如图3-4所示。

本部分主要是从教师专业发展活动对教学实践、教学策略的影响来检验专业发展的有效性。那么，区域教研对教师教学实践有哪些影响？它是如何发挥作用的呢？

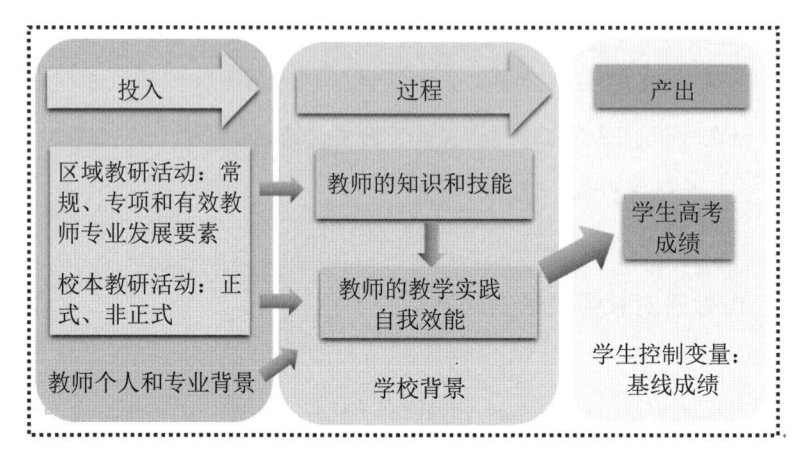

图 3-4　实证分析框架

(一)区域教研助力教师教学实践能力提升

1. 区域专项教研与教师知识技能提升

基于参加过专项教研活动的教师对效果的评价，我们对参与了"基于学科能力表现的教学改进""考试评价研讨""深度学习"项目的教师对该项目提升知识技能效果的评价进行了描述统计。

其中，参与了"基于学科能力表现的教学改进"项目的教师对该项目提升知识技能效果的评价较积极，超过80%的教师认为项目效果较好或非常好。

参与了"考试评价研讨"项目的教师对该项目提升知识技能效果的评价较积极，超过80%的教师认为项目效果较好或非常好。

参与了"深度学习"项目的教师对该项目提升知识技能效果的评价较积极。相对来说，"深度学习"项目对持续开展促进学生学习的评价和持续开展与学习活动融合的评价这两方面的效果较一般，分别有20.3%和

20.5%的教师认为效果一般。

2. 区域教研与教师教学实践

教学实践包括教师教学组织行为和评价行为。调研问卷中描述教师教学组织行为的问题包含"总结近期学过的内容""明确学习目标"等13个子问题(内部一致性系数为0.82)。我们将每位教师对13个子问题的选项求平均值,用以衡量教学组织行为的频率,值越大表明频率越高。评价行为包含"自行设计单元和学期测试并使用"等4个子问题(内部一致性系数为0.72)。我们也对每位教师的评价行为频率求平均值,值越大表明评价行为频率越高。

区域教研与教师教学组织行为:区域教研活动参与度较高的教师,在其课堂教学过程中更多地"组织需要学生深度参与的体验性、探究性的学习活动"。

首先,区域常规教研活动整体参与水平与教师的整体教学组织水平以及各项教学组织行为之间均存在较为显著的正向关系。其中,参与区域教研较多的教师在教学过程中更频繁地"组织需要学生深度参与的体验性、探究性的学习活动",以及"布置需要学生做批判性思维的作业"。此外,教研员的个性化指导与大部分课堂教学实践水平也存在正向关系,尤其是对"组织需要学生深度参与的体验性、探究性的学习活动"影响较大。

其次,三类专项教研活动与各项教学组织行为之间存在较为显著的正向关系,特别是针对"组织需要学生深度参与的体验性、探究性的学习活动"和"布置需要学生做批判性思维的作业"两项教学组织行为。

最后,就具备有效专业发展要素的教研活动来看,四类教研活动与大部分教学组织行为都有显著的正向关系,尤其是"组织需要学生深度参与的体验性、探究性的学习活动"。参与具备"聚焦课程内容"要素的教研活动较多的教师在教学过程中更加频繁地归纳、总结课堂学习内容以及明确学习目标;参与"融入主动学习"较多的教师更多地布置需要学生做批判性思维的作业,更多地结合日常生活问题或工作来说明新知识的用处;参与"示范及模范"和"专家指导和支持"较多的教师在教学中则更多地对课堂学习内容进行归纳小结,并结合日常生活工作来说明新知识的用处;参与"专家指导和支持"较多的教师对"归纳、总结课堂学习内容"和"结合日常生活问题或工作来说明新知识的用处"的影响较大。

区域教研与教师评价行为:区域教研活动的参与水平与各项评价行为之间均存在较为显著的正向关系。图3-5为区域教研活动整体参与程度与教师评价行为的使用之间的关系。参与教研活动较多的教师更加倾向于"让学生反思评估自己"和"现场评估并给予反馈"。此外,常规教研活动参与程度较高的教师也能够更多地通过设计单元、学期测验来对学生的学习效果进行评价。

3. 区域教研与教师自我效能

区域教研活动参与水平与教师整体的自我效能之间存在较为显著的正向关系。自我效能指教师自我评判自己能否做到"让学生相信他们能够学好""让学生意识到学习的价值"等11个子问题(内部一致性系数为0.89)。

首先,对区域教研活动整体参与程度的分析显示,参与程度较高的教师更倾向于认为自己在教学过程中能够向学生提出有挑战性的问题、使用多种评价策略以及培养学生的批判性思维;接受更多教研员个性化指导的教师更倾向于认为自己能够使用多种教学策略。

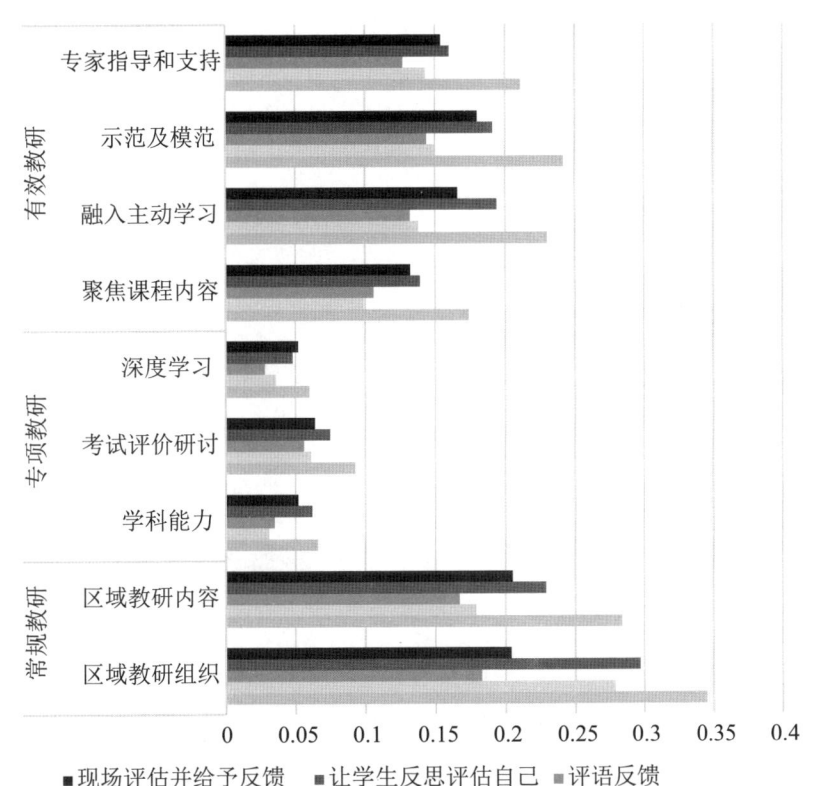

[图表：区域教研活动整体参与程度与教师评价行为的使用]

图例：■现场评估并给予反馈 ■让学生反思评估自己 ■评语反馈 设计单元、学期测验 教师评价策略均值

纵轴分类：
- 有效教研：专家指导和支持、示范及模范、融入主动学习、聚焦课程内容
- 专项教研：深度学习、考试评价研讨、学科能力
- 常规教研：区域教研内容、区域教研组织

图 3-5　区域教研活动整体参与程度与教师评价行为的使用（回归系数）

其次，对三类专项教研活动的分析结果显示，参与"学科能力"项目较多的教师更加倾向于认为自己在教学过程中使用多种教学策略以及使用信息技术辅助学生学习；参与"考试评价研讨"项目较多的教师认为自己能够更多地使用多种评价策略和教学策略；参与"深度学习"项目较多的教师则认为自己能够更多地提出挑战性问题，并且让学生意识到学习的价值，给学生更多思考、讨论和表达的机会。

最后，就具备有效专业发展要素的教研活动来看，四类教研活动参与水平与教师整体的自我效能之间存在较为显著的正向关系。参与水平较高的教师在使用多种评价和教学策略、提出有挑战性的问题、培养学生批判性思维方面具有较高的自我效能。

4. 结构方程模型分析结果

我们通过结构方程模型来构建区域教研对教学实践的影响路径。图3-6为区域常规教研(组织形式和内容)对教学实践和自我效能影响的结构方程模型(模型拟合良好，RMSEA＝0.056，CFI＝0.930，TLI＝0.910)[1]。模型控制了教师年龄、性别、学历、职称、教龄等的影响，对教学组织行为、评价行为、自我效能的解释率分别达到了27.6%，10.6%和22.1%(R^2分别为0.276，0.106和0.221)。可以发现区域常规教研对教师教学实践和自我效能有积极影响。不同组织形式的区域常规教研能够显著影响教师在课堂上的教学组织行为和自我效能，其对教学组织行为和自我效能的影响系数分别达到0.333和0.324；不同内容的区域常规教研能够显著地影响教师在课堂上的教学组织行为与评价行为，其对教学组织行为和评价行为的影响系数分别达到0.205和0.246。

图3-7为由"聚焦课程内容""融入主动学习""示范及模范""专家指导和支持"四个有效教师专业发展要素构成的区域常规教研活动对教学实践和自我效能影响的结构方程模型(模型拟合良好，RMSEA＝0.047，CFI＝

---

[1] 根据以往研究对模型拟合指数参考值的推荐，RMSEA应小于0.1，CFI应大于0.9，TLI应大于0.9，下同。

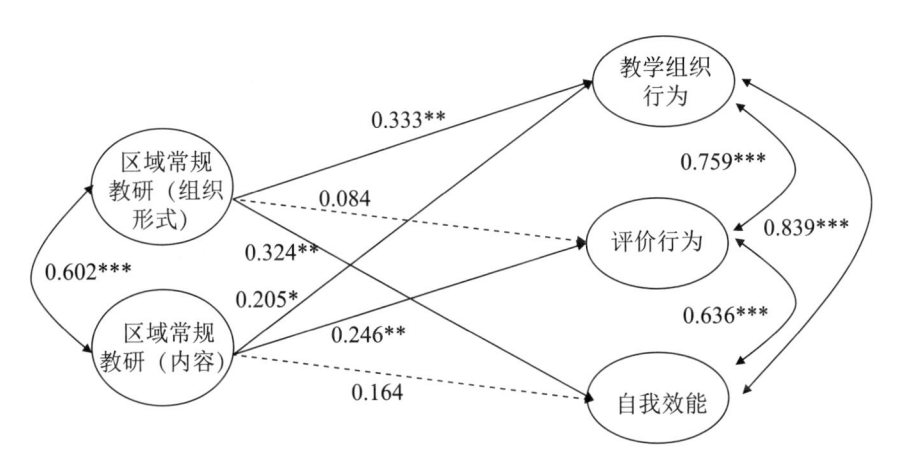

图 3-6 区域常规教研(组织形式和内容)对教学实践和
自我效能影响的结构方程模型

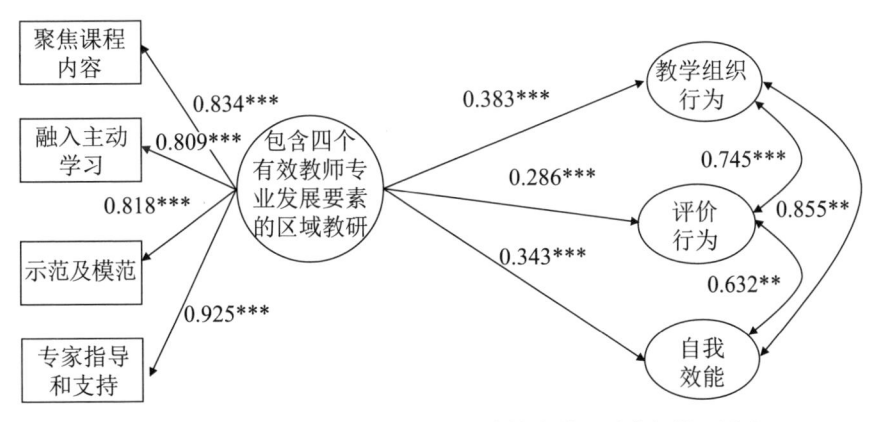

图 3-7 由四个有效教师专业发展要素构成的区域常规教研活动
对教学实践和自我效能影响的结构方程模型

0.962，TLI=0.949)。模型对教学组织行为、评价行为、自我效能的解释率分别达到了 19.5%，9.6% 和 14.9%（R^2 分别为 0.195，0.096 和 0.149)。根据之前对区域教研内容的归类，我们将区域教研的内容分为四个要素，即"聚焦课程内容""融入主动学习""示范及模范""专家指导和支持"。我们首先根据这种分类将原始子题目求平均打包，再提取潜变量因子。模型控制了教师年龄、性别、学历、职称、教龄等的影响。模型结果显示，包含四个有效教师专业发展要素的区域常规教研活动参与程度对教学组织行为、评价行为和自我效能三个方面有显著的正向作用。首先，区域常规教研活动对教师的教学组织行为标准化后的影响效应达到了 0.383，$p<0.001$，说明区域常规教研活动对教师在课堂上教学组织行为使用频率有积极的影响；其次，区域常规教研活动对教师的评价行为标准化后的影响效应达到了 0.286，$p<0.001$，显示区域常规教研活动与教师使用多样化的评价行为频率存在正向关系；最后，区域常规教研活动对教师的自我效能也存在积极影响，影响效应达到 0.343，$p<0.001$。此外，教师的教学组织行为、评价行为和自我效能之间存在较强的相关性。

图 3-8 为区域专项教研活动对教师教学实践和自我效能影响的结构方程模型（模型拟合良好，RMSEA＝0.025，CFI＝0.987，TLI＝0.980）。模型对教学组织行为、评价行为、自我效能的解释率分别达到了 16.5%，6.7% 和 8.4%（R^2 分别为 0.165，0.067 和 0.084）。同样模型对一些控制变量进行了控制。模型结果显示，"考试评价研讨"对教师的教学组织行为、评价行为、自我效能有显著影响，其标准化后的影响效应分别达到了 0.293，0.191，0.184，"考试评价研讨"能够积极影响教师进行各类教学组织行为、评价行为的频率，有助于提高教师的自我效能；"基于学科能力表现的教学改进""深度学习"两项专项教研活动对教师的教学组织行为、评价行为、自我效能影响不显著。

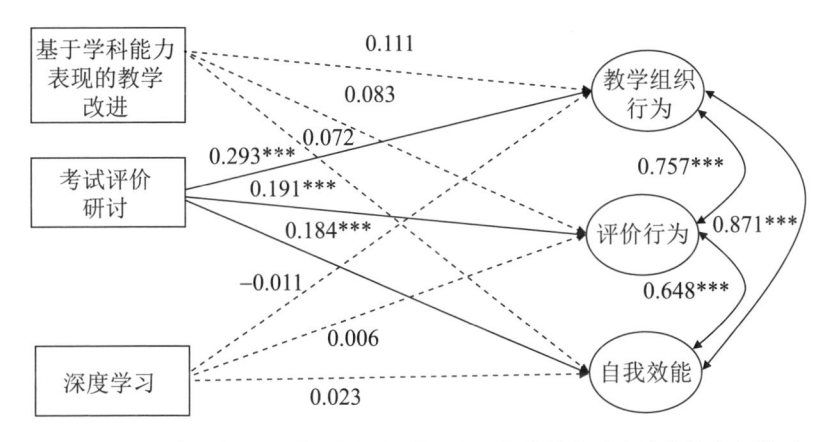

图 3-8 区域专项教研活动对教师教学实践和自我效能影响的结构方程模型

(二)区域教研通过校本教研间接影响教师教学实践

本部分主要是从校本教研活动对区域教研活动的中介作用来检验专业发展有效性的。我们将校本教研分为两部分：一部分为较为组织化、结构化的校本教研活动，包括校内听评课、集体备课、参与校本课程及其他教学辅助材料的开发以及接受专家指导（包括教研员、大学教学专家等）；另一部分是非正式的教师个人交流，包括就教学中遇到的问题与同事进行研讨、与同事讨论某类学生的学业发展问题、与同事分享教学经验与资源。

1. 校本教研与区域教研的关系

区域教研活动与校本教研活动的参与程度之间存在十分显著且稳定的正相关关系（见图3-9）。这种关系不仅体现在校本教研活动的平均参与程度上，也体现在听评课、集体备课、接受专家指导等各项正式的校本教研

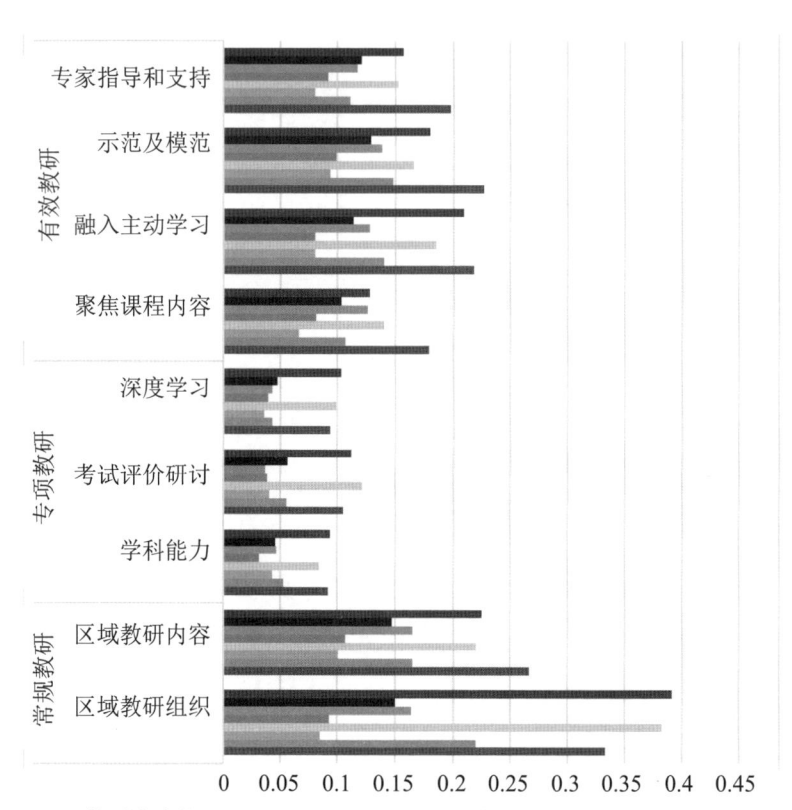

相伴成长

图 3-9 区域教研活动与校本教研活动参与程度的关系（回归系数）

活动的参与程度方面，以及与同事研讨教学问题、研讨学生学业发展问题、分享教学经验与资源等各项非正式的交流活动中。尤其是接受专家指导和参与校本课程教辅材料开发两项活动，与区域教研活动的关系尤为紧密。

2. 校本教研的中介作用

我们通过结构方程模型来构建校本教研对区域教研影响的中介作用。同样，我们分别构建了校本教研对区域常规教研、包含四个有效教师专业发展要素的区域教研、区域专项教研影响的中介模型。我们将校本教研的具体活动分为正式的校本教研和非正式的校本教研，根据分类对各子问题求平均值进行打包处理。

图 3-10 为校本教研活动在区域常规教研和教学实践、自我效能间的中介作用模型，模型拟合可以接受（模型拟合结果为 RMSEA＝0.060，CFI＝0.912，TLI＝0.888）。模型对校本教研、教学组织行为、评价行为、自

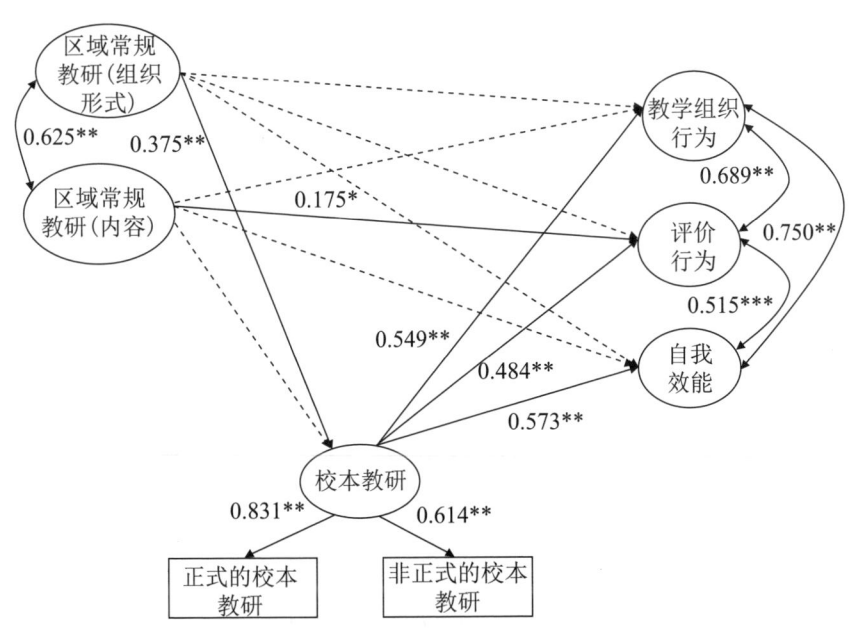

图 3-10　校本教研活动在区域常规教研和教学实践、自我效能间的中介作用模型

我效能的解释率分别达到了 18.4%，52.3%，28.9% 和 49.3%（R^2 分别为 0.184，0.523，0.289 和 0.493）。校本教研在区域常规教研（组织形式）和教学实践间起中介作用，不同组织形式的区域常规教研活动参与率会首先影响校本教研，进而间接影响教师的教学组织行为、评价行为和自我效能。

图 3-11 为校本教研活动在包含四个有效教师专业发展要素的区域教研和教学实践、自我效能间的中介作用模型（模型拟合结果为 RMSEA=0.056，CFI=0.939，TLI=0.919）。模型对校本教研、教学组织行为、评价行为、自我效能的解释率达到了 9.0%，50.0%，29.0% 和 48.0%（R^2 分别为 0.090，0.500，0.290 和 0.480）。首先，校本教研在其中起着部分中介作用，即区域教研通过影响教师校本教研的参与程度，间接影响教师教学实践。其次，区域教研对教师教学实践和自我效能存在直接的正向的

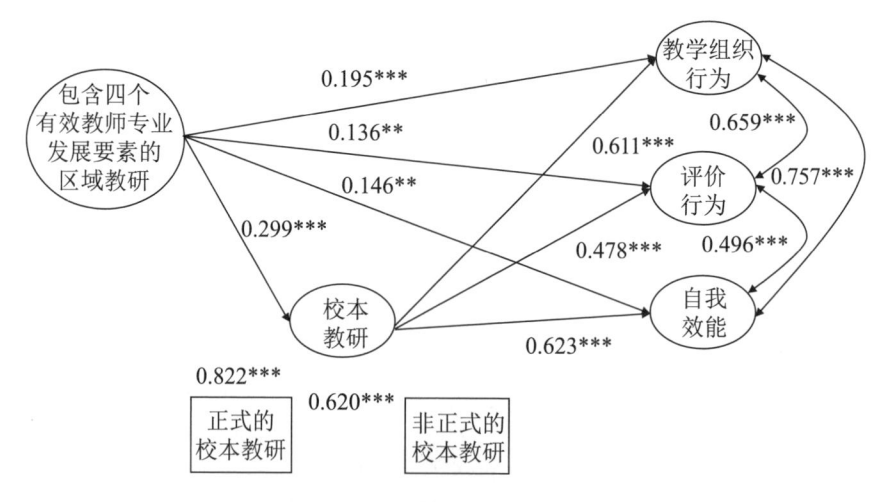

图 3-11　校本教研活动在包含四个有效教师专业发展要素的区域教研和教学实践、自我效能间的中介作用模型

作用，区域教研对教学组织行为、评价行为、自我效能标准化后的直接影响效应达到了 0.195，0.136 和 0.146。

图 3-12 为校本教研活动在区域专项教研活动和教学实践、自我效能间的中介作用模型（模型拟合结果为 RMSEA＝0.048，CFI＝0.949，TLI＝0.922）。模型对校本教研、教学组织行为、评价行为、自我效能的解释率达到了 11.1%，49.8%，27.7% 和 45.9%（R^2 分别为 0.111，0.498，0.277 和 0.459）。可以发现，校本教研在其中起着中介作用，"基于学科能力表现的教学改进""考试评价研讨""深度学习"三项区域专项教研活动，首先影响教师参与校本教研活动的频率，其次影响教师的教学组织行为、评价行为及自我效能。

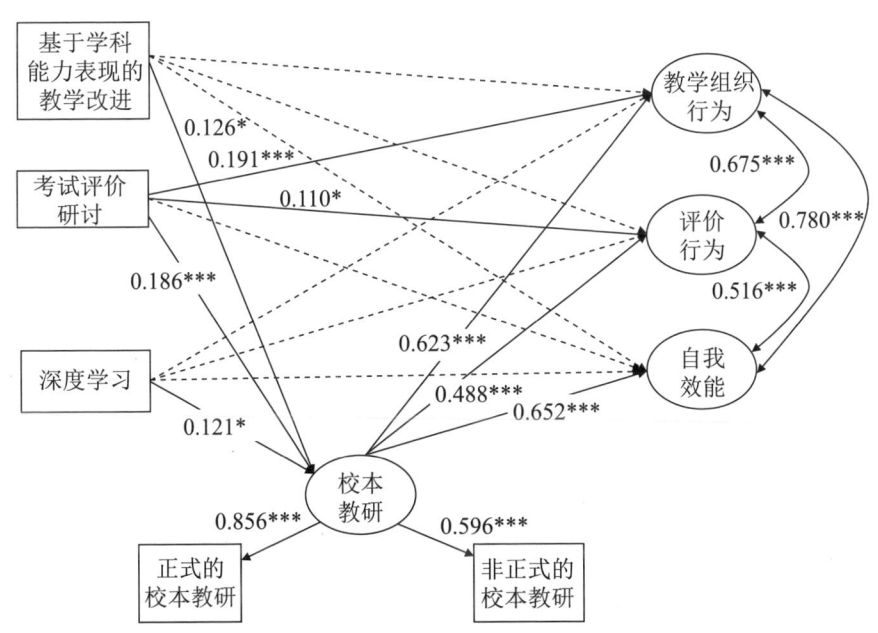

图 3-12 校本教研活动在区域专项教研活动和教学实践、自我效能间的中介作用模型

总之，区域教研有效地引领了教师理念和行为的转变，区域教研活动对教师的课堂行为、评价行为、自我效能的影响指向了以学生为中心的学习和探究活动。区域教研活动参与程度高的教师，在教学过程中更频繁地"组织需要学生深度参与的体验性、探究性的学习活动"以及"布置需要学生做批判性思维的作业"，在自我效能上更倾向于认为自己在教学过程中能够"向学生提出挑战性的问题""使用多种评价策略""培养学生的批判性思维"。

区域教研通过有效影响校本教研促进教师教学行为转变。区域教研活动与校本教研活动参与程度之间存在十分显著且稳定的正相关关系。尤其是接受专家指导和参与校本课程教辅材料开发两项活动，与区域教研活动的关系尤为紧密。校本教研本身对教学实践有显著的正向作用，且能够起到中介作用，即区域教研通过影响教师校本教研的参与程度，间接影响教师教学实践。

四、区域教研对学生学业成绩具有增值作用

我们基于两层教师随机效应模型，分析了教师对区域教研活动平均参与程度、每一项活动参与程度、专项教研活动参与程度和包含四个有效教师专业发展要素的教研活动参与程度与学生成绩增值的关系。那么，区域教研对学生学业成绩有哪些影响呢？

结果显示，区域常规教研活动平均参与程度、专项教研活动参与程度以及包含四个有效教师专业发展要素的教研活动参与程度与学生的成绩增值有显著的正向关系。首先，就区域常规教研活动每一项活动与学生成绩增值之间的关系来看，"学科课程整合与开发""学科核心知识和思想方法

第三章 与教研员相伴，为教研发展深耕

的理解""学科关键问题的确定与解决""单元整体教学"四项聚焦于学科内容的教研活动对学生成绩的增值作用尤其显著(见图 3-13)。此外，分析显示，"教材教法""研究课""课题项目研讨""跨学科教研"等教研活动的参与率与学生成绩增值之间的系数为负且显著。从上文不同增值组教师教研活动参与情况来看，低、中、高组教师整体参与水平都比较高；低增值组教师对某些教研活动的参与率高于其他组教师，如低增值组教师对"教材教

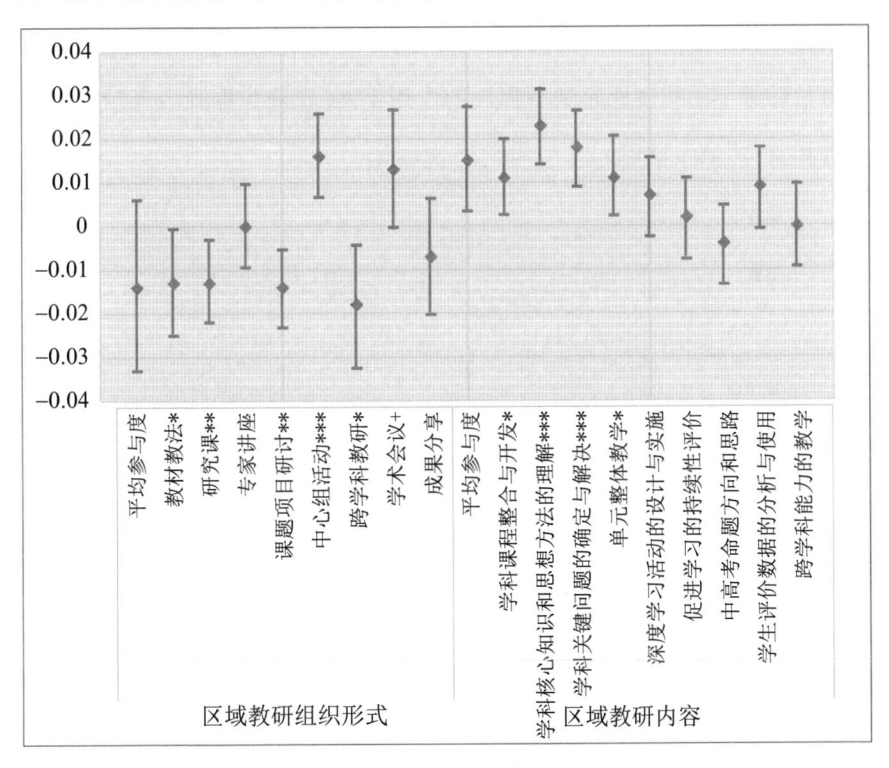

图 3-13 区域教研活动参与程度与学生成绩增值的关系

注：(1)图中的菱形点为回归系数，上下线为95%的置信区间；(2)* $p<0.05$，** $p<0.01$，*** $p<0.001$。

235

法""专家讲座"的参与率高于另外两组教师,而对"研究课""课题项目研讨"的参与率高于中等增值组的教师。由于学生的成绩、教师的有效性都受到多种因素的影响,而要探究教研活动在其中起到的作用,需要进一步将量化研究和质性研究相结合,在以后的研究中深挖。

其次,就本研究关注的三类区域专项教研活动来看,"学科能力"和"考试评价研讨"项目与学生成绩的正向关系尤其显著(见图 3-14)。最后,就具备有效专业发展要素的活动来看,包含四个有效教师专业发展要素的教研活动都不同程度地起到了积极的作用,尤以"聚焦课程内容"和"专家指导和支持"最为稳定。

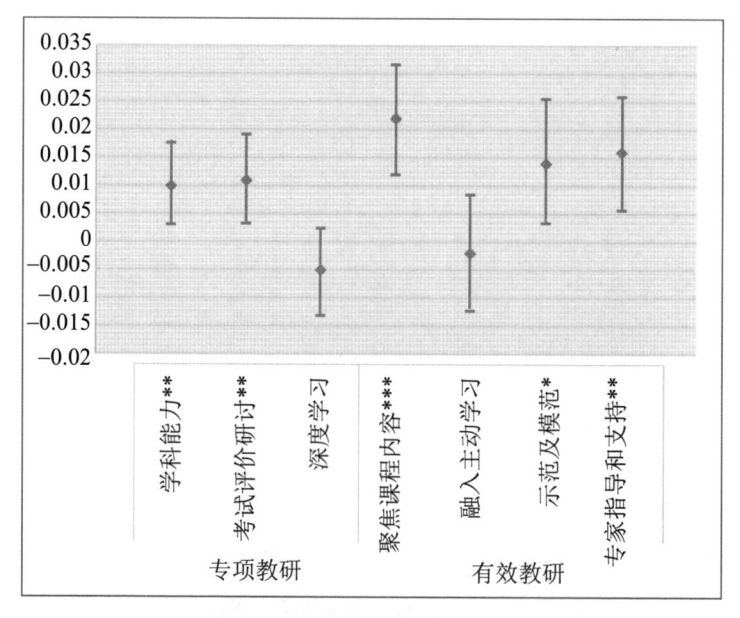

图 3-14 区域专项教研活动参与程度与学生成绩增值的关系(回归系数)

注:(1)图中的菱形点为回归系数,上下线为 95% 的置信区间;(2)* $p<0.05$,** $p<0.01$,*** $p<0.001$。

校本教研参与程度与学生成绩之间关系的分析结果显示，校本教研平均参与程度、正式和非正式的校本教研与学生的成绩增值有显著的正向关系（见图3-15）。从每一项活动来看，参与校本课程教辅材料开发和接受专家指导对学生成绩增值有积极作用。同时，非正式的交流也不容忽视。教师与同事研讨教学问题、研讨学生学业发展问题、分享教学经验与资源都对学生成绩的增值有显著且较为稳定的积极影响。

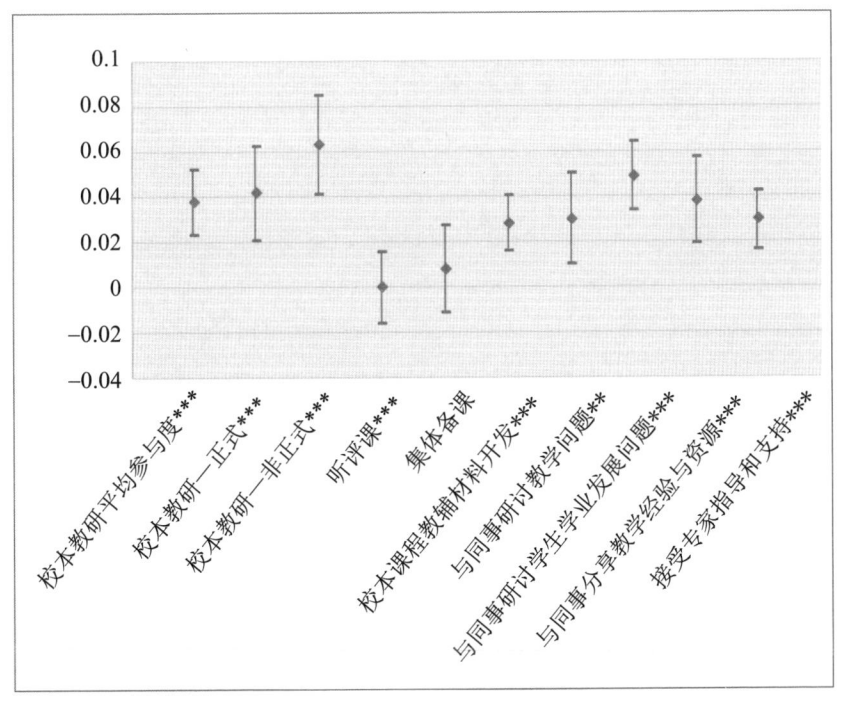

图 3-15　校本教研参与程度与学生成绩增值的关系（回归系数）

注：(1)图中的菱形点为回归系数，上下线为95%的置信区间；(2)** $p<0.01$，*** $p<0.001$。

总的来说，区域教研有效地促进了学生增值发展，区域教研对教学组织的影响朝着探究性和以学生为中心的学习方式变革的方向转变。从学生成绩增值估计的结果来看,"聚焦课程内容"的教研活动对学生成绩的增值作用尤其显著。从本研究关注的三类区域专项教研活动来看,"学科能力"和"考试评价研讨"项目与学生成绩的正向关系尤其显著。从包含四个有效教师专业发展要素的活动来看,包含四个有效教师专业发展要素的教研活动都不同程度地起到了积极的作用,尤以"聚焦课程内容"与"专家指导和支持"最为稳定。可以推论,区域教研对促进学生核心素养的发展具有积极的作用。

第四章

与校长相伴,为学校发展搭桥

校长是让学校保持生命力、把学校带向未来的那个人。

教研要以"从 0 到 1"的智慧和"从 1 到 0"的勇气，支持、陪伴校长攻坚克难、开拓创新，办好百姓家门口的学校。

人民教育家陶行知说过，校长是一个学校的灵魂。中小学校长是学校的行政负责人，是履行学校领导与管理工作职责的专业人员，综合管理全校的校务，其工作水平往往直接关系到学校的育人质量。

校长是让学校保持生命力、把学校带向未来的那个人。一位优秀的校长，不仅要有教育理想、教育情怀、战略思维、管理经验，懂教育教学，还要具备领导力：开发人的潜能、发现人的价值，带出优秀的干部队伍和教师队伍。新时代更需要大格局。在建设教育强国的征程上，校长要树立胸怀天下、以文化人的弘道追求，努力办好每一所学校。这对校长的专业能力也提出新要求，包含规划学校发展、营造育人文化、领导课程教学、引领教师成长、优化内部管理、调适外部环境等方面。

作为教研机构，我们必须要关注、回应学校办学的难点与重点，在满足需求的基础上，以"大教研"的专业服务为学校发展引路、搭桥。

1

教研要为校长办学服务

随着基础教育课程改革的不断深化，育人为本的课程规划与实施，学校办学面临诸多新的挑战，亟须专业支持。就教研服务的对象而言，不仅要服务学科教师发展，还要持续地为学校教育教学管理能力提质升级服务，为校长办学服务。

一、学校办学面临着怎样的挑战

为学生成长服务，落实立德树人根本任务，回答好"培养什么人、怎样培养人、为谁培养人"这一关键问题，是学校办学最为核心的任务。

(一)学校办学面临多重挑战

教育关系到千家万户,每个家庭都希望自己的孩子能够学得快乐、学得好、考得好。在学校育人实践中,内部和外部环境都在不断地变化。在将招生政策、各项教育教学改革政策转化为学校具体育人举措的探索中,各地各校的现实差异以及学生多元发展需求等内外因素,给学校办学带来多个维度的挑战。

学校课程方案需要不断优化,从"国家统一课程"到"国家地方校本三级课程",围绕着育人目标、办学特色,学校的课程需要不断提高质量;课堂教学目标发生变化,从"三维目标"到"核心素养";课堂教学方式需要丰富,基于问题的教学、基于探究的教学、基于项目的教学越来越多;学生学习评价需要改革,在原来纸笔测试的终结性考试的基础上,更加关注过程性评价,强调发展性、激励性评价;教师队伍结构发生变化,学历都达标了,硕士、博士多了,是独生子女的教师也多了;学生来源情况发生变化,生源不断增加,很多学校的生源结构发生了很大变化,义务教育就近入学,高中招生有"校额到校""名额分配";学校发展模式也在变化,特别是普通高中多样化特色发展持续推进。近年,按照地方政府的布局调整,育人主体从单体学校向集群式的教育集团发展,名校办分校、承办、托管、联盟、挂牌、异地办学等,一个法人、多个法人联合治理,多种形式的教育集团迅速发展起来。

绝大部分校长和教师在中小学、大学没有学过"课程知识",没有学过"核心素养",没有经历过"过程性评价",校长也从未学过教育集团的管理。所有这些，都让校长在学校的教学管理、教师队伍建设等多项工作中，面临巨大的挑战。

(二) 为校长办学提供专业服务的教研新命题

校长是学校教育的领导者和实践者。随着课程改革的持续深化，如何帮助校长解决好面临的诸多新问题与新挑战，成为教研工作的新命题。教研机构和教研员要顺应新时代学校办学需求，升级服务行政、服务学校、服务教师、服务教学的内容和形式。

教研工作有三个层次。第一个层次是满足需求。改革有要求，学校有需求，教研员就要靠学术能力去回应要求、满足需求。第二个层次是引领需求。教研员要站得更高一点，看得更远一点、更宽一点，帮助学校明晰发展的方向与目标，引领学校教学管理走向现代化、走向科学化，有高度、有温度。第三个层次是创造需求。教研员还应该通过一些关键性的项目、任务，帮助学校的干部与教师开阔视野、增进理解、打开角度、引发思考，激发内在需求。从一定意义上讲，教研为基础教育学校的服务，是一种专业指导和陪伴，是一种付出和无私奉献，更是一种发展的前瞻性引领和落地的铺路搭桥。

基于这样的定位，为了更好地为学校办学服务，我们聚焦于学校课程建设、课堂教学研究、学生学习评价、课程思政、校本教研、"双减"背景下学校高质量发展、集团化办学等当前基础教育改革中的关键问题和重点领域，升级区域教研的内容与方式，与校长相伴，着力为学校、为校长提供引领性专业支持与帮助，为学校发展铺路搭桥。

二、以课程工作坊提升学校课程建设质量

"十三五"时期以来,海淀基础教育进入质量全面提升的新阶段,赋予了学校新使命。但是,我们通过系统调研发现,不少学校依然存在"重教学轻课程"的情况,干部存在课程意识缺乏、课程研究能力不强、课程规划能力薄弱等问题,具体表现在课程实施方案与学校办学理念、教育目标自洽性不够,课程设计的系统性、开放性、选择性不足,校本课程质量不高、特色不突出等问题,甚至有个别学校存在国家课程开设不足的情况。学校课程方案的整体优化和干部课程领导力提升急需专业引领和支持。

(一)问题导向,找准学校课程优化的关键点

学校课程建设是提升学校教育教学质量的重要工作。2016年,我们面向海淀区 7 004 名干部教师开展调研,基本结论是:干部教师对课程基本理论掌握不足,认为"对课程相关理论、方法非常熟悉"的干部教师只占调查群体的 8.9%,而 32.7% 的干部教师则表示"不熟悉";干部教师对学校课程建设工作不了解,无论是教学干部还是普通教师对学校课程实施方案研制、课程结构搭建、课程资源开发等均了解不足;干部教师建设课程能力薄弱,对课程建设"有心无力",面对课程改革,55.8% 的干部教师表示课程理论知识亟待补充,69.9% 的干部教师希望提高自己的课程开发能力。

同时,我们收集了海淀区 100 所小学、66 所初中和 36 所高中学校课程实施方案,通过对课程方案的文本分析,基于理论研究与专家论证,研

发出学校课程实施方案评估标准，对各校方案进行评估。我们对文本进行分析后发现，尽管学校会按照国家、市级课程方案的要求研制本校的课程实施方案，但是方案质量整体偏低，缺乏关键要素、育人目标不清晰、课程结构不够合理，不能体现育人目标、课程资源严重不足、缺乏落地实施的操作等问题比较突出。

调研发现，校长及教学干部、骨干教师的课程领导力不高是影响学校课程方案质量的重要因素。座谈中，有不少干部表示，"学校课程建设就是开发校本课程""课程建设就是校长的事"，在学校里存在"课程建设与课堂教学割裂"的情况。因此，亟须提高干部课程意识和课程能力，特别是学校发展定位、育人目标的明确、学生需求分析、三级课程结构、校本课程研发、课程实施程序、课程资源建设、教师相应培训、课程实施评估等方面的能力有待提升。

(二)专业导向，系统设计实施学校干部研修课程

海淀进校课程指导中心在调研、理论研究与实践探索基础上，研发了"指向中小学干部课程领导力提升的区域研修课程"；通过众筹式课程工作坊面向全区各中小学分管课程教学的副校长和主任，结合当前课程改革政策要求以及课程建设专业规范，坚持问题导向、专业导向、实践导向，找准学校课程建设的关键问题，系统设计并实施研修课程，为干部课程领导力提升、学校课程优化提供专业的支架性工具。

在设计、研制干部研修课程的过程中，我们始终坚持专业导向，整体的研制思路是：以学校课程建设的相关政策为依据，以课程建设的相关理

论为基础，按照学校课程建设的基本环节，以实际任务为驱动，设计若干研修模块。每个模块由若干专题构成，将理论与实践相结合，侧重解决学校课程建设、实施、评价过程中的实际问题。

清楚、明确的课程目标是设计研修课程的首要任务。我们以国家课程方案、学科课程标准、校长专业标准等相关政策文件为政策依据，以学校课程建设、课程能力等相关理论为基础，明确干部课程领导力的重要内涵，为研修课程目标的确定寻求理论支持。我们从现状调研着手，系统梳理、分析学校干部课程领导力需要提升的方面，为课程目标的确定提供了现实基础，并最终将研修课程目标确定为三个方面：增强课程意识、提升课程能力、强化课程行为。

围绕研修课程目标，以帮助干部解决实际课程问题为重点，我们建构了三大领域、十个模块的课程内容，如图4-1所示。随着课程改革的不断深入，内容体系也在动态迭代与升级。

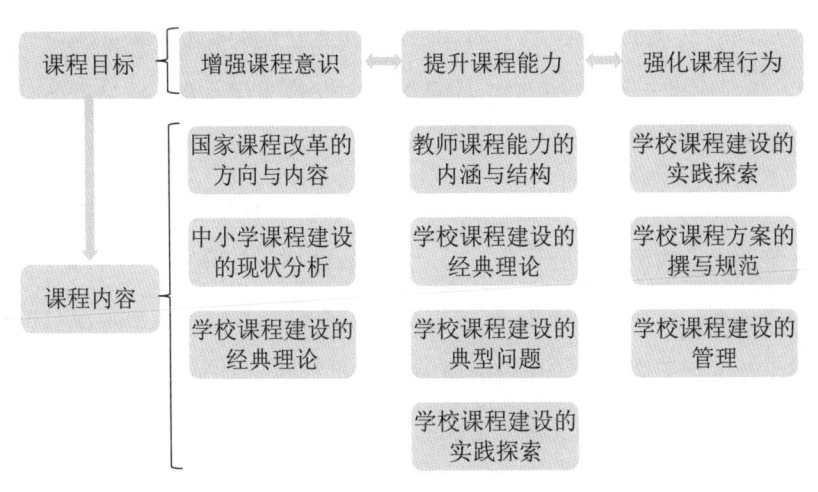

图 4-1 海淀区干部课程领导力提升研修课程的整体结构

干部课程领导力提升的研修课程,通过工作坊方式实施,以具体研修任务为驱动,坚持"体验—反思—总结—实践"的实施路径。一是通过专题讲座、案例分析、小组研讨等多样化学习方式,以学校课程发展存在的真实问题为引领,设计真实的学习任务,让干部深度参与到相关理论学习与实践问题解决中,以获得良好的学习体验。二是设计反思性的学习任务与环节,让干部建立起工作坊内的学习与学校真实课程发展之间的联结,通过反思,探寻学校课程方案优化的相关问题与突破口。三是通过阶段性的学习总结,引导干部做学习总结并汇报,以保证课程学习的实效获得。四是开展学校课程建设的实践改进活动,干部要将工作坊中的学习所得切实应用到自己学校的实践中去,通过行动研究等方式,切实解决学校课程发展遇到的关键问题。

2022年10月,海淀进校搬入新校区(北京市海淀区远大路29号),技术赋能的全新研修空间丰富了干部教师研修的内涵。在课程工作坊中,互动生成式的交流研讨从"墙上的大白纸"转到了"多屏互动教室的电子白板",极大地提升了研讨互动、成果生成、资料储存、观点输出等各环节的效率与质量,以教研领域的新质生产力更高效地服务学校办学。

通过持续的理论研究与实践探索,我们最终确定了理论引领行动、以任务为驱动、典型案例展示与分析、关键问题剖析与解决等多种方式结合的研修课程。从2016年起,每学年平均实施四次课程工作坊,参与工作坊的学校课程干部,在工作坊的学习中切实掌握了课程建设的相关理论,增强了课程意识,掌握了课程建设的基本规范与步骤,发展了课程规划、课程实施与评价等方面的能力。

(三)实践导向，研制学校课程自我优化的专业工具

学校课程方案的质量能否提升，最终取决于学校层面如何开展课程建设实践和改进策略。2017年9月，我们研制了《海淀区课程建设工作手册(试用)》。该手册汇集了课程规划与实施的相关文献资料、课程建设各环节所需量表及工具、课程规划路径和工作建议等内容，有较好的操作性，在区内各中小学得到广泛使用。2018年9月，我们林秀艳副校长又带领课程指导中心团队对手册做了修订，使之形成《海淀区课程建设工作手册(2018年版)》。与前一版相比，该版增加了14组驱动性问题与任务，增强干部和教师对课程规划工作的参与与反思；补充了学科课程规划的基本理论与工作策略，推进学校课程规划的深入开展；同时，提供了更为丰富的资料、工具、路径与策略性建议等内容。2022年9月，在普通高中育人方式改革、新课程新教材深化实施的关键时期，我们研制《海淀区普通高中课程建设指导手册(2022年版)》，为高中学校多样化特色发展、课程建设质量的持续提升提供更有针对性的指导。

此外，我们还为学校课程建设的自我评价与迭代提供专业化、可操作的评价指标体系。该指标体系聚焦于学校课程实施方案，通过对方案文本的分析与评估，找准学校课程建设的优势与问题，为学校课程的自我迭代提供参考。目前，该指标体系已更新迭代，并且根据义务教育学段及普通高中的不同要求，形成了义务教育版和高中版，为各学段的课程优化提供更有针对性的指导。

通过多年研究与探索实践，海淀区中小学校课程建设能力得到整体提

升，干部队伍的课程领导力有了质的发展。在 2021 年举办的"海淀区首届学校课程实施方案优秀案例征集活动"中，22 所初中、22 所高中的课程实施方案获奖，这反映出海淀学校课程建设质量的大幅提升。

校长说

作为从一线教师成长起来的干部，我曾一直以为教学设计、课堂实施、考试评价等应是学校教学关注的核心。然而，伴随着近年来基础教育系列改革政策的颁布和实施，课程建设成为区域和学校发展的聚焦点。对于学校而言，蹚过教育改革"深水区"，通过课程建设闯出学校特色发展新路径，责任重大。而课程建设对于年轻团队来说，更是巨大的挑战。

幸运的是，我是海淀教育人。海淀进校基于教育改革重点组织系列课程工作坊，内容涵盖学校整体课程实施方案设计、高中特色课程群建设、劳动课程建设等。我作为教学干部，多次参与其中。全方位的培训引领和案例分享，不仅提升了我个人对于学校课程的理解和定位，更重要的是让我能够有信心、有抓手与团队一起进行学校课程的思考、规划和落实。

在整个过程中，我们这个年轻团队成为受益者。学校先后获得北京市基础教育课程建设一等奖，北京市基础教育课程建设先进单位；学校义务教育及高中的课程实施方案均获海淀区一等奖，学校被评为海淀区首批劳动教育特色学校；学校还获得一项市级高中特色课程和三项区级高中特色课程的认定。这些课程成果既是对学校所做工作的肯定，又是未来特色高质量发展的助力引擎。

课程建设是学校教育教学工作的灵魂，体现了学校定位的高度，影响着学校发展的广度和深度。我和团队其他成员将继续在海淀教研的引领下，不断更新观念、创新工作，为基础教育发展新质生产力贡献力量！

——人大附中西山学校副校长　蒲佳音

我初步踏上课程建设的征程时，身为主管学校课程建设的主任，带着对课程建设知识的渴求，参加了海淀进校精心策划的课程工作坊。在这里，每一场学习不只是知识的传递，而且是灵魂深处的对话与思想火花的碰撞。

工作坊的内容涵盖了国家课程改革方向、学校课程建设整体设计及学科课程群建设具体实践等内容。我和其他学校教学干部，共同学习、讨论。通过工作坊研修，我们学校建构出一系列科技特色课程，这些课程形成指向学生素养发展的科技特色课程群，激发学生的创新能力和探索精神。

此外，工作坊的学习如同一股暖流，增进了教师团队内部的沟通与协作，我们也将课程工作坊的研修方式引入学校内部。每一次的课程研讨与实践都让教师间的互助与学习变得更加紧密，每一位教师的努力都促进了整个团队课程设计与实施能力的显著提升。

每一场工作坊的帷幕落下，并不是告一段落的信号，而是新篇章的序幕。工作坊所带来的丰硕果实，不仅是知识与经验的沉淀，而且是推动我们学校不断向前的不竭动力。海淀进校的课程工作坊已经成为我们在课程建设旅程上不可或缺的珍贵财富与动力之源，帮助我们适应教育快车道上的变革和挑战。

——北京市八一学校课程室主任　原牡丹

海淀进校组织的课程工作坊，让我收获颇丰。首先，我学习到"干部的课程领导力不能只是先期拥有了课程知识，再'告诉'教师们，而是应该作为一个'合作者'，与教师们一起进行课程研究、建构"。回到学校，我们将在工作坊中的所得、所获应用到学科课程群建设中，组建由主管校长、教学副校长、课程中心主任及教研组长和骨干教师组成的核心组，每两周开展学习与研讨，定期总结交流。这个过程，让我们感受到课程领导力是极其丰富的、不断生成的、真切而深刻的。其次，我进一步认识到"课程领导是一种专业领导"。因此，我校在课程建设过程中，采取了"干部先期学习、'先锋学科'先行"的策略，在此基础上才能全学科推进，达到专业性的"做好"。

通过课程工作坊的学习与实践，我校干部的课程领导力在与教师的合作中"长出来"了，干部在教师的启迪下进步，教师在干部的影响下成长，学生在学校课程建设中收获。在这个过程中，我们也取得了丰硕的成果。学校被评为 2020—2021 学年度北京市基础教育课程建设先进单位，"'生·境'生物学科课程群"被认定为北京市特色课程，学校初中、高中学段的课程实施方案同时荣获海淀区课程实施方案优秀案例一等奖。

——首都师范大学附属育新学校副校长　代翔燕

三、以学业质量评价赋能学校教学质量提升

评价改革作为教育改革的重点领域与关键环节，需要应时而动，突破创新。2014年开始，海淀区围绕着学生的品德发展、学业发展、身体发展、心理发展和兴趣特长发展开展评价，同时对学业负担情况进行监测，以评价促进发展、激励发展。

教研对教师的教学指导仅仅依靠个人主观经验是不够的；对学校教学指导，以往常见的教研员团队入校，分学科听课、评课，也是不够的，需要基于更多的数据共同进行分析，让教师个体和学校教师群体的教学改进更加有针对性。我们通过大量理论研究和实践调研发现，基于学生学习结果的大数据分析来改进教学，是提升教学质量新的增长点。

具体工作由质量评价中心负责。以学业质量监测为例，区域教育的发展需要构建素养导向的学生学业质量评价与反馈体系，通过精细诊断、精准定位，为学校管理、教师教学、学生学习的持续改进提供科学的依据。为此，我们本着"评价即服务，评价促发展"的理念，启动了"素养导向的学业发展水平评价"项目，围绕素养导向的学业评价，在指标体系构建、评价工具开发、数据处理分析、评价反馈与教学改进等环节，将理论观念转化为评价实践，凸显学科核心素养的基本特征，有利于学生学科核心素养提升。

(一)构建素养导向的学业评价指标体系及测评工具

2015 年，根据教育部基础教育二司区域教育质量综合评价改革项目的要求，基于海淀教育发展实际和学科能力项目研究基础，我们构建了"知识技能、学科思想方法、问题解决能力、迁移创新能力、情感态度价值观"五维学业评价一级指标体系，二级指标强调学科特点，三级指标则突出每个学科在不同年级的内容与具体学业要求，进而细化为学业表现。在指标体系基础上，开发纸笔测试试卷和调研问卷。为更准确地诊断学生的能力与素养水平，试卷研发坚持课标导向、素养导向、进阶导向、展示导向、综合导向、过程导向，外显学生解决问题的思路和策略。"教与学方式调研问卷"的研发与使用，从多元视角了解学生学习和教师教学的现状，与学业评价数据进行关联分析，从而为教学诊断与改进提供更为丰富的证据支持。

(二)通过科学化、精细化的数据分析呈现学生多维发展现状

在进行数据分析时，我们利用专业工具将学生的学业成就表现划分为不同的等级，衡量学生和学校在学科各分项指标上的发展状况。在数据分析思路上，中小学教研室从整体发展水平、有无明显短板学科、学科能力表现、学校均衡发展状况四个方面，对不同类型学校进行对比分析、指标聚类分析和学生群体分层分析，对学生学业发展水平进行诊断与归因，为学校提供一张精准的教学改进"导航图"。

(三)建立"区域—学科—学校"三类反馈机制

三类学业质量评价结果的反馈如图 4-2 所示。一是面向区域教育行政部门和学校教学管理干部进行区域层面的反馈,重点关注全区发展整体情况及学校发展的基本分布与态势,示范评价数据使用的一般思路与方法,凸显整体性;二是面向区域学科教师等开展学科层面的反馈,聚焦学科发展整体状况、优势及问题,凸显学科特点;三是开展学校层面的反馈,并尝试建立不同学段的联系,追踪学生在不同发展阶段的增值表现,有针对性地开展学科诊断与改进指导,推动学校建立看发展、看增量的评价理念,凸显多样性。

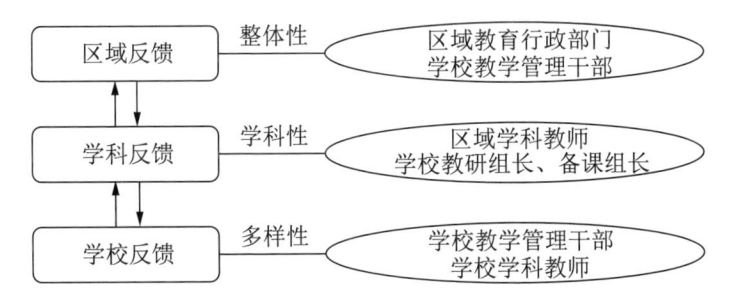

图 4-2 海淀区学生学业发展水平评价三类反馈机制示意图

(四)以工作坊提升教学干部数据分析及使用能力

在三类反馈的基础上,为了更好地引导学校在日常的教育教学实践中用好评价数据,开展以评价数据驱动教学质量提升的系统研究与实践,质量评价中心还设计并实施了"评价数据驱动教学质量提升工作坊"。这个工作坊面向区域各学校教学干部,坚持"立足实践、问题导向、智慧众筹、持续跟进"的设计思路,着力促进学校用好学业评价数据,实现由数据到证据、由证据到教学改进实践的有效转化。

基于评价工作坊的整体设计以及各校发展需求，项目团队定期开展分层分类的工作坊研修活动。各校干部在工作坊中进行全方位、多角度的思想碰撞，多层次、系统性的深度交流。通过专家引领、深度互动、总结提炼等多个环节，学校干部进一步深化认识、厘清思路、交流经验、增进了解、明确路径。工作坊为学校基于评价数据的教学改进提供了专业化、系统性、可操作的指导。

参与评价工作坊的教学干部表示，"以前更多靠经验，通过工作坊的学习，我认识到数据的价值和力量，这对我以后的教学和管理很有指导意义""我收获特别大，之前更多的是学科视角，有很多维度是之前没有想或想得比较少的，在工作坊中学到了如何从学校的整体视角来分析学业质量，这为我以后的教学质量分析提供了思路和方法"。还有干部表示，"数据分析其实是一件很难的事，作为教学管理干部，我特别想通过数据挖掘老师们身上的亮点，为他们鼓劲儿。我希望有更全面的数据，从不同的角度挖掘老师们的亮点。通过评价工作坊的活动，我发现了认识上的一些误区，这使我今后的工作更加精准"。

通过七年"素养导向的学业发展水平评价"研究与实践，海淀区已建立了具有区域特色的学业发展水平评价体系与反馈指导机制，引领了评价观念的转变，探索出基于证据和增值分析的教研改进与教学改进机制，示范引领区域学校和教师关注"教—学—评"的一致性，落实核心素养，促进教育教学质量的持续提升；同时，也逐步建立了海淀区学业评价专业队伍，促进了教学干部及学科教师评价素养的提升。

学校说

自 2012 年起，我校便参与了海淀进校组织的"素养导向的学业发展水平评价"研究与实践，教师教学能力不断提升，学校学业质量逐年提升。问题导向，提升了校本教研和教学改进的精准性。海淀进校项目组从知识技能、学科思想方法、问题解决能力、迁移创新能力、情感态度价值观五个方面诊断我校学生的学科能力发展情况，并提供了精准的反馈与指导，使校本教研更具针对性，为学校教学工作的开展提供了科学的数据支持。"实证＋经验"，挖掘了课堂教学的深度。项目组利用大数据分析帮助我校明确了学科优势与短板。针对数据背后所呈现出的浅层学习、问题解决能力和迁移创新能力不足等问题，教研员与学科专家对课堂教学进行指导：深化对知识的理解，以知识为载体，渗透学科核心素养；以问题为导向，激发学生的思维能力，使其学会思考问题；以学生为中心，调动学生的深度参与，关注高阶能力培养。

对于三个轮次的学业质量评价，我校表现持续变好。实践证明，基于学业标准的"教学—评价—改进"实践，打开了教师分析学生学习情况的视角，找到了提高课堂教学效率的影响因素，大大提升了学生学科学习能力。

——北京市中关村中学

相伴成长

四、统筹大中小学思政课一体化建设

2019年3月18日，习近平总书记在学校思想政治理论课教师座谈会上的重要讲话强调，思政课是落实立德树人根本任务的关键课程。2019年8月，中共中央办公厅、国务院办公厅印发的《关于深化新时代学校思想政治理论课改革创新的若干意见》指出，统筹大中小学思政课一体化建设，在大中小学循序渐进、螺旋式上升地开设思政课，引导学生立德成人、立志成才。2022年7月，教育部等十部门印发的《全面推进"大思政课"建设的工作方案》明确指出，全面推进"大思政课"建设，要坚持以习近平新时代中国特色社会主义思想为指导，聚焦立德树人根本任务，推动用党的创新理论铸魂育人，不断增强针对性、提高有效性，实现入脑入心。

海淀区是教育大区，高校云集，中小学数量多、类型全。我们在调研中发现，学校思政课的建设与实施，存在不少困难。例如，部分小学的思政课教师"所教非所学"，思政课教学能力有待提升；部分中学的思政课教师因课标修订而面对专业能力的挑战；还有些认识偏差，部分干部教师认为，德育工作只是班主任与德育校长的事、思政课教师的事，忽略了其他学科的重要育人价值。

近年来，为了进一步实施好思政课，海淀区立足市情、区情，加强顶层设计，党政齐抓共管，打破学段区隔，促进大中小学循序渐进、螺旋式上升地开设好思政课，走出了一条以大中小学思政课一体化建设为载体、推进育人机制创新、落实立德树人根本任务的海淀思政教育之路。2014年开始探索小学、初中、高中主题性跨学段教研，2017年组织了海淀区思政课育人论坛。2020年6月，在北京市学校德育研究会、海淀区委教育工委、海淀区教委领导的指导和支持下，海淀进校联合清华大学、北京师范大学、中国地质大学(北京)、中央财经大学等高校的马克思主义研究院和区域内中小学，成立海淀区大中小学思政课一体化教研组(以下简称"一体化教研组")。一体化教研组实行双组长制，由北京师范大学李晓东副教授和海淀进校教研员任兴来老师同时任组长，努力实现大中小学思政课教学内容联通、教学研究互通、教学资源融通和教师专业发展贯通。一体化教研组成立以来，形成了常态化的研讨机制。来自大中小学不同学段的思政课教师，由过去的"背对背"变成现在的"面对面"，大家坐在一起集体备课，围绕思政课程优化和教学衔接，进行一体化课例研究、一体化专题研讨、一体化教师研修等，打好思政课程的"组合拳"，有力促进了区域大中小学思政课一体化建设的整体推进。

(一)聚焦教学关键问题，探索思政课一体化教学策略

"大思政课"的"大"，大在育人。一体化教研组构建了思政课一体化教学内容整体视图，研制思政课一体化学业标准，优化思政课一体化教学内容体系，重点是将习近平新时代中国特色社会主义思想融入大中小学思政课程，实现整体设计、循序渐进和逐步深化。启动阶段，以课例研究为载体，建立内部贯通、市区联动、基础教育与高等教育协同推进的工作机制。围绕共同的教学话题和议题，如"奋进新时代，开启新征程"等，大中小学思政课教师同上一堂课，体现不同学段思政课教学目标进阶发展，讲得既深入浅出，又引人入胜，为推动思政课改革创新、促进思政课内涵式发展发挥了示范引领作用。

在课例研发基础上，通过课题研究，加强大中小学不同学段，特别是相邻学段思政课的课程目标、课程内容、实施方式的一体化研究，促进大中小学在思政课的目标、内容、实施上的顺序性、衔接性和递进性。提炼大中小学思政课一体化教学路径与策略，将优质思政课教学一体化课例转化为教学资源，进而提升新时代思政课的育人质量。此外，课题组聚焦思政课一体化课程规划、课堂教学、学业评价、教学资源和教师成长中的关键问题，特别是如何基于教学内容和学情，上好不同学段的思政课，如何坚持政治性和学理性、价值性和学理性等八个相统一，如何在教学主题、教学目标、教学内容、教学方式、教学评价方面体现一体化衔接。对这些关键问题的研究思考和实践探索，有效促进思政课在全程育人的道路上形成合力，推动思政课改革创新。

(二)征集优秀教学案例，推动思政课一体化教学常态开展

为了推动思政课一体化教学的常态化开展，我们组织了"海淀区大中小学思政课一体化优秀教学案例征集与展示活动"，评选优秀课例和优秀教学团队，鼓励中小学思政课教师加强对学生成长规律和思政课改革创新的研究，激励教师为聚焦思政课育人实效苦练内功。2021年4月，海淀区首届大中小学思政课优秀教学案例征集与展示活动以"永远跟党走"为主题，将党史学习教育有机融入大中小学思政课教学，引导广大青少年学生坚定理想信念，传承红色基因，激发爱国行为，推动思政课一体化教学常

态开展。2021年8月,首都精神文明建设委员会办公室组织开展"首都未成年人思想道德建设创新案例"征集评选活动,海淀区"推进思政课一体化建设　凝聚培育时代新人合力"案例成功入选创新案例奖。

(三)建设思政课基地校,推进思政课一体化教学持续改进

思政课基地校是思政课改革创新的示范校,也是大中小学思政课一体化建设的实验校、基地校。建设思政课基地校对加强思政学科建设、推进思政课一体化教学持续改进、提升思政学科育人质量起到极大的推动作用。

2020年,在"海淀区学科建设2.0行动"中,根据区级思政课基地校遴选条件和职责,我们在全区设立了5所小学、7所中学、4所大学为思政课一体化基地校。由学科首席教师牵头,组成校本研修共同体,发挥"微团队"专长,多维度推动思政课一体化建设。思政课基地校的日常研究与实践,为大中小学思政课一体化建设积累了鲜活的经验,对促进区域思政课一体化建设发挥了辐射带动作用。在北京市中小学思想政治理论课示范基地建设工作中,中国人民大学附属中学、北京交通大学附属中学被评为首批示范基地。"区域—学区—学校"三级联动,为思政课一体化牵线搭桥,促进了思政课教师对相邻学段教学内容的关注和衔接,在教学中做到不简单重复、不跳跃断层,循序渐进、螺旋式上升。

(四)创新教学研究机制,促进思政课教师专业发展一体化

办好思想政治理论课关键在教师,关键在发挥教师的积极性、主动

性、创造性。一体化教研组通过一体化联合教研提高了"5＋M＋N"思政学科教研课程的质量，每个年级的"5"课程都为面向本年级全体思政课教师、解决共性问题的专业必修课程，主要聚焦课标、教材、学情，链接时事大事、党和国家重要会议，研究思政课教学关键问题；"M"是针对不同思政教师群体需求，分专题、可选择、个性化的"必选课程"，如"基于深度学习的思政课一体化教学改进"；"N"为联片任选课程，依托研修分中心、学科教研基地，为不同学校的思政课教师提供个性化教研内容。这些，使得海淀区思政学科教师教研课程的系统性、选择性和实践性都得到了很大提升，为不同学段思政课教师专业成长提供了有力支撑。

一体化教研组还开展了"在思政课教学中加强党史学习教育"教师一体化教研活动，引导师生学史明理、学史增信、学史崇德、学史力行，坚定不移听党话、跟党走，努力成为堪当民族复兴重任的时代新人。组织《习近平新时代中国特色社会主义思想学生读本》区级小初高一体化读本培训活动，帮助不同学段的思政课教师理解读本、用好读本；针对读本进行集体备课，提供范例，提升读本教学质量，充分发挥读本的育人价值。

此外，每年与清华大学马克思主义研究院联合举办"海淀区中小学思政课骨干教师清华大学浸润式研修班"，立足思政课骨干教师需求，量身定制研修课程，促进中小学思政课教师队伍专业发展。针对不同发展阶段的思政课教师，海淀进校还举办了包括夯实教学基本功、三年系统进阶的新任教师培训，关注普通教师的成长期研修，指向素养发展的骨干教师领导力提升，基于实践共同体的名师工作站导师制研修，举办成长中的骨干教师教学实践论坛，多渠道助力思政课教师成长。2021年，教育部开展全国思政课教师教学基本功展示交流活动。中国人民大学附属中学王莹莹、中国人民大学附属小学潘龙龙两位教师的教学案例成功入选"2021年全国中小学思政课教师教学基本功展示交流活动典型经验名单"。

与此同时，在所有课程实施中，坚持显性教育和隐性教育相统一。在纵向上将思政课贯穿于培育时代新人的全过程，在横向上也将"育德"融入各个学科之中，立项海淀区"绿色成长"学科德育项目，采用"研究—实践—改进"螺旋式上升的推进机制，以课例研究为载体，对学科德育的原理、策略和方法等进行深入研究。开展学科德育实践，挖掘各学科课程中蕴含的思想政治教育资源，指导中小学各学科将德育内容细化落实到教学目标中，融入教学全过程，使各类课程与思政课同向而行，相互配合，形成合力，推动中小学各类课程与思政课建设协同发展，实现全员、全程、全方位育人。

海淀区持续研究与探索，以课例研发和课题研究为载体，凝聚大中小学思政课教师，共同致力于思政课一体化建设，共同上好新时代有内涵、有特色的思政课。一体化教研组、思政课教师培养基地等，在教研共享、师资培训方面打通了"硬关节"，联通了"软组织"，促进了思政课教师专业发展一体化。通过征集优秀教学案例、深入开展学科德育，推动了思政课一体化建设常态化。

2021年11月，在"北京市大中小学思政课一体化建设研究基地"揭牌仪式上，海淀区成为北京市首个大中小学思政课一体化建设研究基地。同日，北京市学校德育研究会与海淀区签署协议，合作建设"北京市大中小学思政课一体化建设实践研究示范区"。

相伴成长

　　海淀区在市委教育工委、市教委的指导下，在市学校德育研究会的专业支持下，统筹优质资源，创新研究成果，搭建相邻学段交流平台，探索大中小学思政课一体化建设的海淀模式，着力将海淀区教育资源富集的优势转化为辐射带动全市大中小学思政课一体化建设的新动能，为推动全市大中小学思政课一体化建设贡献了海淀智慧、海淀成果、海淀经验。

教师说

　　持续的成长离不开持续的研究。从我入职起，海淀区教师进修学校就是最好的研究伙伴之一，为我们提供平台、给予指导、助力发展。在常规的思政课"5＋M＋N"教研课程中，在每个年级、每个专题的教学中，教研员都陪伴在我身边。

　　更让我感到幸福的是，海淀进修学校的教研员们还特别为青年教师的研究课提供"一师一策"的深度助力。2023年2月11日，第二届中国基础教育论坛暨中国教育学会第三十四次学术年会在北京召开，我有幸在大会的"中国好课堂"环节，上了一节研究课——"乡村振兴，你我同行——党的二十大精神进课堂"。在备课过程中，任兴来老师带教研团队和我深入磨课，邀请了清华大学的专家进行指导，罗滨校长抽出时间深度参与，提出了基于思政课又高于思政课的宝贵意见与建议。

这种助力还是跟踪式的。上课之后,海淀区大中小学思政课一体化教研组的老师们还一起把这节课研发成一体化课例,在全区共享。这些努力都让思政课真正走向内涵式发展,更具高度、广度、深度、温度。我也真切地感受到,我不是一个人在前行。

——清华大学附属中学教师　于洺

2

集团化办学的教研使命

  为扩大优质教育资源总量,在"十二五""十三五"期间,各地进行了大规模的布局调整,集团化办学、教育联盟的规模越来越大。2014年5月,根据北京市委教育工委、市教委的安排,海淀进校作为教科研单位对口支持北京市海淀区教师进修学校附属实验学校和北京科技大学附属中学,2015年5月,在北京科技大学附属中学加挂校牌"北京市海淀区教师进修学校附属中学",以教研的专业力量支持两所学校提升育人质量。2018年2月,北京市玉渊潭中学又加入对口支持的行列,加挂校牌"北京市海淀区教师进修学校附属玉渊潭中学"。2019年5月10日下午5:30,在海淀区政府第二办公区的南201会议室,海淀区委教育工委、海淀区教委宣布一个重要决定,成立北京市海淀区教师进修学校教育集团(以下简称"海淀进校教育集团"),由海淀进校作为牵头学校,将北京市海淀区教师进修学校附属实验学校、北京市海淀区教师进修附属实验香山分校、北京市玉渊潭中学、北京科技大学附属中学、中国地质大学附属中学、海淀区教师进修学校附属实验小学 6 所中小学纳入集团管理，并由我担任集团总校长。这是一份突然降临的任务，更是政府和学校给予海淀进校的特别信任，对于学校和我来说，都是一份新的责任、一项新的使命。

一、教研支持普通中小学集群发展的新样态

作为教研机构引领中小学集群发展的集团化办学模式，在全国我们是第一家，没有现成的经验可借鉴。面对诸多困难，我们选择了迎难而上、迅速行动，召开系列工作研讨会，与集团学校干部教师商讨集团发展规划，了解学校、教师需求，发挥总校的专业优势，以"登山队"的精神带动集团的共同发展，开启了教研机构引领普通中小学集群发展的模式探索。

很多区和海淀区建立合作关系，教育是其中重要的组成部分，海淀进校也承担了很多任务。2020 年，受大兴区教育工委、区教委委托，北京市海淀区教师进修学校大兴分校挂牌；2021 年，受北京市经济技术开发区社会事业局委托，我们担负起北京市经济技术开发区的教研和培训工作；2022 年，受北京市房山区政府委托，我们承办一所九年一贯制学校，北京市海淀区教师进修学校房山实验学校成立。3 所学校也一并被纳入集团管理，逐步形成集团"1＋2＋9"的新发展格局。

办学五年来，海淀进校教育集团构建了和谐高效的集团治理体系，建立了互融共通、合作发展的工作协同机制，形成了多措并举、共生多赢的

资源共建共享机制，确立了"学校发展""课程建设""教学提质""教师发展""学生培养"五个一体化发展战略，逐步朝着打造人人想上、爱上、愿上的家门口的好学校迈进。

(一)海淀进校集团化办学面临诸多挑战

海淀进校承担着海淀区4万余名教师专业发展任务，被称为海淀教育屡创佳绩背后的"神秘力量"。面对集团化办学新任务，如何协调教研员在服务好海淀区教育教学工作的同时，为集团各校的发展做好支持？我们和成员学校、专家多次研讨，梳理情况，研究现状，明确发展思路。集团发展面临着许多困难和挑战，这些挑战是多方面的。

集团是联盟式教育集团，各成员校保持独立法人，学校建制、办学性质、招生范围均保持不变。这种松散型、联盟式集团化办学模式缺乏一体化的紧密组织架构，缺乏行政授权，管理权责、运行机制不明确。集团内学校办学基础不一，总体高度不够，在课程、教学、评价、教师队伍、育人质量等方面与区内优质学校相比存在差距，师生发展的内生动力有待激发，学校发展优质资源不足。如何"不越位"又能将专业的力量转化为学校的发展能量？这是一个极大的难题，又不是单方面的事情。怎样实现各成员校"和而不同"地协同发展？如何避免集团"合而不融"？这需要撬动创新发展的支点，需要激发干部教师的发展机制，需要鼓励教研员多投入时间、精力，实行创新工作、高效工作的激励机制。

此外，海淀进校教育集团成立之初成员校数量多，学校之间距离远，分布在海淀区东、南、西、北四个方向以及大兴区、房山区等地，活动开展对接不便利，特别是在对优秀教研专业资源的利用转化上，由于各校自身情况不同，存在着边际递减效应。所有这些，都需要团队的大格局、大智慧、大勇气、大奉献，来破解难题，更好地完成集团化办学任务。

(二)海淀进校集团化办学的优势

海淀进校深耕基础教育 50 多年，为海淀区教师专业发展和教育质量提升做出了巨大贡献，为国家基础教育教学研究工作提供了丰硕的先行实践经验和创新发展成果。海淀进校要更好地发挥专业优势，实现资源融通、高效转化、优质特色发展，需要我们理顺集团化办学中的若干重要关系，建立新机制、精准施策，为促进集团发展提供有效支撑。通过研讨，我们也明晰了教研机构集团化办学中的四大优势。

一是名师优势。海淀进校是海淀教师队伍的人才高地，拥有正高级教师、特级教师 30 多人，北京市学科带头人和骨干教师近 50 人，博士(博士后)16 人、硕士 70 多人，这些兼具优秀的实践经验和研究能力的高水平教研力量，为集团成员校提供了坚实的人才保障。

二是资源优势。海淀进校设有资源建设中心，拥有丰富的课程教学资源和教师教育资源，也有着得天独厚的链接优质智力资源的优势，与国内的知名高校、教研机构长期保持合作关系，能够通过教研员对接，把这些外部资源引入集团成员校，让集团师生在张力无限的优质资源中成长。

三是项目优势。海淀进校承接了全国教育科学"十三五"规划教育部重点课题"基于核心素养发展的区域教研转型实践研究"、教育部课程中心委托"深度学习"教学改进项目、中国教育学会"十三五"教育改革实验区"学生学习方式变革研究与实践"项目等国家级和北京市级课题十几项，为学校和教师发展提供了平台与支撑。

四是实干优势。海淀进校拥有一批具有高度责任感和使命感，具有强烈拼搏和实干、奉献精神的教研员队伍，他们是教师群体中的"关键少数"，区域学科首席教师，被誉为"海淀中高考屡创佳绩背后神秘的人"。

(三)海淀进校集团化办学的新思路

对于教研机构牵头的教育集团，选择怎样的高质量发展路径，如何将海淀进校专业资源和能够链接的优质资源转化为集团化办学的资源，我们也有着自己的思考。组织的稳定高效运行、长久发展，核心在于有一套健全的集团管理体制和运行机制。

集团成立后，我们进行了大量的、多种形式的走访调研，赴杭州、成都等地交流学习集团化办学经验，组织专家开展了多轮次的协商研讨和方略论证。我们分析研判了集团的优势和困难，摸清了学校情况，了解了学校、干部及教师的需求，明晰了集团的发展定位，各方达成了基本共识。集团以满足老百姓对优质教育的现实需求为出发点，是"学校发展""教师发展""资源融通""问题解决""学习交流"的共同体，坚持"和而不同，彼此尊重，协商共治，创新发展"的发展理念，秉承"思想领航、专业引导、深度教研、内涵发展"的办学宗旨，通过共同体建设，真正推动集团的内涵发展、互生共融，让集团师生在张力无限的基础教育优质资源网中健康成长，实现优质资源共建共享、师资高效配置、学生卓越成长。

创新管理机制。遵循总校统筹、各校共商共建的模式，制定集团章程，以问题为导向，项目推进，集中决策，分步实施，通过集团理事会制度、集团项目联系人制、共享课程建设与实施机制、教研员入驻机制、一体化联研机制、教师队伍培训发展机制以及学生联合培养机制等一系列管理举措和运行机制，多渠道盘活集团资源，有效实现优质资源重组，形成各校合力，逐步打开困难局面，构建起集团上下齐心、共融共通的集群发展态势。

创新组织架构。根据集团松散型、联盟式的特征，构建了多层次、分工明确的组织架构（见图 4-3）。在顶层决策上，设立集团理事会，各校共同参与决策集团重大事项和发展规划；在管理保障和专业支持上，成立学术委员会，对学校教育教学工作进行全面性的专业指导，设立集团办公室，林秀艳副校长分管，统筹集团全局事务，参与集团管理、课程建设、教学研究、教师发展及学生培养等各项工作；在业务推进上，组建五大中心，即"学校发展指导中心""课程教学指导中心""学生发展指导中心""教

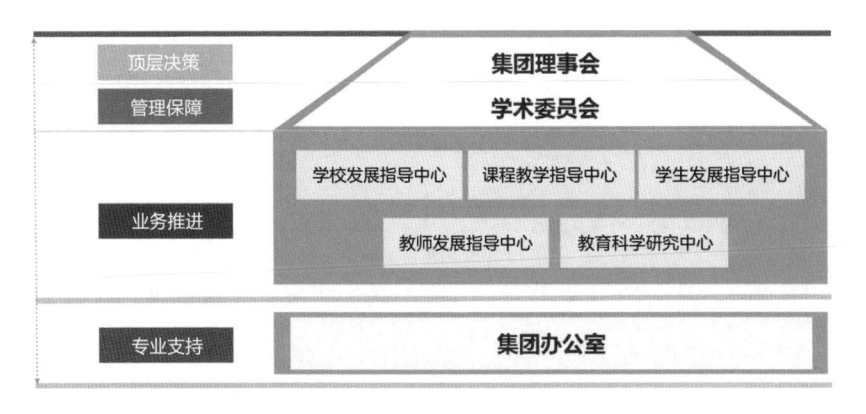

图 4-3　集团管理架构图

师发展指导中心""教育科学研究中心"。这五大中心由总校和成员校骨干教师组成，分类指导和参与学校教育教学各项具体工作。

因此，我们认为教研机构引领中小学集群式发展的集团化办学模式应该是，充分发挥专业优势，尊重师生成长规律和教育教学规律，聚焦课程改革和集团成员校发展中的关键、难点，围绕课程规划、教学研究、资源开发、质量评价和教师发展等方面，将海淀进校优质丰富的教学教研成果，转化为学校和教师的教育理念以及教学案例、教学活动等具体教育教学行为，指导成员校进行优秀研究成果转化落地的实践研究，提高干部教师专业素养，建设丰富、优质的课程资源，打造学校特色文化，提升学校办学和育人质量，形成文化底蕴深厚、质量水平上乘、办学机制灵活、学生贯通培养的高品质集团教育生态。

校长说

自我校加入海淀区教师进修学校教育集团以来，我们感受到了集团强大的凝聚力。我们更多地得到了专家的精心指导，学校的课程体系更丰满，核心竞争力显著增强。同时，课程资源更加丰富、充实、多元，为学生的全面发展提供了有力保障。更重要的是，集团为教师搭建了一个广阔的发展平台，更多的教师走出去参加学术会议，更多的国家级学术会议在我们学校召开。集团提供了有效的研修课程、多样的展示分享机会，我校教师专业发展走上了"快车道"。集团带来了优质资源的集聚，带来了更具挑战性的发展目标，带来了创新人才培养体系的迭代升级，从开始的干部教师培训、共享课程、紧急公关项目，到"一体化联合教研"，和现在高中"双英班"策划、实施，这些持续有力的支持，托举着海淀进校附属实验学校内涵发展更上一层楼。

——海淀进校附属实验学校校长　董红军

二、以"五个一体化"实现集团校协同提质

集团成员校情况差异较大，在育人质量提升、教师专业发展以及学校多样化发展等方面，如何做到精准发力配置资源？与名校、强校集团化办学不同，海淀进校是一所为了学生健康成长、校内又没有学生的教研机构。我自己做过中学教师、主管教学的副校长和校长，知道优秀的学校管理应该是怎样的，知道提升育人质量的"瓶颈"在哪里。要想充分发挥海淀进校的强大专业优势，就需要成员校之间形成共识，建立新的机制，做好协同提升质量。

强大的教研员智力资源、丰富的课程教学资源、高水平的国家级项目，加上我们的平台资源，如教育部"国培计划"示范性项目培训基地、中小学名师领航工程培养基地、中国教育学会初中教育专业委员会秘书处、

中国教科院 STEM 教育协同创新中心、北师大教育学部教育教学实践基地、北京市英才科技教师培养基地等国家级和市级教育改革、实践平台，这些都是不同于中小学名校的强大优势。如果说集团化办学是解答"为什么集群"，那么"怎么集群""集群做什么"就是我们集团要回答的问题。聚焦办学提质的关键是，我们确立了集团成员校"五个一体化"发展战略，即学校发展一体化、课程建设一体化、教学研究一体化、教师发展一体化、学生培养一体化，探索教研机构引领中小学校集群式发展的集团化办学模式创新。

（一）学校发展一体化

学校发展一体化就是指通过教育集团把原来分散的几所学校联合起来，由集团总校组织，找到影响质量的核心要素，提供多种优质资源，开展校际联动合作，形成一个共同发展的教育共同体。一体化的目的是提高每一所学校的育人质量，增强学校的软实力，让学生获得感更强，让干部教师更快地成长、更被尊重、更加自信。

一体化的基本特征表现在平等性、让渡性和发展性。一体化的过程涉及学校的文化建设、顶层设计、发展规划、管理实务、课程教学、学业测评、学生发展、干部培养、教师队伍建设和对外交流等全面互动的过程，需要成员校各方有内在的发展动力、开放心态、学习能力，互相包容、彼此支持。

根据海淀进校教育集团联盟式、多主体的特点，总校聚焦于学校整体发展指导，和课程教学、学生发展、干部培养和校本教研等软实力提升，通过纵向一体化和横向一体化构架出一个立体的专业支撑，指导每一所成员学校找到自身发展的突破点，提升学校治理水平，在教育理念、价值取向等方面达成共识，形成合力，实现普通学校的集群发展。总校林秀艳副校长带领集团办公室分管集团具体工作，组织专家会研究集团发展战略，组织集团理事会确定学校发展思路，开展深入调研确定学校一体化发展的关键。集团根据实际需要，选派总校干部和教研员到成员校任职或兼职，做执行校长、副校长或校长助理，带去先进的理念、优质的资源、实干的精神、工作的示范。集团还启动"攀登计划"，为学校聘请名校长导师。在这个历程中，总校许多干部教师为此无私奉献，付出了极大的努力和心血。例如，申军红副校长任大兴区教师进修学校附属学校党总支书记、执行校长，陈燕副校长任校长顾问。更多的干部勇挑重担，在各成员校发挥作用，也实现职业生涯的再成长。马耀国、周信达、刘铎任执行校长，马萍、牛玉玺、左小玉兼职做副校长，夏满、刘丽丽、柯珊、王帅鸣等老师任校长助理，薛忠俊、刘忠新、邵文武、张鹤、李天印等老师都曾全职在成员校指导教研组、带青年教师工作，李丽娟、郝婧坤、杜晶斐、隋晓雪等老师直接在学校代课。赵杰志主席担负北京市经济技术开发区教研和培训的管理任务。所有这些，让成员校得到具体专业支持，让海淀进校的干部和教师实现了接地气的成长。

我们还开展"领航杯"优秀个人、团队以及教育教学成果评选，以文化建设引领集团干部教师形成从"学校人"到"集团人"的价值认同；开展系列教育教学工作调研，精准诊断，科学指导教学改进，好课共享，提升学校教育教学质量；开展校际干部教师交流、学生游学，校际混搭学习共享课程，如快乐德语、教育戏剧等。

相伴成长

(二)课程建设一体化

课程是学生成长、学校特色发展的重要载体。集团积极发挥课程指导中心、创新教育研究中心以及教科室等部门的专业优势,逐一指导成员校优化课程方案,研发校本课程,形成规范、科学、有特色的课程体系。为解决成员校资源不足、不强的问题,强化校际交流,汇集集团各校力量,集团办公室组织成员校教师,开发建设集团共享课程群(集团共享课程群架构见图4-4),引入外部优质课程并将其转化为集团共享课程,提供给所有成员校学生,并指导教师如何实施好课程,满足了学生日益增长的需要。五年中,这些课程形成了5大门类22门共享课程,300多人次教师参与其中,惠及学生10 000多人次。同时,建立起集团内遴选、自主研发及引入优化外部课程资源等多元课程共建机制,建立了课程研发教师、教研员和授课教师三方一体的共研机制以及跨校选课、走校上课、送课到校、线上听课等多种方式的共享机制。课程建设一体化,提供了优质的课程资源,强化了教师课程研发意识和设计实施能力,学校的课程建设能力也不断提升。

海淀进校附属中学宋方老师说:集团共享课程进入学校,犹如一场春雨为学校教学注入新活力,促使教师积极转变教学方式,融学生的已知、想知和新知于真实的情境中,更好地实现了学生核心素养发展。课程的设计和实施让我们深切地感受到集团课程专家团队敏锐的专业视角和深厚的专业功底,对教育集团和课程专家团队致以诚挚的

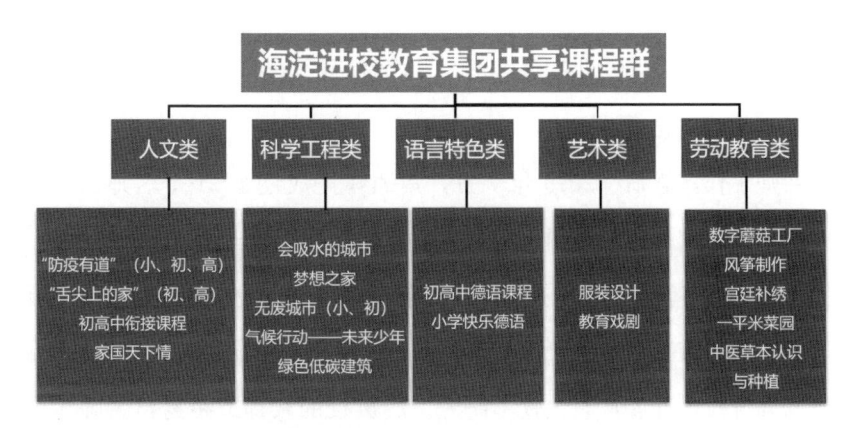

```
                        海淀进校教育集团共享课程群
    ┌──────────┬──────────┬──────────┬──────────┬──────────┐
  人文类    科学工程类   语言特色类    艺术类     劳动教育类
  ────      ────        ────        ────       ────
 "防疫有道"  会吸水的城市  初高中德语课程  服装设计   数字蘑菇工厂
 (小、初、高) 梦想之家     小学快乐德语   教育戏剧   风筝制作
 "舌尖上的家" 无废城市                              宫廷补绣
 (初、高)   (小、初)                              一平米菜园
 初高中衔接  气候行动——                           中医草本认识
 课程       未来少年                              与种植
 家国天下情  绿色低碳建筑
```

图 4-4　集团共享课程群架构图

感谢和敬意。

海淀进校附属玉渊潭中学谢丽娟老师："会吸水的城市"是集团为学校打造的成熟 STEM 课程资源，集团还指导我们结合校情、师情及生情将课程进行了校本化实施。通过课程目标素养化、课程内容体系化、课程实施校本化、课程评价多元化、课程保障全面化等策略，学生实践创新素养得到了发展，教师专业能力得到了提升，学校跨学科课程实践得到了支持。课程实施后，我们深入调研学情，积极整合校内、校外 STEM 教育资源和力量，运用情境分析课程设计模式开发兼具"学生核心素养发展—教师专业能力提升—学校改革创新"多重内涵的校本 STEM 课程。

(三)教学研究一体化

提高常态化教学研究质量、提升教学研究水平，是提升教师专业素养、提高教学质量的重要途径。集团总校系统调研了教师教学实践痛点、难点，精准把握教师专业发展需求，发挥教研的力量，多措并举开展教学研究提质的一体化行动。

名师工作室教研。2019年7月，集团首先成立了31个名师工作室，导师由海淀进校的特级教师、正高级教师、优秀的博士和博士后组成。工作室都落户在各成员校，构建起31个教师发展共同体，挂牌、有具体任务，通过导师带教、专题研讨、教学展示、学习交流、关键问题探讨、课题研究等方式，开展常态化教学研究。成员校的教师近距离与名师相伴，任务驱动教师自主成长，指导校本研修，促进学校学科组建设，推动校际教学与教研深度交流。我们也以此为抓手，将优秀教育教学理念、模式和经验推广，名师工作室成了"名师孵化器"，促进了成员校教师快速成长。

学科专项教研。学科教研组建设作为中小学校内育人改革与发展中的一项重要工作，在教学质量提升上起着至关重要的作用。为提升集团各校学科育人质量，加强集团学科教研组建设，提升教师课程育人能力，集团启动学科教研组建设专项行动，名师深入学校，进入教研组，组建微团队，持续开展核心素养导向的深度学习教学实践研究。学科教研组建设的专项行动，强化了教师之间有质量的深度互动，拓展了教研的范围，推动了教研组教研提质增效，极大地促进了课堂教学质量的提升。

一体化联合教研。在教育信息化迅猛发展、信息技术助力教育现代化发展成为时代趋势的大背景下，为解决校际交流空间跨度大、时间紧、专家入校指导路上耽误时间多等问题，集团创造性地开展了人工智能助力下的"一体化联研"与"双师课堂"实践探索。2021年开始，我们通过统筹教研主题、协同教研路径、聚合教研资源，创新了教研模式，共开展了 13 个系列、9 个学科、50 余场联研活动。联研活动覆盖集团全部学校，30 余位教研员作为指导专家，500 余位教师深度参与，全国超 11 万人次在线交流，实现了研修需求精准化、专家指导精细化、备课教研一体化、课堂教学高效化、跟踪落实全程化、校际协同系统化。该创新举措切实推动了集团内资源融通，还从集团走向全国，在全国多次分享，广受好评，对于推进优质教育资源共建共享模式创新起到了引领及示范作用。

(四)教师发展一体化

教师是学校育人的最核心力量，教师队伍建设是集团核心工作之一。我们在师德师风、专业素养、攻坚能力等方面提供了系列资源支持教师成长，整体设计"2＋X"集团教师研修体系。2019 年 8 月 28 日，我们启动了集团全体教师的千人研修，统一思想与行动。随后，开展全体干部研修，设立干部能力提升专项，面向教学干部、教研组长、班主任等群体，根据专业发展需求，分类开展研修，面向新任教师、成长期教师、骨干教师等群体，开展系列进阶研修。这些研修有助于在学校实际工作的情境中，解决不同发展阶段不同类型教师发展过程中的困惑和难题。积极发挥科研项目助推教师研究能力提升的作用，通过"人工智能助推教师队伍建设""深度学习""紧急攻关"等项目，持续下校指导，将研究与实践相结合，推进课堂教学模式创新和发展。实施集团内部干部教师常态化互访挂职、交流轮岗，优化集团教师资源配置。

(五)学生培养一体化

发展学生的综合素养，关注学生全面而有个性的发展。教育集团着力整合资源，关注学生素养提升需求，统筹推进学生联合培养，在推动学生一体化发展方面，具体采取了两个层面的举措：一是基于学生综合素养提升需求，开展学生一体化活动；二是基于集团人才联合培养和贯通培养机制相关要求，探索集团学生联合培养模式。横向打破学校边界，纵向打破学段界限，形成集团学生一体化发展育人特色。

学生一体化活动，面向集团全体学生，旨在推进学生协同培养，增进校际沟通交流，满足学生个性化发展需求。"星光杯"是面向学生的一体化发展项目，每年度颁布不同项目主题。学生们实现跨班级、跨年级，甚至跨校的同伴合作，还可以与他们感兴趣的专家交流学习，还可以在此平台交流、展示成果，最终实现个人成长。项目式设计、系统化指导、跨校交流、专家零距离接触是该项目学生参与度高、发展提升快、有力推动学生协同培养的关键经验。集团还开展了"发现城市"主题实践活动，以城市规划开展主题式探究任务，以城市的纵向历史及未来发展和横向区域布局为主线，通过有趣的科普实践性活动让学生认识城市、走进城市、发展城市，激发学生对城市的现状和未来的思考，并为城市的可持续发展贡献自己的智慧和力量。诸如此类的还有学生创新思维训练营、教育戏剧共享课程成果汇报演出、集团学生才艺展示等各类学生一体化活动，均在学生间引起了强烈反响。

集团联合培养，是创造性地落实教育集团人才联合培养和贯通培养机制的具体举措，也是集团持续发展的必要路径。集团有了三年的发展基础，经调研和顶层系统设计、反复打磨和多轮次论证，制定了集团"双英班"学生培养方案。该培养方案侧重数学与自然科学领域、人文与社会科学领域的英才培养，由董红军校长和林秀艳副校长共同牵头，联合五所中学的校长和干部教师，在确定素养发展目标、系统配置课程、变革教学方式、重构学习空间、对接高水平大学、组织优秀教师等几个方面做好充分准备。2023年秋季，集团"双英班"第一批招生，受到了广泛的欢迎。这是集团为整合优质资源、搭建集团创新人才联合培养平台、高质量实施高中课程方案积极探索的创新人才培养模式，是支持普通学生实现卓越发展的有力举措，也是学生在集团内贯通培养、充分享受优质教育资源的重要保障。

三、教学校长和教研组长跟进式研修

设立专项研修项目开展集团成员校教学校长和教研组长队伍的能力提升。教学校长是学校教育教学工作的领导者、推动者，承担着制订教学计划、组织实施、监督评估等职责。教学校长的领导力和管理能力直接影响着学校的教学质量。教研组长是校本研修的主要实施者和学科建设的领导者，负责组织教研活动、提升教学质量、促进本学科教师专业发展等。教研组长的专业素养和团队协作能力对教师团队建设起到关键作用。

我们设计实施了教学校长和教研组长跟进式研修项目，聚焦于学校发展关键因素、干部责任与担当、干部专业素养及必备能力、"'双减'背景下教学与教研质量提升"、教研理论及策略等方面，开展理论学习、实践操作、案例研究、项目任务、专家指导等多元形式的研修，为整体提升集团成员校教育教学质量打下基础。

(一)教学校长和教研组长跟进式研修的基本特点

教学校长和教研组长作为学校教学管理、教学研究和带领教师队伍成长的关键角色，其专业发展尤为重要。在实际工作中，教学校长和教研组长面临着诸多具体的挑战，中观层面的学校课程方案的系统性持续优化、教学研究项目的立项实施、教师队伍的整体发展等，微观层面的每一门校本课程的研发、每一次教研组活动的组织、每一个年级的课表安排、每周选修课跑班上课情况的了解、每次期中期末考试的安排和质量分析、每次单元练习的试题命制……需要具体到学科、班级，具体到每节课、每次作业，具体到每一名教师和学生。有顶层设计、有组织实施、有问题研究、有实施指导，还要做教学示范、做思想工作，而他们自身又需要不断提升，才能适应课程教学改革、教育发展的要求。我们将研修与日常工作相结合，以实际工作需求为导向，以解决实际问题为目标，制定研修规划，开展案例学习，进行交流研讨，帮助他们不断优化改进自己工作的过程，这也是提升其专业引领力、指导力的过程。

这样的研修有三个突出特点。一是链接本校工作困难。教研员、专家与教学校长、教研组长面对面，针对本校课堂、教学问题，共同进行归因分析，开展研修与实践，针对性强。二是链接本人工作场景。对于工作坊式研修，每次研修都是"做中学"，在案例的研讨中，教研员能够及时观察了解到教学校长和教研组长的思考角度、讨论中的变化、存在的困难，进行跟进指导，现场性强。三是链接本职工作改进。研修现场就是工作场域，学习成果马上用于工作改进，看得见的进步，应用性强，提高了教学校长和教研组长将研修成果转化为其教育教学管理行为的动机。

(二)教学校长与教研组长跟进式研修的主要策略

坚持问题导向，精准提供专业指导。基于问题、基于需求是跟进式研修的基本原则。教学校长与教研组长的优势在于专业素养较高，具有较丰富的教学经验，而其困难主要在于岗位胜任力较弱，教学规划、学科研修的设计和组织实施能力不足，教学中问题的研究与解决不够等。为此我们通过多种形式的调研，聚焦于"教学方式变革与教研组建设""学校教学改进重难点问题""'双减'工作校内提质增效""学校干部队伍建设"等学校实际工作中的问题，进行交流研讨，提炼集团学校在教学管理、教师专业发展中的核心问题，为整体制定研修规划提供依据。

坚持专题聚焦，促进专业素养提升。为提升教学校长教育教学管理能力，提高教研组长学科组研修的设计与实施、教研组建设等能力，使教学校长和教研组长在未来的专业发展之路上能够"独立行走"，我们基于集团学校、教学校长、教研组长的特点和发展需求，聚焦于学校发展关键因素、干部责任与担当、干部专业素养及必备能力、"'双减'背景下教学与教研质量提升"、教研理论及策略等方面，实施集中、异地以及实践混合式研修。例如，针对教学校长及干部，开展系列教学校长及干部研修，以

"干部必备能力和素养""学校课程优化与课堂教学提质"等为主题，通过专家讲座，基于案例的经验分享和研讨，教研员、专家下校指导等，帮助学校教学校长和干部解决"学校发展规划如何做""教学管理理论与技能""教学如何做评估"等问题，转变观念、提高能力。针对教研组长，开展理论与实践相结合、学校和学科两层面协同的系列教研组长校本研修领导力提升研修，整体设计、以校为本、个性化实施，帮助教研组长理解并掌握课例研修的相关理论、策略方法工具以及操作流程，提升学科教研组团队建设能力，提升岗位职责认识，提高学科教学示范、业务指导及学术引领的能力。

坚持持续跟进，研修内容课程化。研修课程紧扣目标，涵盖理论模块（校本研修的理论、模式及模式构建）和实践模块（方案的设计、实施与评价、实际操作以及案例观摩与分析、研修案例分享、成果展示）。研修方式包括通过专家讲座、研读论文和案例的理论学习；通过亲身体验和应用所学的理论知识和技能的实践跟进；通过分析和探讨工作中的案例和问题，研究和讨论相关的管理策略和教学方法的案例研究；通过定期举行经验分享会，共同讨论和解决教育管理及教学改进中的问题。多种方式帮助教学校长和教研组长提升专业素养与能力。研修内容根据教学校长和教研组长的需求与兴趣，选择与他们工作内容密切相关的研修内容，包括教学方法、课程设计、评估方法、学科知识等方面；同时整合各类专业发展资源，如教学案例、教育研究报告、教学资源网站等，为教学校长和教研组长提供多样化的研修内容。

教研组长说

收获：研修中"成事"，反思中"成人"。教研组是"战斗的团队"。教研组长可以做"旅长"，行中思，思中悟，悟中行，梳理"成事"；还可以做"警长"，用敏锐的眼光抓准课题，找准切入点转化思维，跨学科、跨学段开展研修活动，落实实证，研修"成人"。

反思与改进：学校教研组长能否在做好自身专业学科素养发展的同时，提升教研活动设计与实施和团队建设的能力，关键在于做好"转化"和"协助"。转化——教研组长要把教育理念、课标理念、学校理念转化为教研组的实践方案，包括课堂教学、学科活动、学科实践等不同类型方案，最终促进学生素养发展。协助——教研组长要有针对性地协助不同专业发展阶段的教师得到发展，对处于不同专业发展阶段的教师进行专业引领和教学指导。

——海淀进校附属实验学校语文学科教研组长　齐艳

收获：加强了对教研组长角色及重要性的认识，更加关注教研组研修的系统性、持续性和组本教研的构建；对下一步的工作思路更加清晰。

反思与改进：要通过民主协商对本组研修主题达成共识；依据教师的最近发展区，找准切入口，发现实际问题并解决问题；围绕组本系列课程的构建进行实践改进，筛选资源，积累经验，不断探索，持续推动。在以后的工作中，我们要加强教研组的文化建设和机制建设，加强自我的修炼和提升，追求思维方式的融通性以及整体渗透性，在实践反思梳理的过程中，成人成己。

——海淀区教师进修附属实验香山分校语文学科教研组长　张波

收获：明确了研修的价值，转变了教学思维方式，由简单到复杂、由静态到动态、由封闭的转为跨学科跨学段的开放性研究的思维。

反思与改进：教研活动不能局限于直观的感受，要注重思辨性，丰富研修方式，明确研修目标，过程中贯穿体验性，要及时总结并传承研修经验，提升自己的带头研究的能力、指导同伴的能力、培养新教师的能力、管理团队的能力等。作为教研组的首席教师，我更要提升研究方面的素养，尤其下一步在组本课程方面，要做深入研究。

——海淀进校附属玉渊潭中学艺术学科教研组长　王倩

体悟：通过系列培训，我了解了校本研修的工作方向、方法和内容，在反思中实践，在实践中改进。首先要结合学校发展、学生发展的需求确定研修主题，注重研修的系统性和传承性。从研修前、研修中、研修后三个维度来制定具体的研修方案，让教师带着问题、带着目的走进研修活动。其次要注重资源的整合。整合专家资源、教研组骨干教师资源，借助于教育集团的引领以及市、区的教研活动的引领，建设校本研修资源库。最后教研组长要具有较高的学科素养、扎实的专业能力、有前瞻性的理论知识，才能带领自己的团队发展；要具有高站位，能把握团队的发展方向，做好团队建设，让不同发展阶段的教师在自己原有的基础上获得不同程度的提升；要具有较强的统筹协调能力，能够在教研活动组织实施过程中统筹协调各个方面；要能够发现问题，带领团队研究问题、解决问题。

——海淀进校附属实验小学语文学科教研组长　杜春焕

3

特殊时期的教研担当

每一次课程改革的深化、每一次遭遇的突发情况、每一轮技术的革命性进步，都给校长和教师的工作及心理带来巨大的挑战。教研要以超前的眼光准确识变、以担当的精神主动应变、以科学的态度创新求变，才是最长久的相伴成长。

2021年，义务教育阶段全面落实"双减"。如何在"双减"背景下促进学校办学提质增效，对教研工作提出了新要求。当前，教育数字化转型持续推进，海淀区成为教育部第二批人工智能助推教师队伍建设的试点区。如何通过教学与教研新模式的探索促进学校与教师实现集群发展，是教研工作亟待研究的新课题。

面对特殊时期的一系列新挑战、新要求、新课题，海淀进校迅速反应、超前准备，通过大量的研究与实践探索，以专业的教研工作积极回应学校、校长与教师的发展诉求，充分体现了新时代教研机构应有的责任与担当。

一、紧急攻关项目赋能线上教学

海淀进校教育集团的紧急攻关项目是在特殊时期应急而生的集团教科研一体化解决问题的举措。2020年年初，春季学期开学，教学从线下全面转为线上，全体师生开始了居家的线上学习。线上教学使得家庭变成了特殊的课堂，学校教育和家庭教育、面授教学和线上教学的界限被瞬间打破。从硬件到软件，从管理到教学，一切都那么猝不及防。绝大多数教师从来没有线上连续教学的经历，学校没有线上教学管理的经验，对线上教学的认识和理解不足，缺乏有效的教学手段、有针对性的学习资源和相匹配的技术平台支持，教学设计与实施从线下搬到线上，教师对学生学习状态难以监控，学生的学习效果大打折扣，一系列的困难摆在眼前。面对线上教学中暴露出的技术缺乏、资源不足、经验失效、组织不力、生活焦虑等诸多问题，不少教师、学生和家长都感到手足无措。为了帮助教师正确理解线上教学，利用网络技术的优势为学生居家学习提供更好的课程选择和学习资源，更好地指导学生自主学习，有效评价学生的学习效果，提升教师线上教学的能力，帮助教师用好市、区提供的"空中课堂"等学习资源和平台，集团各学校共同探索，创新集团联合教研和校本教研的机制与模式，为教师成长提供专业支持和服务。

为应对突然的挑战，回应教师对线上教学与教研的迫切需要，探索高质量线上教学策略与方法，集团迅速启动紧急攻关项目，进行群体攻坚、专题突破，建立起集团课题研究机制、交流分享机制、成果共建共享机制。这种有组织的科研，让教师基于线上教学实践，发现问题、研究问题、解决问题，让教师不孤单，让教师更有信心面对挑战。

(一) 15 项课题紧急立项

2020 年 3 月，集团首先对各成员校线上学习情况展开调研，了解集团成员校在线上教学平台使用、课程资源利用、学生学习、教师教学、家长反馈等方面的困难和需求。基于学校和教师的真实需求，集团将项目研究领域确立为线上教学/教研的设计与实施、线上教学/教研资源的开发与应用、学生自主学习能力培养等方面，立足线上教学与教研实际问题的解决，面向集团全体教师，经过个人自主申报、专题研讨、专家论证，成功立项了 15 项紧急攻关项目课题(表 4-1)。

表 4-1 成功立项的紧急攻关项目课题

序号	负责人	课题名称	学校
1	罗 滨	中小学线上教学设计与实施研究	海淀进校
2	李 峰	幼儿园新任教师师德培训中网络研修工作坊设计与实施研究	海淀进校
3	牛玉玺	整本书阅读教师线上研修课程的研发与实施	海淀进校
4	马 萍	促进中学生深度参与的线上教学设计与实施研究	海淀进校

续表

序号	负责人	课题名称	学校
5	胡永恒	基于需求导向的中小学体育教师混合式研修课程的设计与开发	海淀进校
6	柳忠烈	中学生物学网络研修资源建设与教学改进的实践研究——以海淀进校教育集团为例	海淀进校
7	董捷迎	"互联网＋"混合式学习模式在中职研修"5＋M＋N"课程中的应用	海淀进校
8	张　晓	教师线上研修模式与策略研究	海淀进校
9	周信达	基于美育共同体的教师网络研修模式的研究	海淀进校
10	张乃新	基于线上学习的项目式学习课程实施的实践研究	海淀进校
11	陈可新	基于学生体验的线上历史作业设计研究	海淀进校附属实验学校
12	汪　溪	线上教学模式下促进学生深度学习的高中语文阅读策略研究	海淀进校附属实验学校
13	王小明	创设情境问题提高中学生线上学习有效性的行动研究	海淀进校附属地质中学
14	牟　丹	基于主题的自主学习模式在高中化学课程中的实施研究	海淀进校附属实验学校
15	谢鸿玲	基于线上学习的小学生自主学习能力培养策略研究	海淀进校附属实验小学

集团严格按照科研流程召开课题开题会，为课题负责人及参与教师给予精准指导，对于如何快速、高效地推进课题实施，如何解决现实问题，聘请专家指导，为各课题组教师给出了具体、有针对性的建议。比如，厘

清核心概念，明确问题突破点，并对核心概念进行清晰的定义；明确研究重点，紧密围绕研究主题，聚焦研究目标和关键内容；细化研究分工，合理安排研究进度和分工，以团队协同的方式高效推进研究；整合研究成果，围绕研究主题，规划清晰、可及的研究成果；等等。

(二)集团进行跟进支持与指导

各项课题组按照研究计划，在每天真实的线上教学与教研实践中，稳步开展线上教学与教研研究。为保证课题研究实效，我们组织了系列的阶段交流会，对课题进行整体指导，针对个别教师和问题，开展了个性化指导，并就研究过程中需要关注的问题，聘请专家重点指导，特殊时期的集团科研呈现出有组织、有支持、有转化的特点。

特别关注研究内容的前沿性和创新性。一是紧抓关键问题，在问题中梳理研究目标、明晰研究问题，围绕研究目标和问题开展后续研究，总结和提炼研究成果。二是紧扣核心要素，尤为关注一个好的教学/教师研修/作业表现出来的基本流程和核心要素，重点聚焦于"与学生学习相适应的融合式教学与教研关键要素""与融合式教学常态相匹配的作业和评价基本思路"等，同时探索目标导向评价方式、评价结果的应用等。三是善用已有成果，借鉴国内外成熟的研究成果、研究框架，在实践应用中对成果进行转化和再次开发。

特别关注研究方法的科学性和规范性。一是问卷的设计。问卷的设计要科学规范，契合研究主题和研究目标；问卷分析要有结果性产出，并反馈到下一阶段的研究中；进行前后测；等等。二是模式的构建。从基于经验的策略提炼到模式的构建，建议采用设计性研究（design-based research）的研究范式进一步提炼融合式教学与教研模式，在设计、实施、评价、再设计、再实施、再评价的反复迭代中，不断优化设计框架和流程，以此提炼、建构兼具理论高度和实践深度的教学与教研模式。

特别关注实践型研究成果的及时应用。一是成果落地。关注一些"小而美""能落地"的探索，一以贯之地聚焦、落实研究主题，把阶段性成果做深、做实。二是成果形成。着重梳理前期阶段性研究成果，总结提炼出更具有普遍适用价值和推广意义的模式、策略、方法和原则等。三是成果应用。小规模地将阶段性研究成果应用于课堂中，在教学反馈中进行迭代，不断完善。

(三)研究过程和成果助力集团线上教学

紧急攻关项目的15项课题及时回应真问题，在日常教学和教研实践中，对标研究目标，开拓研究思路，深钻研究内容，创新研究方法，扎扎实实地经历了课题立项、开题、项目实施、中期交流、阶段成果交流、结题论证全流程，产出了多元丰富、卓有成效的研究成果；快速回应并解决了特殊时期的教育教学重难点问题，也为未来线上与线下融合式教学及教研做出了开拓性的探索。

从茫然到从容，紧急攻关项目为线上教学提供了重要支持。突然的线上教学让教师感到茫然，集团及时提供了技术支持、教学资源和教研等方面的帮助。在专家的指导下，教师边思考、边研究、边实践、边改进，及时解决线上教学的重难点问题。集团成员校的线上教学总体运行平稳，有序进行，教师线上教学能力得到明显提高，教师从线上教学初期时的茫然到逐渐从容，对一些问题的处理也游刃有余，这些也帮助教师建立了线上教学的自信。

从零散到系统，积累了一批混合式教学与教研的宝贵资源。15个课题项目立体式推进，系统地梳理出了一些优秀经验和案例，摸索出多条贴合实践需求的可行路线，并开发出了兼具突破性意义和创新性实践的技术工具、手段和方法，形成了一系列包括实践模型、教学策略、优秀课例、研修课程、研究论文等丰富的理论和实践成果。项目成果在实践中推动成果的迭代升级，研究成果快速转化为助推学校教育教学改革的驱动力，也进一步提升了教师自身的科研素养，高水平助力集团学生素养提升。

二、"双减"背景下服务学校高质量发展

2021年，恰逢"两个一百年"奋斗目标历史交汇之时，中共中央办公厅、国务院办公厅印发《关于进一步减轻义务教育阶段学生作业负担和校外培训负担的意见》，基础教育进入新的发展阶段，"高质量发展"和"双减"成为基础教育领域的两个关键词。从字面来看，一方面要"发展"，另一方面又要"减"，好像有点矛盾；从内涵来看，并不矛盾，"双减"与"高质量发展"实际上是手段与目的的关系。"双减"减的是负担，既有学生的负担，也有家长的负担，这些负担影响学生的健康成长，更影响国家的未来发展，所以要"减"。但是，"减"的目的是"增"，提高学生的学业质量，特别是身心健康素质、实践能力和社会责任感，也就是提高育人的质量。

这就需要我们教育工作者、教研人员回到学生成长本源上来思考问题。

(一) 要理解"双减"政策的内涵及意义

《关于进一步减轻义务教育阶段学生作业负担和校外培训负担的意见》明确阐述了"双减"的内涵："有效减轻义务教育阶段学生过重作业负担和校外培训负担"。同时，明确提出"坚持以习近平新时代中国特色社会主义思想为指导，全面贯彻党的教育方针，落实立德树人根本任务，着眼建设高质量教育体系，强化学校教育主阵地作用，深化校外培训机构治理，坚决防止侵害群众利益行为，构建教育良好生态，有效缓解家长焦虑情绪，促进学生全面发展、健康成长"。

可见，"双减"减的是学生过重的作业负担和校外培训负担，但其深意不仅仅是解决作业、校外培训、课后服务的问题。"双减"的核心要义是建设高质量教育体系，围绕家庭、学校、社会构建良好的教育生态，强化学校教育主阵地作用，全面提升学校教育教学质量，促进学生全面发展、健康成长。

(二) 要理解"双减"背景下高质量教育体系建设

高质量教育必须坚持立德树人，坚持素养导向下的育人观。立德树人是检验学校一切工作的根本标准，高质量教育要始终坚持全面贯彻落实党的教育方针，坚持"五育"并举，面向每个学生，激发潜能，发展学生核心素养，帮助学生树立正确的价值观，形成必备品格和关键能力，促进学生全面而有个性地发展。

高质量教育必须遵循教育规律，遵循学生身心成长的规律。只有遵循教育规律，遵循学生身心和谐发展和全面发展的规律，根据学生身心发展的特点，按照学生成长的循序性、阶段性和差异性，实施有针对性的教育，才能发挥教育应有的效能和作用，培养出国家和社会需要的优秀人才。

高质量教育需要有科学的育人方式、现代学校治理体系和科学的管理机制。学校需要根据高质量教育发展要求和"双减"政策要求，结合自身实际，从办学理念、育人目标、课程体系、教与学变革、评价方式、资源配置、教师队伍建设等多个角度发力，特别是注重过程性、发展性、增值性、激励性的评价方式创新，建立科学高效的学校治理体系、激励成长的管理制度、人文关怀的管理文化。这是现代学校制度建设的基本要求，也是高质量学校的必备条件。

此外，学生喜欢、家长满意、政府认同、社会欢迎，是高质量教育必备的显性条件，学校应以积极的心态主动探索高质量发展之路。

(三)要看见"双减"对学校教育的影响

"双减"政策对学校教育的影响是积极的、全方位的、深层次的，既是促进，也是挑战。学校落实"双减"政策，要把握好三点。首先要充分认识到"双减"的目的是提高育人质量，需要学校有顶层的思考，科学地设计，有组织地推动落实。其次要关注"双减"政策下学校、家庭、社会的协同育人，学生不再参加课外培训，作业量减少，在校时间变长，他们对学习的认识、学习态度、学习方式、学习体验会发生变化，家长同样也会在心理状态、教育方式、对学校教育的期待等方面发生相应的变化,考验的是学校能否提供更丰富、可选择的学习资源,能否提高校内的育人质量,能否协调高质量的社会资源服务于学生的个性化需求。最后要关注"双减"政策作为教育改革"组合拳"的一部分。学校特别是高中学校更要清楚"双减"政策、"双新"建设、"多样化特色发展"之间的内在关系,从而找准学校高质量发展的新的增长点。

综上,教研要看得见、看得懂、快速行动,为学校更高质量的教育、更高水平的管理提供更专业的教研支持。

(四)要服务"双减"背景下学校高质量发展

学校高质量发展是实现高质量教育的必由之路。对义务教育学校而言,落实好"双减",实现高质量发展,要在以下几个方面支持、强化学校教育的主阵地作用。一是观念要新。把建设高质量教育放在国家战略大局中思考,按照高质量教育的标准规划学校未来发展,《义务教育学校校长专业标准》就强调了校长对学校整体规划能力的要求。二是方向要准。树立正确的教育价值取向,为党育人,为国育才,培养德智体美劳全面发展的社会主义建设者和接班人是学校教育的根本任务。三是行动要快。面对新形势、新要求,学校需要迅速行动。义务教育阶段学校要做好减轻学生过重作业负担、提高课后服务水平的工作,要将"双减"要求与学校原有课程、教学、管理和资源等有机整合优化,为学校未来发展提供不竭动力。高中学校不能单纯地认为"双减"政策只是义务教育阶段学校的工作,而是要未雨绸缪,超前研究,抓住高中育人方式变革的新契机,找准学校未来发展的定位和目标，夯实基础，突出办学特色。四是路径要清。为学生人生奠基，聚焦改革的关键点，通过设立专项、合作研究等方式，破解难题，提升育人质量。五是措施要实。重构学校治理体系，自觉地将原有工作与新政策结合、眼前工作与长远发展结合、课堂教学与课后服务结合、校内教育与家庭教育结合，自觉地将学校发展战略、发展路径和具体的工作策略、方法有机结合，深研细耕，苦练内功，从而不断向高质量教育迈进。

新时代呼唤高质量的教育。实现中华民族伟大复兴，需要源源不断地培养出更多的高素质人才。教育是国之大计、党之大计，教育事业使命光荣、责任重大，需要我们协力聚智，彼此赋能，为学校高质量发展不懈努力。

三、一体化联研让好课更多

我们先来看一个小学三年级语文"赵州桥"教学与教研的案例。

两位来自不同学校的教师组成"双师"共同体，一起备课，共同授课。杜老师来自海淀进校附属实验小学，是北京市级学科带头人；刘老师来自海淀进校附属第三实验小学，是刚刚工作几年的青年教师。两所学校分别位于海淀区的最西边和最东边，距离较远，不方便开展每周常态化面对面一起备课。2022年4月，两位教师结对后，确定了主讲和协作的"双师模式"，半个月中进行了四次联合教研备课，两所学校的语文教师和海淀进校的语文学科教研员参加。第一次是研讨确定学习目标、学习环节；第二次是聚焦如何设计学习任务、如何实施、如何借助于技术应用搭建平台；第三次是现场改课，一位教师说教学设计，其他教师一起讨论提出修改建议，在线上开展讨论优化任务的组织和实施；第四次是正式上课和基于大家反馈数据进行研讨。

这节课，杜老师主讲，通过线上互动，两校师生打破空间限制，就像在同一间教室里一样，互动交流、展示分享。杜老师在课堂授课、任务布置、活动组织、指导示范方面发挥主导作用，刘老师及时地组织、引导、提示和个性化辅导本班学生学习。两位教师协同教学，配合默契，教师间的互动也感染、带动着学生之间的互动，学生们积极投入学习，认真倾听彼此，主动表达观点，热切地研讨交流。这节课同时在线上直播。

下课后，大家就此教学案例展开讨论，同时线上采集数据，大家共同评课，10分钟之内收集了1 510人的评课数据，现场立刻通过数据梳理、分析，进一步反思研讨、优化教学。

这样的教研，由于有技术的支持，和以往不一样的地方有四个：一是好课共享，让更多的学生有更多的机会听到名师的好课；二是形成校际教研共同体，可以远距离进行常态化教研，集体备课、互相听课、反思改进的效率更高，助力集团教师集群成长；三是稳定的教师协作伙伴，让青年教师成长更快；四是线上共同评课，可以立即采集大量教师的评价，帮助教师在课后反思时打开更多的视角。

在随后一年的时间里，海淀进校教育集团开展了七年级英语、七年级语文、九年级数学、小初高思政、八年级生物、小学语文、八年级语文、九年级道法、小学体育9个系列、33场学科内和跨学科主题联研活动，覆盖了集团内8所学校，300余位教师深度参与。海淀进校附属实验学校初中数学教研组组长金成豪老师参加了数学学科的联研后说："我们学校19位老师参加此次活动，感触非常深刻，未来，我们也要将一体化联研模式、工具迁移应用到我校南北校区的日常教研中，老师们不用跑来跑去也能参加主题式研讨了……"

一体化联研是海淀进校为解决集团"普通校多、距离远、名师数量少、师资差异大、优质课程缺"等现实问题而创生的以课例为载体跨校跨地区教研新样态。它是以集团集体教研有效补充集团学校校本教研力量的薄弱，促进普通学校教师集群成长和教研提质实施的教学与教研改革项目。

一体化联研的内涵是聚焦教育教学关键问题，以课例为载体，组织跨地区、跨校区的教师、教研员、科研人员、技术团队形成研究实践共同体，集体研讨、反思并改进教学，借助于技术手段，促进学校、学生、资源、工具、学习方式等多主体联合，共建、共享优质资源，最终促进教师集体成长。关键要素是联研方案、联研团队、联研场景和联研工具，具有带头人、共同体、伴随性、常态化、输出型五大特点，包括学校联合、教师联合、学生联合、资源联合、工具联合、技术工具与课堂学习活动的创新联合等形式，只有"六个联合"得到保障才能让一体化联研真正有实效。实施教研，好教师是前提，好课是关键，好技术是支撑，好团队是保障。

一体化联研是海淀"大教研"范式的一种样态，也是对学生学习方式变革的探索，是对研究型、输出型教师研修方式的探索。一体化联研依托教研员的专业指导，利用可深度互动的技术平台，有稳定的双师伙伴，有明确的主题，有清晰的四环节层层递进。综合运用协同编辑文档、问卷星、电子白板等智慧工具，实现线上分组学习、同屏书写、数据分析等功能，有效打破时空壁垒，实现优质资源共享和教师集群成长。

这种基于人工智能的一体化联合教研模式，通过建立常态化的跨校联合教研，多端组建校际共同体，聚焦教育教学难点形成主题，以人工智能技术支持，整合技术与资源，真正意义上实现"好课共享"。教研助力扩优提质，让更多学校和学生获得优质资源。优质资源的重新配置，也极大地提升了课堂效率，达到了促进教育优质均衡发展的目的。

海淀进校教育集团的一体化联研成果在2023年2月的世界数字教育大会上，被选作展示案例，同时也获得了教育部2023年度智慧教育优秀案例、《中国教师培训发展报告（2023）》优秀案例、北京市数字教育成果等多项荣誉。

教师说

集团开展的一体化联研活动极大地解决了我们在以往教研活动中受到的时间、场地、对象、手段的束缚，实现跨地区、跨校区、跨学段、跨学科的高效交流。本次活动历时20天，经历了10余次的专家线上线下指导，5次三校联研，4次试讲，最后呈现出一节双师课堂。多轮次线上与线下相结合的研讨，集团两所小学的全体三年级语文教师全程参与。通过线上和线下交流的形式，在林校长、李校长、牛主任等教学专家和技术专家的引领下，我们集思广益，一步步地研讨单元学习主题，确定课时学习目标，研讨学习环节和任务。此外，我们也观摩、点评了3次试讲课，经历了现场改课的全过程。通过近三周的联合教研，我们把一节不成熟的课，逐渐打磨成一节精彩的"双师课"。我们不仅知道了一节"好课"背后的秘密，也学习了"好课"诞生的路径和方法。一体化联研活动拓宽了我们的教学研究视野，完善了集团内学校间的沟通，组建了网络教研共同体，打造了空中教研新模式，我也在活动中收获了很多。

——海淀进校附属实验小学教师　杜春焕

非常荣幸参加了集团举办的一体化联研活动。回顾这次经历，从领导引领、多校联研、与专家名师一同磨课，再到最后呈现了一节"双师课"，收获颇丰，感受良多。技术助力教学，这种新形式教研与教学方式给我带来了很大的挑战。我作为双师课堂的辅讲教师，在课堂上的身份发生了改变，虽然我站的位置和以前并无太大差别，但接收到的信息和以前完全不同。我不再是课堂任务的主要发起者，这就需要我的关注点更加客观，冷静地捕捉每个学生的表现，预判他们可能遇到的问题，更有针对性地提示、建议和辅导。在一体化联研过程中，集团教研员给予了细心的指导，在参与一体化联研的学校教研组的群策群力下，我深受启发，针对教学过程中需要进行的远程互动、课程内容以及配合的节点进行详细打磨。例如，加入课前合作背古诗环节，改变互动方式，更多地关注课堂生成、改进小导游展示环节等，多形式研读来增强学生对文本的深入学习和思考，进而让学生有充足的时间消化教学重点；同时增加了趣味性，让学生动起来，教师提供有效指导，提供足够的讨论时间，在轻松的氛围里通过小组对话、展示评价等形式输出本节课语言点，两个班级的学生在学习过程中有更多思维火花的碰撞，课堂取得了非常好的效果。我也明白了辅讲教师不仅是主讲教师和学生之间的纽带，还是学生们学习过程中的良师益友，要深入课堂场景，建立情感联系，当面辅导督学，有针对性地解决学生学习过程中遇到的问题，及时反馈给主讲教师，最大限度地帮助学生、解答学生的疑惑，起到二次强化教学的作用，完善学生整个学习过程和体验。

——海淀进校附属第三实验小学教师　刘彩昭

第五章

与局长相伴,为地区教育发展服务

教研是一个地区教育高质量发展的密码,在服务行政决策、提供问题预警、解决课改难题上发挥重要的支撑和引领作用。

第五章　与局长相伴，为地区教育发展服务

每个地区的教育局局长，都肩负着当地教育发展的重大责任，要不断提高教育质量，办人民满意的教育。教研要与局长相伴，在服务行政决策、提供问题预警、解决课改难题等方面促进当地教育高质量发展。

我在刚任海淀进校校长的时候，便兼任海淀区教委主任助理，参加两委班子的"碰头会"和教委主任办公会。时任海淀区教委主任孙鹏嘱咐我多听、多思考，要主动站在全区教育发展的角度上创造性地做好本职工作。在教委办公会或专题会上，他会就相关议题征询我的意见、想法。后来，我兼任海淀区教委副主任，分管中学教育、德育、美育与校外教育等科室，还包括内高班、寄读学校和妇女儿童等工作，从教研的专业角度为地区教育发展出谋划策也成为常态，行政管理和专业支撑自然地融在一起。再后来，因身体原因我辞去海淀区教委副主任的职务，教委仍让我以教委主任助理的身份继续工作。可以说，行政与教研紧密协作是海淀教育高质量发展的密码之一。

一直以来，北京市海淀区教师进修学校从未更名，一代代进修人默默耕耘，传承着"责任与担当、拼搏与奉献、团队与研究、海纳百川、协同创新"的进修精神。在新发展阶段，"十二五""十三五""十四五"时期，我们都努力超前思考，与行政部门紧密协作，通过一起研制区域课程教学改革文件、研发教育质量标准与工具、深入一线学校开展教育指导，专业参与区域教育改革发展规划、政策研究及制定，提供预警提醒、开展难题攻坚等工作，用专业和敬业服务区域教育发展，有力地回应课程改革的要求、学校和教师发展的需求，为提高区域教育决策科学化水平、促进地区教育高质量发展提供重要支撑。

1

以优秀教研成果赋能区域育人质量提升

一代又一代的进修人砥砺奋进,以教师学习供给侧结构性改革为主线,升级教研职能、丰富教研内容、变革教研方式、创新教研机制,在长期的实践积累和探索积淀下形成了丰富的教研成果。如何让成果进一步转化应用,成为助推区域教育教学优质均衡发展的动力?我们按照"标准导向、工具赋能"的区域教学提质思路,以及"成果示范、协同提质"的区域教育帮扶原则,将海淀教研成果逐步转化应用。

一、将教研成果转化为教育行政服务

以"成果—文件—规范—创新"的思路,积极推进教研成果的转化,构建教研新机制,规范学校教学管理,引领教学创新。近年,相关教研成果陆续转化为 5 个区政府和区教委教学与教研改革文件，更好地将课程改革要求落细落实，对提升区域教育品质发挥了巨大作用。

(一)牵头研制海淀区《关于进一步推进教研工作的指导意见》

区级教研和校本教研是我国五级教研体系中与一线教师最近的两级教研。然而，长期以来，很多学校校本教研缺乏整体设计，教学研讨难以深入，很多地方缺少区级教研对校本教研的指导，缺少区校教研联动，造成校本教研质量不高、效果欠佳。为解决海淀区教师课堂教学面临的现实问题，更好地发挥教研系统在深入推进基础教育课程改革、提高教师专业发展水平、提升海淀教育质量等方面的作用，更好地提升整区校本教研质量，海淀进校顺应改革需求，主动打破传统的区域集中教研模式，经过多年的探索与实践，创新教研机制，形成了团队研修、案例研究、专题论坛、项目推动、经验分享、成果推广的区级教研，构建了具有海淀特色的"三级联动深度教研"模式，区域教研、联片教研、校本教研整体设计、联动实施，优势互补。在实践中，这一模式不断优化，促进教师实现从理念到教学行为的转变，满足并引领了学校、教师、学生的需求，在保证教学质量、育人质量等方面发挥了重要作用。

为了加强与改进海淀区三级教研工作，进一步明确三级教研工作的理念、定位和主要内容，厘清三级教研的关系，理顺三级教研工作机制，海淀区教委决定由海淀进校牵头，联合相关科室研制海淀区《关于进一步推进教研工作的指导意见》。

该文件的研制工作自 2017 年 10 月份启动，历经四个阶段。第一个阶段是调查研究。我和支瑶、姚守梅、申军红等教研、培训团队的十几位老师，通过学习历届全国教研工作会议资料，了解国家对教研工作的要求，明确方向；通过查阅部分省市出台的教研工作指导意见，了解各省市加强与改进教研工作的思路，借鉴做法；通过召开学区教学干部座谈会、部分中小学校教学干部座谈会，了解学区教研、校本教研的情况及一线教师对教研的需求，明确重点；通过对全国教育科学"十三五"规划教育部重点课题"基于核心素养发展的区域教研转型实践研究"成果的梳理，明确新时期教研转型的理念、内容、方式等。第二个阶段是撰写文稿。依据《中共中央 国务院关于全面深化新时代教师队伍建设改革的意见》《教育部关于全面深化课程改革落实立德树人根本任务的意见》《海淀区"十三五"时期教育改革和发展规划》等文件起草初稿，组织由主管副校长、主管主任和部分学科组长参与的内部研讨，不断完善，形成征求意见稿。第三个阶段是征求意见。召开了2次专家咨询会、2次学区征求意见会、1次部分中小学教学干部征求意见会，在各方意见的基础上进行修改。第四个阶段是专题研讨。2018年3月，我又组织召开了3次专题会，深入、逐条讨论，再次修改完善了该文件。

该文件共包括指导思想、基本原则、主要内容和保障措施四大部分。指导思想明确了海淀区进一步深入推进与改进三级教研的政策依据和工作方向。基本原则从"师生为本、质量优先""问题导向、实践改进""实证研究、精准指导""统筹规划、协同创新"四个方面提出了应依据的原则。主要内容既从整体上明确了三级教研工作改进的重点，也分别明确了区域教研、联片教研、校本教研工作的定位、重点内容和要求。保障措施则从加强教研机构建设、健全教研工作机制、加强教研队伍建设、加强经费保障、加强成果宣传五个方面提供了支撑。

2018年4月，经主任办公会审议通过、教委印发文件后，海淀进校在全区中小学教学干部会上解读该文件，开展教学干部培训，建立教研例会、研讨、经验分享等机制。该份文件的印发，全面推进了海淀教研工作体系的转型升级，对全区教育教学质量提升发挥了重要作用。

(二)牵头研制《海淀区中小学课堂教学指导意见》

学生的成长是一个浸润、渐进的过程。学生需要在每一个学科、每一节课上、每一个学习活动当中去体验、去感悟、去成长。课程改革就要在主战场上打攻坚战，要真正地转变育人观念，改进教与学的方式，提高学生课堂学习效率。

为实现高水平优质均衡发展的目标，持续稳步提高海淀区教学质量，进一步提高教学设计与实施的规范性和系统性，精准分析学生的发展需求，增强教学实施的体验性、互动性和生成性，实现"教—学—评"的一致性，海淀区教委决定由海淀进校牵头，联合相关科室研制《海淀区中小学课堂教学指导意见》，与教研文件一起研制，一起印发。

《海淀区中小学课堂教学指导意见》的研制工作自2017年10月份启动，历经四个阶段。第一个阶段是调查研究。通过学习课程改革和考试改革的文件，理解学科核心素养的内涵和学业标准，明晰了该文件研制和教学改进的方向；通过文献梳理，了解部分省市教学指导意见，并结合海淀区的实际，明确了重点内容；通过对8 156节课的课堂调研数据分析、113

位学科组长课程教学能力专项调研、7 004位教师课程教学能力调研、海淀区"风采杯"468节课的课例分析，聚焦了课堂教学关键问题。第二个阶段是文本研制。依据《教育部关于全面深化课程改革落实立德树人根本任务的意见》《海淀区"十三五"时期教育改革和发展规划》、国家课程方案、学科课程标准和教育部基础教育课程教材发展中心"深度学习"教学改进项目的成果等，从教学设计框架草拟、课堂评价指标研制等开始，起草了该文件初稿，组织了11次学科教研室主任和骨干教师研讨会，形成征求意见稿。第三个阶段是征求意见与试用。召开了3次专家咨询会、2次中小学教学干部征求意见会，还在"深度学习"教学改进项目、北部农村教师研修等专项中组织了10个学科进行试用，不断调整指标与框架。第四个阶段是专题研讨与文字打磨。2018年2—3月，我组织召开了3次专题会，进一步修改完善该文件。

该文件共包括基本理念、实施原则、重点内容和保障落实四大部分，明确了"坚持立德树人、坚持素养导向、坚持实践改进"三大理念，提出了"依据课程标准、遵循学习规律、把握学科本质、实现深度学习"四大实施原则。重点内容进一步明确了指向核心素养发展的基本理念，在"做好单元整体设计""有效实施课堂教学""发挥评价育人功能"三个方面提出明确要求，在课堂教学中落实学科课程育人价值，持续促进学生核心素养发展。从加强专业指导、加强学科建设、健全激励机制、加强宣传学习四个方面进行保障落实，对教委业务相关科室、区级教研、学校、学科组长、教师几个层面提出了具体要求。同时研制了"海淀区学科教学设计模板"，为全区教师规范开展单元教学设计提供了极为重要的工具支架。

2018年4月，经主任办公会审议通过后，将该文件印发给全区教育系统各单位。海淀进校在全区中小学教学干部会上解读该文件，各学科教研室主任在中小学各学科教研组长、备课组长会上就教学设计模板的使用进行解读和指导，在日常教学应用中，各学科教研组长在研究课和教学展示中指导教师使用，并在这个过程中不断优化。可以说，该文件为进一步提高各学科教学设计的规范性和系统性，增强课堂教学的体验性、互动性和生成性，实现"教—学—评"的一致性，提升学科育人品质，发挥了重要作用。

(三)牵头研制《海淀区关于新时代深化中小学教育教学改革的实施意见》

2019年，海淀区召开了教育大会。结合"提升教育现代化水平，建设教育强区"的大会主题，区委区政府出台了事关海淀教育未来发展定位、发展路径、发展战略的《海淀区提升教育现代化水平建设教育强区行动计划(2019—2022年)》主文件和涉及加强教师队伍建设、推进中小学集团化办学、提高教育教学水平、推进"五育并举"人才培养模式改革、启动智慧教育2.0行动计划等内容的5个配套文件，形成了目标清晰、措施可行、内容呼应、互为支撑的文件体系。其中，指向提高教育教学水平的《海淀区关于新时代深化中小学教育教学改革的实施意见》就是海淀进校牵头研制的。

为落实《中共中央 国务院关于深化教育教学改革全面提高义务教育质量的意见》《国务院办公厅关于新时代推进普通高中育人方式改革的指导

相伴成长

意见》，深化中小学教育教学改革，办具有世界水平、中国特色、首都特点、海淀品质的优质教育，启动研制《海淀区关于新时代深化中小学教育教学改革的实施意见》。

接受任务后，通过研读政策文件、查阅相关文献、理解海淀教育发展定位、明晰要解决的教育教学问题，我们梳理总结了"十二五"以来的相关课题与项目研究的系列教研成果，结合海淀区教育实际，立足当下看未来，开展研制工作。将海淀教研转型以来，在课程指导、教学研究、质量评价、资源建设和教师发展等方面的研究与实践成果转化成可操作、可实践的文件要求，全方位指导学校教育教学提质。例如，全学科《海淀区义务教育学业标准与教学指导》聚焦于"如何描述学业标准""如何确定学业标准的水平""如何确定教学关键问题""如何应用学业标准"等重难点问题，构建出1~9年级各学科、各年级学业标准，提炼出各学科教学关键问题，并给出问题解决策略以及教学改进的典型案例，帮助一线教师深入理解和准确把握课程标准，开展基于标准的教学。又如，我们实施的"深度学习"教学改进项目，聚焦于学生核心素养发展，深研学科育人价值，探索单元教学的基本流程及实践模型，逐步形成区级层面的项目实践模式及工作机制。这些宝贵的经验与成果均转化为行政文件中的重要内容，对全学段、全学科做出指导和要求。

该文件从提高课程建设质量、深化教与学方式的变革、健全质量评价监测体系、促进教师全专业发展、全面提升教研能力、加强教学组织管理六个方面明确了改革方向和要求，并提出了具体实施建议，为全面提升中小学教育教学质量，发挥了极其重要的作用。

该文件经过海淀区委教育工委、区教委组织的多次研讨、征求意见，经过区委区政府的相关会议后印发，在新时代深化中小学教育教学改革方面走在了全国的前列，在海淀教育优质再发展的进程中，持续发挥重要作用。

（四）牵头研制《海淀区义务教育阶段学科作业设计与实施指导意见》

2021年3月24日，北京市教委召开视频工作会，布置了"双减"工作。会后，我们中学教研室和小学教研室立即行动，在2016年暑期以来开展系列作业和试题命制研究的基础上，进一步深化作业研究。

"双减"减的是学生的作业负担和家长的经济负担，"减"的目的是"增"，提高学生的学业质量，特别是身心健康素质、实践能力和社会责任感。这需要我们教育工作者回到学生成长本源上来思考教育问题。其中，"双减"对作业的质量要求提高，作业成了教师们熟悉的陌生朋友。复习巩固类、拓展延伸类、综合实践类的作业如何设计？特别是如何设计综合实践类的长周期作业？如何进行过程的指导？如何提高各学科教师作业设计与实施能力？

这些问题需要行政、教研部门以及学校形成合力，协同解决。

我们基于学科作业现状和存在的问题，以及多年的研究与实践成果，研制了《海淀区义务教育阶段学科作业设计与实施指导意见》。该文件从基于课程标准设计单元作业、基于学习目标精选作业内容、丰富作业类型提升作业实效、严控作业总量加强反馈指导、创新工作机制重视过程管理五方面做出明确要求，并给出具体实施建议。我们还专门设计了"海淀区义务教育学科作业设计模板"及其说明，连同文件一起征求意见、修改完善，经过主任办公会审议后，一起印发。

该文件印发后，通过面向学校干部的文件解读、面向学科教师的教研课程实施，和提供给教师使用的"海淀区义务教育学科作业设计模板"形成合力，大大提高了教师设计、布置、批改、反馈和指导作业的能力。此外，我们还重点建立三级作业研究联动机制，分学段探索分层、弹性和个性化作业的设计、布置与反馈路径与方法，构建了区校协同、多方聚力、持续优化、资源共享的作业提质保障机制，探索出了标准引领、系统设计、课题研究与项目试点相结合的海淀作业提质行动新模式。

(五)牵头研制《关于加强中小学学校考试管理的实施意见》

考试是学校教育教学工作的重要组成部分。从考试的功能来看，一种是甄别选择，如升学考试；另一种是诊断改进，包括诊断学情教情、指导教学改进、优化学生学习、促进教学管理提升等，这是学校考试与升学考试的根本区别。但是，部分学校、教师由于对考试定位、功能的错误理解，出现了一些问题。比如，考试次数频繁、考试名目多样、以考代教，也有的存在试题质量不够高，过度关注考试分数，甚至将其作为评价教师工作、学生学业水平的唯一依据。这些做法，严重影响学校正常的教育教学秩序，更影响学生的健康成长。

2021年8月，教育部办公厅印发了《教育部办公厅关于加强义务教育学校考试管理的通知》。为落实文件要求，更好地规范海淀区中小学考试管理，促进学生全面健康地成长，推动海淀教育更高水平、更高质量、更富有活力、更具特色地发展，根据区教委任务，海淀进校基于多年教学与教研成果，坚持素养发展导向、坚持解决问题导向、坚持教学实践导向，研制了海淀区《关于加强中小学学校考试管理的实施意见》。在该文件中，我们首先明确了学校考试的功能定位，进一步强调义务教育阶段除初中学业水平考试外，其他考试不具有甄别、选拔功能，让学校管理层、教师、学生和家长达成共识。其次，对学校考试安排、频次、组织实施等相关考试管理工作也做出明确、具体的要求和建议。最后，强调提升试题命制质量、学校考试管理质量，教研团队就学校命题工作的重点与难点提出具体指导。经过相应的程序，印发了文件。该文件帮助学校明确考试命题管理的基本规范，提升校长和教学干部的顶层设计、规划与实施能力，提升学校管理品质，在实现考试结果反馈育人、学习过程评价育人、学业质量监测育人等方面发挥巨大作用。

二、以教学管理提质赋能区域育人质量提升

校内教学提质的关键是教学管理提质，包括课程提质、教学提质、作业提质、课后服务提质、管理提质、家庭教育提质六个方面。

一是课程提质。课程是党和国家意志的集中体现，是学校教育教学活动的基本依据，在学生发展各环节中发挥着重要的统领作用。学校课程提质的核心是要提升学校的课程规划与实施能力，这就要求学校必须深刻领会课程改革的内涵与基本要求，着眼提升学生的核心素养，有针对性地设计或合理优化学校课程方案，在提升课程供给上下功夫，即开齐开足国家

课程，开好开精校本课程，给学生提供规范保底，具有结构化、系统性、优质丰富可选择的课程，与育人目标保持高度的一致性。

二是教学提质。秉持"大教学观"，学科教师要从课程、教学、评价、资源方面，环环紧扣来进行教学。近些年，我们做了大量有关"单元教学设计与实施"的探索，注重四个"转变"——教师备课从"教"转向"学"，学生学习从"被动学"转向"主动学"，学习内容增加了"跨学科"的内容整合，教学组织从"课时"到"单元"，强调帮助教师整体规划单元课时，设计具有挑战性的学习任务，让学生经历完整的做事过程，获得丰富的经验，形成较为稳定的解决问题的思路和方法，从而实现有意义的学习。

三是作业提质。作业是单元教学设计当中的一部分，是学生学习的一部分。很多人过去不太重视作业，研究也少。做单元教学设计时，在作业那部分，经常出现重复训练题型，且存在数量多、难度大的情况。教师要在理解基础型、拓展型、综合实践型作业的功能的基础上，做好不同类型作业的结构性设计。要全面缩减作业的总量和时长，校长和教师就要重视作业设计的质量、作业布置的科学性，加强对学生完成作业特别是长周期作业的指导，丰富批改作业的形式，及时地反馈作业情况并进行个性化指导。

四是课后服务提质。提升学校课后服务水平，满足学生多样化发展需求。义务教育课后服务通常到下午5:30，如果家长和学生有特殊需求，教师还可以延长服务时间，体现出教师的高度责任感和奉献精神。学校可以结合课后服务的时间和每天的国家课程、校本课程，整体考虑，统筹安排，来满足学生的多样化、个性化需求。

五是管理提质。提高行政部门的管理、业务部门的专业指导、学校层面的教学管理水平。在学校教育教学管理方面,非常重要的是要有一支双专业发展的干部队伍。双专业包括学术专业、管理专业。这支队伍要善于激发,在引领教师教育改革的同时,给予专业的支持,能陪着干、一起干。

六是家庭教育提质。家庭教育重于学校教育。父母的观念和待人接物的方式,在不知不觉中会给孩子提供示范,直接影响孩子的世界观、人生观、价值观的形成。任课教师,特别是班主任,要具备指导家庭教育的素养,指导家长提升家庭教育的理念、水平,形成家校协同育人的良好局面。

做好校内教学提质的关键人物是校长。校长要整体谋篇布局,整体构建师生共同成长的生态系统。落实校内提质的核心力量是干部团队、教师团队,要以干部和教师能力建设为抓手,全面支撑起学生的学习和健康成长。

三、以"标准导向"赋能全区教学提质

为给学校的教学提质行动以硬支撑,我们逐步建立起"标准导向、工具赋能"的教学提质系统,即坚持素养立意,围绕"备课—授课—作业—命题—考试—改进"课堂教学提质的全链条,建立相应环节评估标准,用标准引领方向,用标准规范行为,用标准提高质量。从 2011 年到 2021 年,我们的教研团队研发了全学科《海淀区义务教育学业标准与教学指导》,持续探索并形成支持课堂教学的系统性、结构化的标准与工具,包括"海淀区学科教学设计模板""海淀区义务教育学科作业设计模板"2 个模板,以及

《海淀区中小学学校教学工作计划评价标准》《海淀区中小学课堂教学评价标准》《海淀区中学学科线上教学评估标准(1.0版)》《海淀区中小学学业质量测试试卷评价标准》4个专业标准。

在常态化、分学科系列研修的基础上,我们通过专业标准和模板赋能学校教学管理,帮助教师明晰标准引领下的教学设计与实施的优化路径,引领教师高质量育人。

2

以有组织的教研攻坚直面新挑战

教研岗位的使命和要求决定了教研人对教育的责任与担当。我们要更加坚守教育理想，用深厚的学养、饱览世界的眼光、攻坚克难的勇气和智慧，围绕关键领域与核心环节，进一步拓宽研究广度、增加研究深度、增强研究力度，提高指导和服务水平。

教研员要和教师一起迎接挑战，特别是面对突发情况时，教研员的专业赋能与陪伴更为重要。2020年，在北京市宣布延期开学的当天晚上，我迅速召集负责教研、培训业务工作的相关校务会成员召开微信会议，建立了特殊时期的快速响应机制和工作机制，成立了面向学生的课程教学资源研发组与面向教师的网络研修组。教研员团队为了保障学生、教师停课不停学，为了"量身打造"线上课程，倾注了心血，付出了智慧。高效研发数字资源，创新实施云教研、云培训、云科研，承担了教育部国家中小学网络云平台资源建设任务。正是我们迅速行动，以组织性、实效性攻坚克难，才让我们海淀的教师在困难和危机面前不退缩、不畏惧。

一、以学科教研基地建设为校本教研赋能

做教研工作遇到的最大困难是不知道如何帮助教师将国家课程标准从理念转变到课堂教学行为。通过区级教研，教师们理解、认同课改理念，学习了优秀的案例，但是到了自己的课堂上，还是有很多不如意的地方。例如，课堂问题多了，但是思维容量没有增加；活动多了，但是学生的实际获得不够。究其原因主要有两方面：一是教师的教学改进不是一蹴而就的，教师边实践边改进，需要时间；二是大多数学校实行年级组管理，没有设立教研组或者教研组的职能被大大弱化，造成校内学科教研缺位。基于必须在学校、在距离教师最近的地方解决这个问题，我们在全区开展了学科教研基地建设行动，在"十三五"期间，先后建设教研基地141个，其中中学106个，覆盖16个学科、25所学校，占海淀高中学校的42%，小学35个。学科教研基地建设有力促进了学科教学质量提升。

(一)什么是学科教研基地

学科教研基地是以学校学科教研组为主体，在教研员的指导下，由学科首席教师牵头、本校教师共同参与，以加强学校学科建设为目标，聚焦学科的课程规划、课堂教学、学业评价、资源研发和教师队伍建设中的关键问题开展研究与实践，解决校本难题，赋能教师成长，整体提升教研组

学科育人能力的校级教研共同体。它是区级教研的拓展和延伸，是打通区级教研到教师课堂"最后一公里"的通道，也是海淀教研转型的实践成果之一。

学科教研基地是支点，可撬动学校特色发展。每个学科教研基地在一定程度上反映了一所学校的办学优势和特色。学校特色发展的出发点是为了学生的健康成长，使学生身上具备学校本土基因。撬动学校特色、优质发展的支点是学科发展。学科承载着育人的使命，学科建设能够带动学校全要素改进、多样化发展。基地建设的意义在建设本身，学校以优质学科为抓手，通过自我定位的深度剖析，进一步明晰学校育人特色与方向，以课程体系的结构性优化为载体，以课堂教学改进为核心，促进教师的专业化成长，最终实现学生核心素养的发展。

学科教研基地是机制，由首席教师带领团队发展。基地建设是教师发展的机制创新。一是强化关键人物的力量，关键人物的身份为学科首席教师，首席教师在学科建设上有想法，在解决问题的研究上能引领，能站在学校的角度思考学科发展。二是强调校本研修共同体，这是学习的共同体、解决问题的共同体，彼此信任、深度互动。共同体中的每一位教师既是研究者，也是被研究者，大家互为研究对象，角色不断转换，有利于边研究、边实践、边反思、边改进。三是强调基地孵化，从名师个人成长到带动一批教师成长。首席教师要变被动参与教研为主动发展，寻求与其他学校的合作，寻找专家资源；要有更深刻的思考、更丰富的内容、更多样的形式激发大家。

学科教研基地是载体，既聚焦课堂又面向未来。学科深度教研要在课堂的场域中进行，从研究"教师的教"到同时研究"学生的学"。学生立场、教师视角，以学定教、以研促教，是尊重规律、以人为本的具体表现。教师结伴在课堂上研究学生的学习特点、学习方式、学习的障碍点，对教师上课的行为进行观察、记录、分析，获取最真实的第一手数据；将学生的学业评价数据，从知识板块到能力板块、从基础素养到高级素养、从现状到历史趋势进行分析，再结合学生的学习行为、教师的教学行为进行综合分析，找到教学改进的空间并实践；教学改进关注学生的学习路径，关注学习的障碍点与增值点、任务设计、实践性学习，把因材施教落实到课堂中，突出教师发展的实践性、现场性。

(二)怎样建设学科教研基地

三位一体协同推进、双微驱动以小见大。一方面，教委行政推动，制定政策、发文件、给经费、组织协调；教研部门业务指导，研制方案、研制标准、协调专家、培训先行、跟进指导；学校积极参与申报、建设，用优势学科带动所有学科。另一方面，以"微项目""微团队"为依托。具体举措如下。

行政推动、以评促建的整体统筹规划。区教委成立专项团队，海淀进校支瑶副校长牵头，组织教研团队合作研发。2014年，团队开始研制标准，研制《海淀区学科教研基地建设工作方案》，并将其纳入"十三五"规划重点工作。2015年，项目启动，解读方案、部署任务、开展培训，组织学校的学科申报，将基地建在学校，由高水平学科带头人领衔，坚持"建设为主、先建后评、以评促建"的建设思路，明确以学校为主体的"申报—建设—审核—推进"流程。

三级联动、深度教研的专业跟进指导。海淀进校负责研制《海淀区学科教研基地管理办法》《海淀区学科教研基地评估标准》，组建教研员、高校专家和一线教师构成的区级专业支持团队，分组指导学校做学科建设计划。基地是"三级联动深度教研"体系的一部分，也是"5＋M＋N"学科教研课程中"N"课程研发和实施的重要力量。区教研员在整体启动之后，进入学校指导，关注学校的优势与困难，分阶段跟进指导，及时发现、总结和推广成功经验。

首席领衔、双微驱动的基地建设机制。首席教师是基地建设的师德带头人、学术带头人（如特级教师、北京市学科带头人和骨干教师），负责基地全面工作。建立双微驱动的工作机制，首席教师带领教研组教师组成"微团队"，围绕单元学习、素养导向的目标、引领性学习主题、挑战性学习任务、持续性评价和开放性学习环境等专题，形成"微项目"，探索解决问题的路径。这种机制激发了教研组的活力，形成校本学科教研的新思路，促进优势学科再发展。

聚焦素养、深入课堂的系统内涵建设。"微项目"对接区教研学科能力、深度学习、学科教学关键问题和学科德育等国家级课题或项目，"微团队"借力区教研员及学科名师，深入课堂、协同探索素养导向的学习方式变革途径，实现内涵发展。基地校依据"海淀区学校课程方案评价指标体系"《海淀区课程建设工作手册》优化学校课程方案，深入研究质量评价数据，科学归因，形成"研究数据—发现问题—分析原因—反思提升"的教学改进范式。

基地引领、辐射带动学校集群式发展。基地建设培育了学科名师团队，推动教研组由"规范型"到"研究型"再到"创新型"的进阶；构建出由区教研支持的"学科基地—片区学校"教研共同体，开展校际联片教研，鼓励基地校承担区学科"5＋M＋N"学科教研课程的任务，发挥了基地的引领示范作用，实现学校的集群式发展。

学科教研基地成为赋能教师、培育名师的沃土，是海淀高水平落实立德树人根本任务的关键举措，在探索打破"千校一面"的方式、促进教师和学生个性发展等方面发挥着不可替代的作用。

二、15 000余个"空中课堂"资源包是这样研发的

2020年春季，在"停课不停学"期间，教研员要在居家学习形势不确定、与一线教师不能见面的情况下，有组织地研发"海淀·空中课堂"资源包。

这是一项从来没有做过的工作，但时间不等人，面对学生居家学习，教师线上教学的需求，我们教研员和骨干教师迅速研判、决策，调集优秀力量，一年的时间，共同研制出15 000余个"海淀·空中课堂"资源包，涵盖小学、初中、高中各学段、各学科。除海淀区所有中小学开启全员全学科线上教学活动外，怀柔区、延庆区，河北省赤城县和易县、内蒙古自治区科右前旗和敖汉旗、云南省怒江州、四川省凉山州、湖北省丹江口市等多个地区，都使用了我区的课程资源。2020年7月，我们又承担了教育部国家中小学课程资源研发任务，负责中小学11个学科、共2 012节课的研

发录制。资源推出后，全国各地对课程资源高度认可，师生、家长好评不断。

(一)明确资源定位，高质量建设资源包

"海淀·空中课堂"资源包的定位是学生的学习资源、教师的教学资源、提供教学示范的资源、帮助教师减负的资源。"海淀·空中课堂"资源包研发工作坚持大团队、重研究、多视角、标准化、严把关、出精品六个原则，为教师教学减负，为学生成长助力，促进区域教育内涵发展。

基于"四观"研制资源包。育人观，强调资源要服务于学生全面而有个性的成长；系统观，关注内容结构，依据课程标准和教材进行系统化的专题设计；需求观，就是从学习者的视角突出资源的针对性，关注学生主体和学习体验，资源包包括视频、任务单和作业；开放观，注重资源在全国使用的宽度，特别是在"双减"背景下，要丰富课后服务资源，满足学生的多样化需求。同时，注重教学资源的通用性和示范性，为教师减负，还在学习目标制定、情境素材选取、挑战性任务设计与实施、作业设计与实施等关键环节，形成示范。

通过工作机制创新研制资源包。在"停课不停学"期间，教研员没有经历过线上教学，如何指导呢？我们迅速立项"海淀区中小学线上与线下相结合的教学实践研究"紧急攻关项目，在空中课堂中研究空中课堂、在线上教研中研究线上教研。白天工作、晚上研讨，这样一种工作状态持续了相当一段时间。具体而言，一是组织扁平化。我们成立领导小组和工作小组，从选择授课教师、任务部署到资源录制和审核，姚守梅、支瑶、马耀

国三位教研副校长和校长助理都亲自负责，实行全流程、实时直接对接模式，减少中间环节。二是团队协同化。每个学科形成教研员、兼职教研员、录课教师和审核专家团队，形成研究型实践共同体，通过三轮备课、二轮试讲和三级审核保证质量。

坚持标准引领研制资源包。在资源建设上，从录制内容、课件格式、录制时间、主讲要求和成品规格五个方面提出细节要求；在资源审核上，从政治性、科学性、规范性和适用性四个方面提出细节要求。在那段时间，100余名教研员保持全天在线，带动1 000余名骨干教师，白天指导教师授课，晚上开会磨课、审课指导成为阶段性常态。在备课试讲、反复研磨中，教师教学能力和区域教研水平不断提高，一批中青年教师脱颖而出，在全国平台上展现教学风采。面对突发事件，"责任与担当、团队与研究、拼搏与奉献、海纳百川、协同创新"的进修精神在每位教研员身上充分展现出来，令人感动。

(二)创新应用模式，提升资源包实效

突出资源的四级应用服务。无论在校学习还是在线学习，资源都发挥其独特的支持学习、示范教学、服务教研、引领改革的作用。服务地区，突出教研部门的深度研究和应用，包括优质课、高中新课程新教材实施示范区示范校研修资源等，由教研员组织学习，分类梳理分析，还可以组织山区教师与北京教师开展同课异构；服务学校，突出校本教研中教研组、备课组对资源进行筛选、重组，建构适合学校、班级的新序列资源；服务教师，突出教师对资源的二次加工，基于学情的有效应用，实现从模仿优质课走向创造精品的资源应用；服务学生，指导学生选择资源，引导学生自主学习。

创新资源应用模式。一是双师同步教学。教师组织学生观看，同步答疑辅导。二是先学后教翻转课堂。通过"学教材—看优质课—课堂讨论"模式，学生先自主学教材、看课，记录问题，再带着问题到课堂研讨解决。三是线上线下融合应用。基于视频资源的加工切片，教师线上线下自由切换，学生互动学习。四是项目化专题学习。教师选择课后服务资源，提出专项任务，提供资源包，学生通过合作完成任务并交流学习成果。五是五育融合学习模式。应用平台心理健康教育、家庭教育、劳动教育等资源，进行统筹设计融合利用。

海淀区参与资源建设的历程和资源应用的探索，是主动作为、务实贡献的行动，更是自身专业能力提高的机遇。海淀教研始终用"大教研"范式服务好海淀教育，用技术支持，通过"双师课堂"等让困难地区的学生一起听北京名师的课，为优质均衡发展做贡献！

大胆思考、小心求证、有序推进，是新时期对教研员提出的新要求。教研，就是用专业和敬业服务区域教育发展，专注而有力地回应特殊时期学生的要求、学校和教师的需求。

三、云教研和云培训这样做

2020年春季学期，北京市中小学教学工作正式进入线上学科教学新阶段。面对学生居家学习的需求，海淀进校积极应变、科学施策，将成长不延期作为教育任务，将师生的学习作为教研任务，在研制"海淀·空中课堂"资源的同时，"云教研""云培训""云科研""云调研"四大举措协同发力，以常态化"云教研"全方位助力教师在线教学，为全区教学工作保驾护航。

（一）调研先行，基于证据把准问题

大规模的网上学习引发了教与学的诸多变化，不变的是学生的成长。教学和教研要回归本源，指向学生的学习。教师要相信学生、引导学生、支持学生，让学习真正发生，让学生具有面向未来、自主学习的能力。那么，学生自主学习能力的情况是怎样的？又如何基于学生自主学习情况开展更有针对性的教研？

一方面，我们推进全学段、全学科"空中巡课"。居家学习后，海淀进校全体教研员线上调研173所学校，开展"空中巡课"，采取扁平化沟通策略，教研员直接跟学校备课组长联系，根据课表在线进入学校课堂开展听课评课，帮助教师迅速适应线上教学，也及时了解学生线上学习的基本情况。

另一方面，我们重点面向海淀区10所教育集团(校)小学三至六年级，七、八年级，高一、高二年级的学生发放线上问卷，从学习动机、学习内容、学习过程、学习结果和学习环境五个维度做分析，整体调研了海淀区中小学生自主学习情况。通过对全区19 043名学生自主学习情况的调研，我们有以下发现。

第一，学生自主学习能力水平整体较高。如果将自主学习各维度的能力水平分为三个层次的话，学习内容和学习动机处于中等偏上水平，学习结果和学习过程两个维度略高于中上水平，学习环境位于上等水平。第二，小学各年级之间有显著差异，中学各年级之间无显著差异。小学不同年级学生自主学习能力的差异性分析结果表明，三至六年级的学生在自主学习整体得分上存在显著差异，表现为年级越高得分越高，自主学习得分走势呈现"三年级＜四年级＜五年级＜六年级"的趋势，这种差异在四、五、六年级之间表现尤其明显。第三，学生善用工具和资源开展自主学习。在混合式学习环境中，中小学生的大部分精力和时间仍然专注于课堂40分钟，但是我们也欣喜地看到，小学生的信息获取来源和工具使用已呈现出明显的线上线下融合特征，中学生开始尝试并逐渐养成了基于资源的自主学习习惯和倾向。第四，学生的自主学习动机和学习内容有待提升。纵向对比中小学生自主学习五个一级维度的分数发现，学习动机和学习内容的得分始终处于相对低的位置，表现为学生对于难度更大、更复杂的新知识学习、线上学习和混合式学习的新场景学习等的学习动机和学习兴趣尚有不足，学生对于目标导向下基于资源的课前自主学习、基于资源的课内深度学习也存在一定程度的不足，学生的学习动机和学习内容有待提升。

调研结果为教研团队开展循证教研提供了重要支撑，为提升区域学校线上教学质量提供了重要抓手。

(二)精准指导，全方位助力教师成长

在"海淀·空中课堂"学习资源上线后，如何指导教师用好资源，引导学生深度学习，指导学校提升校本教研品质，是教研员亟待解决的问题。

一是全面开展分学科、分年级"云教研"。首先，科学定位，从专题性复习巩固、专题引导式自主学习、学科教学三个阶段有序推进，开展教学管理指导，推进全区在线教学与教研工作。其次，创新机制，每天一次教学会商会，关注12个年级，汇总所有学校的教学情况，结合线上调研和"空中巡课"进行分析。最后，协同发力，深入课堂、研判形势，帮助教师及时解决问题。同时，调整"5＋M＋N"学科教研课程的内容和方式。线上教学以来，中小学共开展在线教研活动654次，聚焦线上教学设计和实施策略等，分学科、分年级开展，针对需求、精准落实。

二是稳步实施分层、分类的教师"云培训"。申军红副校长组织教师发展中心团队研发了教师信息技术培训课程"线上教学12问与答"，覆盖全区教师，提供线上教学解决方案。中小学新任、骨干教师培训调整为线上，30个学科培训班共1 700余名新任教师参加，新任与骨干分层线上研修14 510人次，助力教师专业发展。学前研修全覆盖，开展空中研修155次，10 346人次参加。在线指导196所幼儿园的园本培训实施，开发4门研修课程，6 862人次参与线上学习。同时，海淀区中小学骨干教师"名师大讲堂"、海淀骨干教师专题跟进式国际研修等顺利开展，促进了4 000余名骨干教师的专业发展。引领区域学校开展线上校本研修实践探索，召开"海淀区中小学线上校本研修经验交流会"，五省(区、市)十地1 000余人次参会交流。

(三)专题聚焦，项目载体破解难题

针对线上教学期间课堂教学存在的问题，我们以课题和项目研究为载体攻坚克难。海淀进校立足线上教学与教研的实际问题，启动海淀区"线上教学的设计与实施"紧急攻关项目,依据在线高质量学习四个要素——教师、学生、资源和技术,开展中小学在线学习实践研究,边研究、边实践、边改进,总结提炼出线上高质量学习的三种类型——引导支持型、主题拓展型和实践探究型;在全国率先研制并发布了《海淀区中学学科线上教学评估标准(1.0版)》,实现了线上教学"教—学—评"全要素的研究,在全国引起巨大反响;同时,成立海淀"在线教学与教研实验室",探索教研机构、高校与企业合作的新模式,应对未来混合式教学的挑战。

针对教师线上教学的问题与需求,持续探索常态的在线与在校相结合的混合式学习方式,开展线上教学系列研讨会。在2020年上半年4个月的时间里,我们连续组织召开了9次线上教学系列研讨会,有正高级教研员、博士、校长、特级教师等不同主体对线上教学的深度思考、实践与分享,累计40余万人参加。在特殊时期,我们用这种形式彼此温暖和支持。

海淀进校服务、支持在线教育教学工作受到了海淀区学校、教师和学生的高度认可,同时其影响也辐射北京市乃至全国。面对变化与挑战,我们需要持续探索线上线下混合式教学模式的研究,构建资源建设的新样态,培育教学与教研的新生态。

四、特殊情况下的"亲子关系30问"

由于居家学习,中小学生迎来最长的"寒假"。在这样一段特殊时期,家长不仅需要照顾孩子的生活起居,日常教育孩子的比重也加大,平日里很多家长由于工作忙,没有时间和孩子交流,居家的时间长了,却又不会交流了，甚至还造成了激烈的亲子矛盾。帮助家长更好地胜任家庭教育职责变得尤为重要。

家庭教育的功能，学校无法替代。针对特殊学情，积极发挥家庭教育在少年儿童成长过程中的重要作用，指导学校、教师和家长做好家庭教育工作，促进学生健康成长和全面发展，海淀进校组建了家庭教育指导研究团队，充分调研了当前教师在家庭指导中的困惑和问题，分析了疫情下的亲子关系和代际矛盾，研发了"亲子关系30问"微课资源（图5-1）。

序	微课主题	序	微课主题
1	孩子不想去幼儿园，怎么办？	16	怎样引导孩子增强自主能力？
2	怎样理解幼儿的分离焦虑？	17	怎样引导孩子管理好时间？
3	怎样说话能让孩子入心？	18	怎样提高孩子的抗挫折能力？
4	怎样平和地与孩子交流？	19	怎么应对孩子手机不离手？
5	怎样跟孩子说话像"家长"，不像"家教"？	20	高三了，沉迷于游戏怎么办？
6	怎样把顶嘴变成有趣的沟通？	21	怎样用积极的眼光看待孩子的学习？
7	亲子冲突爆发时怎样应对？	22	怎样看待孩子用功但不进步？
8	亲子剧烈冲突后怎样修复关系？	23	怎样看待孩子写作业"慢"的现象？
9	怎样理解青春期孩子身心发展的不同步？	24	怎样看待孩子进入初中后的学习？
10	怎样理解青春期孩子个性表达？	25	怎样帮助孩子缓解考前焦虑？
11	怎样看待孩子的"关门"现象？	26	怎样看待孩子的异性交往？
12	怎样看待孩子"说话不算数"？	27	怎样看待孩子的网络社交圈？
13	怎样理解孩子突然脾气变大？	28	怎样看待孩子的同伴交往？
14	怎样看待孩子发脾气？	29	怎样帮助孩子交上知心朋友？
15	怎样看待孩子的特殊行为？	30	哪一种家庭养育方式更能优化亲子关系？

图5-1 海淀区"亲子关系30问"微课主题清单

课程涵盖了幼儿园、小学、初中、高中四个学段，为学生、教师、家长、学校提供服务，突出"分层开发、分类供给、各取所需、各有侧重"四个特色。组建研究团队，开展基于家庭教育现实问题的精准研究，旨在探索形成内外双循环的家庭教育支持体系。研究团队由海淀区中小学和幼儿园优秀心理教师、班主任、教研员及家庭教育指导专家组成。在组建团队时有四个条件优先考虑：具有一线教育教学经验，了解学生和家长；开展专业心理和家庭教育研究，突出专业性；来自多元类型的学校，保证课程的广度和适度；具备不同层次的积累经验，突出经验丰富，众筹智慧。

"亲子关系30问"包括亲子沟通、青春期教育、情绪管理、人际交往、学业指导、自我管理等模块，体现出"问题导向、专题性质、案例支撑、深入浅出"的特点。问题导向，表现为题目在呈现上以问题的形式来表述，微课开篇也以问题导入；专题性质，整个微课凸显短、小、精、便的特征，每节微课时长8分钟，容量适宜；案例支撑，课程以案例的形式呈现，强调问题分析并给出有针对性的策略建议；深入浅出，理论讲解案例化、通俗易懂。

在资源使用上，针对不同群体，海淀教研给出了有针对性的建议，以形成合力。对于家长，强调四种学法。一是有针对性地学，立足问题导向，结合当下需求，自主选择；二是系统地学，全面系统地学习；三是自学实践，自主反思、自主应用；四是家庭共学，家庭成员之间共同学习，沟通交流，形成合力。对于班主任，要突出五个做法。一是个人学习，系统学习课程资源，提升个人家庭教育指导素养；二是资源共享，通过家长群、家委会等途径分类、分时将资源下发给家长；三是开展个性辅导，根据学情有针对性地将资源分享给家长，并进行辅导；四是开展共性指导，基于共性问题，在家长会或家校活动时以资源为学习载体进行指导；五是共建共研，开展调研，了解家长需求，带领家长基于微课开发新的资源，共研、共建、共享，实现资源众筹。对于学校，要突出六个策略。一是下发资源，通过多种途径将资源分别下发给班主任和家长；二是组建专门团队，提升教师家庭教育指导素养；三是召开专题研讨会，介绍资源的背景，研究探讨资源的使用等；四是利用资源开展如何提升教师家庭教育指导素养的专项研究；五是以微课为载体，针对教师开展分类、分层、分主题的家庭教育指导素养提升培训；六是开展调研，了解家长需求，以资源为样例，带领教师、家长研发资源。

"亲子关系30问"微课为广大教师和家长提供了最直接的帮助，适时帮助家长解决实际问题，提供方法路径，指导家长建立有效的亲子沟通和家庭教育新模式，共同积极营造平等、和谐、幸福的家庭氛围；也及时帮助全区干部教师、班主任提高家庭教育指导素养，掌握科学的指导方法。"亲子关系30问"微课对构建学校教育、家庭教育和社会教育有机融合的现代教育体系具有特殊的意义和特别的价值。

3

以"大教研"成果助推多个地区教育发展

在自身研究与实践的同时,我们与多个地区建立联系,共研共进,也承担了多个地区的教育帮扶任务,以海淀"大教研"成果助推多个地区教育发展。

一、海淀"大教研"成果在 11 个地区推广应用

2018 年,我们团队申报的"基于课程标准的区域教学改进体系"获基础教育国家级教学成果奖一等奖。这项成果是团队历经 7 年的研究与实践形成的,其内涵丰富,包括研制体现学科能力进阶的学业标准、构建标准导向的"5+M+N"教师研修课程、开展学科能力发展的评价反馈、提供问题导向的多样化教学改进指导四大要素。其中,学业标准是桥梁,将国家课程标准和教师课堂教学密切联系，是学生学业达到的目标；"5＋M＋N"教师研修课程确保教研系统性实施，是落实学业标准的重要保障；学业评价反馈是衡量学生学业情况的尺子、反映教师教学情况的镜子；问题是教学改进的动力源，多样化教学改进指导是教学改进落实、学业质量提升的关键。四要素共同作用，服务于海淀课程改革。

2020年下半年，在教育部基础教育司组织的国家级优秀教学成果推广应用工作中，这项成果被全国10个省（区、市）11个示范区选用，它们是北京市房山区、广东省东莞市、重庆市北碚区、河北省石家庄市、山东省威海市和淄博市、广西壮族自治区柳州市、新疆生产建设兵团第一师阿拉尔市、云南省安宁市、湖南省汨罗市、贵州省贵阳市。这11个示范区分布广泛，涉及华北、华南、华东、华中、西北、西南，其需求各异。一些地区教育基础好，重视教研但教研力量差异较大，这些地区希望借助于成果推广的契机全面学习海淀教研成果，直接"移植"海淀经验，在此基础上孵化创新，加快本地教研转型升级；还有一些地区，教育发展空间大、意愿强烈，教研制度和队伍建设尚未健全和完善，这些地区希望将海淀成果中的学业标准、学科教研课程、学科教研基地等要素作为切入点，以海淀已研制使用的较为成熟的教学工具和标准为抓手，逐步内化，渐进突破。

在2021年年初启动推广这项成果时，我们就充分考虑成果的独特性和推广应用示范区的个性化需求，通过形成明确的行动共识、建构有特色的研修课程体系、提供精准的个性化指导、挖掘优秀的本土应用经验，探索出一条具有海淀特色的国家级教学成果推广应用实践路径。

(一)精准对接，形成明确的行动共识

强有力的团队组建是顺利开展项目的首要环节。我们与示范区建立"行政引领、教研支持、学校主导"一体化推进的区域实践共同体。一方面，示范区教育行政部门要成为区域成果转化和教育质量提升的能量站、保障者和引导者，依靠行政力量自上而下有效推动；另一方面，示范区教研机构是成果转化创新的孵化基地，示范区中小学校是成果转化落地的实践场域和成果融合再造的践行者，以"区域教研指导—教师精准教学—学生素养发展"的主体链条式驱动策略联动协作，整体推进。

我们和推广应用示范区共同研制出一套"1＋11"成果推广应用工作方案，即海淀进校"三年四阶段""C-G-S"双主体精准教学行动计划。该计划从基本原则、总体目标、具体目标、重点任务、工作安排和保障等方面形成全面、具体、明确的三年成果推广工作方案，以及每个示范区的三年推广应用方案和2021年度工作计划，确保成果推广应用工作"一地一策"。工作启动即开展了为期三天的针对示范区的全面培训，成果应用示范区的行政领导、教研员、校长和骨干教师共2万余人线上线下同步参与。

(二)顶层设计，构建有特色的研修课程体系

我们创造性地研发"金色成长"成果推广应用研修课程，打造了模块化、系列化、可选择的课程矩阵。横向聚焦四大模块，包括区域学科教研基地建设与实施、标准导向的区域学科教研课程建设、体现学科能力进阶的学业标准、素养导向的学业评价反馈与教学改进；纵向设计三类课程，

包括成果内涵理解课程、成果落地转化课程、成果培育提炼课程。围绕区域教改核心问题，结合示范区实际发展需求，我们设计了针对不同内容、不同主题、不同受众的可选择的个性化课程内容。

首先，聚焦于关键人物能力建设和成果的关键因素。一方面，成果推广团队紧抓教研队伍建设，来自11个示范区的教育行政领导、教师进修学校(教师发展中心)校长、教研员、中小学校长、骨干教师共67人参与了海淀进校组织的全面培训，深度了解、理解成果及其价值。另一方面，聚焦成果内涵中的两个关键因素，明确以"学科教研课程"和"学科教研基地"的建设为切入点，以示范区优势学科、优势校为突破口，培养成果推广应用的种子教师、种子团队，试点先行，以点带面，全面推进成果转化落地。

其次，激发区、校两级教研工作活力。各示范区和实验校针对课堂教学中的关键问题开展推广应用实践，大大加强了示范区的区域教研和校本教研建设，增强了区、校两级教研的活力，形成教研工作新格局。

(三)持续跟进，提供精准的个性化指导

一是分区域开展主题研修，按照"三年四阶段"的工作安排分阶段有序推进，开展灵活多样、线上线下相融合的主题研修活动。多轮次、系列化、个性化、持续性的精准指导，帮助示范区在更大范围内学习、借鉴海淀教研成果，生长出符合本土实际的、贴近当地教师和学生成长需求的本土化区域支持系统。二是以研究型实践推动本土化创新，与示范区将成果推广行动方案设计成推动区域教学改革的课题或项目，边研究、边实践、边改进。另外，海淀团队基于成果，超越成果，将"深度学习"教学改进、"学习方式变革研究与实践""融合式教学与教研"等项目的最新研究成果与示范区本土实际相结合，持续助力当地课堂提质增效，促进了成果的本土创新。

(四)机制保障，挖掘优秀的本土应用经验

团队利用多重媒介全方位推进成果推广应用的展示和交流。通过大范围宣传和多轮次交流，进一步明确成果的价值与内涵，厘清成果提炼的必备要素，优化成果表达，也为示范区开展创造性的本土应用与成果再优化提供参考，促进成果的迭代升级。同时，建立健全对推广进程和效果的验收和评估机制，团队研制验收评估标准，尤为关注成果推广的过程管理和应用实效，对示范区开展基于标准的诊断性指导，实现以评促推、以评促用、以评促改。

北京市房山区：以学科教研基地建设促区域教研品质提升

2020年12月，房山区成为海淀进校国家级优秀教学成果推广应用示范区。根据我区实际，我们选择成果中的"学科教研基地建设"作为推广应用的领域。为使海淀优秀教学成果更好地在我区本土化转化和落地，我区对"学科教研基地"区本化建设机制进行了深入研讨。最终，我区将初中校的学科教研基地界定为"以区域教研员研修力量为主导，支持学校优势学科建设，以学校学科教研组教师为主体，由学科首席教师牵头，学科教师共同参与形成的整体提升教研组学科育人能力的校级或联片教研共同体"。

整体推进策略有以下三种。一是三位一体协同推进。首先，教委行政推动，定政策、发文件、拨经费、组织协调；其次，海淀进校教研部门业务指导，研制方案、研制标准、协调专家、培训先行、跟进指导；再次，学校积极参与申报、答辩、遴选、建设，用优势学科带动所有学科。二是采取"三个一"的建设策略。采取"认定一批、培育一批、带动一批"的建设策略，分层次、分梯度培植学科教研团队，从而整体提升全区学科建设水平。三是坚持"一地一专题，一地一特色"的学科基地建设方向。撬动学校发展的支点是学科的发展。学科教研基地在一定程度上反映了一所学校办学的优势和特色。每个学科基地要把现实亟须破解的教学关键问题作为基地的特色研究专题。

成果应用以来，房山区初中学校建立了海淀进校优秀成果转化应用的22个学科(九大学科)教研基地和20个重点培育学校，实施"双微驱动"建设机制，围绕基地的教学关键问题开展校本实践研究，问题项目化、项目课题化，以科研促教研，激发了教研组的研究活力和学校自主提升的内在动力。同时，基地捆绑式发展的机制使得区域学科教师深度参与校本微课题研究，为整体推动课堂教学改进提供了良好的平台。教师从观察学生活动表象到关注学生学科思维，促进了学生质疑问难、合作交流、乐于展示的主动学习方式的改进。另外，通过区域学科教研基地"双微驱动"的统筹设计与实施，从部分学校的优势学科进阶发展到努力引领区域初中全学科的内涵发展，房山区初中在课程建设、学校文化、课堂教学改革、师生素养提升等多个领域进行优秀成果的本土化转化与创新，在校本教研的深度改进中，积极满足师生多元发展需求，学校的育人质量得到了整体提升。

贵州省贵阳市云岩区：构建"5＋M＋N"教师研修课程，提升区域教育教学质量

2020年12月，云岩区成为60个国家级教学成果推广应用示范区之一，成为海淀进校教学成果推广应用示范区。海淀进校的国家级教学成果聚焦课程建设、教学改进、学科建设、优质发展，从全方位的视角作用于学生的发展、教师的成长和学校的发展。基于教育发展的现实需求，经过学习和论证，云岩区最终选择成果中的"学科教研课程"作为推广应用的领域。

在成果推广应用过程中，云岩区首先确立1个推广理念，即以"学习—应用—实践—创新"为路径，处理好成果的消化吸收与再聚焦、再创新的关系，解决好教师学、教师用、教师推进的问题，面向学校、学科、教研，采取理论与实践相结合，上下联动的方式，促进研究与指导、合作与促进功能相互转化。其次，明确5项推广应用原则，包括育人为本、目标导向、系统思考、统筹整合、应用为主。同时，进一步明确4大目标：一是构建专兼职教研员、教学管理干部、骨干教师队伍的培养培训课程研制、实施及评价体系；二是构建云岩区标准导向的"5＋M＋N"教师研修课程体系，形成学前、小学、中学各学段每个学科的教师研修课程资源；三是指导云岩区中小学、学区学科教研基地建设，建成30～40个学科教研基地，促进学前12个教研指导责任区建设；四是助力建成云岩区10～15所课程建设先进校，助力培育8～10所中小学成为"新优质"学校，助力幼

儿园升级达标。

通过成果应用，教师参加区域教研的主动性和积极性显著提高。云岩区以微课程规划、微团队建设、微研修推进解决教师研修课程研发难题，区域科研水平得到提升。在2022年市级课题立项申报中，云岩区立项率居全市各区县之首。云岩区教师进修学校申报的课题"新时期教研员区域教研指导力提升的实践研究"获得省级重点课题立项，是全省唯一以教研员队伍建设为研究视角的研究课题。本课题正是在推广应用海淀进校教学成果中形成的成果转化。云岩区中小学区域教学质量得到提升。2022年我区小学六年级在毕业质量综合监测中学业成绩大幅度提升。2022年，云岩区与贵州省黔西市建立了教研对口帮扶关系，即开展教研员"一对一"帮扶，在帮扶中继续推广应用海淀进校的成果——"5＋M＋N"教师研修课程，提升黔西市区域研修品质，促进区域教育高质量发展，助力乡村教育振兴。

新疆生产建设兵团第一师阿拉尔市：借助于海淀成果，办好边疆教育

新疆生产建设兵团第一师阿拉尔市自2020年成为基础教育国家级优秀教学成果应用示范区以来，以"办好人民满意的教育"为奋斗指向，以推广应用海淀进校"创建基于课程标准的区域教学改进体系"成果为重要抓手，努力将优秀成果转化为我区教育生产力，形成了本土的教学改进和质量提升的典型经验，深化基础教育改革。

根据我们对海淀进校优秀教学成果的学习理解，推广应用成果应当包含至少三个方面：一是研制适合本区教师能力提升的"5＋M＋N"教研课程，助力教师专业能力提升；二是基于课程标准，开展学科教研基地建设和学科微团队教学实践活动；三是以学科教研基地、名师工作室、骨干教师、学科微团队为抓手，进行大单元教学实践的行动研修。在此基础上，我们确立了整体思路，并创新构建了"一二三四五"推广体系。一个系统，以优秀成果在全区 29 所学校全面推动为杠杆，以项目组专班指导服务成果推广为作用力，以建立成果推广机制为支点，使全区教育更公平、更优质发展。二条路径，以成果内化和成果实验为两条实践路径，边学边用，边用边学，推动成果本土转化。三级联动，设置"师域—集团—学校"三级教研联动工作机制，带动区域教研转型。四环式教学推进策略，在项目组统筹规划下，以"研读—建构—实践—改进"四环式教学改进探索为行动策略，整区推进成果试验。五项任务，所有学校全员、全学科开展以"学理念内化成果精髓、基于标准的教材研读、梳理大单元属性表、每月大单元集体备课封闭研修、示范课＋评课反思改进"五项任务的成果实践探究，助力成果赋能教师课堂提质。

回顾历程，第一师教育局以目标为引领，以问题为导向，以需求为原点，取得如下成效。一是教研员专业素养显著提升，形成了"目标引领—展示交流—反馈评价—改进优化—思辨提升"的教研员成长实践路径。二是实验校教学质量得到改进。学校围绕深度学习大单元教学设计，聚焦学业标准指向课堂关键性问题，开展课程培训和课堂展示活动。通过集团联研，各学科教师共享、共研，建立课程育人发展的教育愿景。利用全区远程教学教研系统，每所学校通过录播教室进行"专递课堂"、线上调课等方式，保证课堂教学有效落实课程标准。

山东省威海市："融合＋创生"国家级成果本土化推进的威海模式

威海市在推广应用海淀基础教育国家级优秀教学成果的工作过程中，立足问题导向，聚焦大单元学习研究深度不够、系列化课程的学习资源欠缺、核心素养培养方法单一、对优秀成果推广应用重视不够等问题，将"基于核心素养的大单元学习行动研究"作为推广落实"创建基于课程标准的区域教学改进体系"国家级优秀教学成果的总抓手，在全市设立实验区、实验校，进行为期三年的实践行动。

成果推广应用以来，示范区建设采取了"顶层设计与实践创新相结合"的总思路和做法，一方面构建了四大常态化运行机制。一是联动协调机制。威海市成立了由市、区两级教育主管部门、教研部门主要领导组成的领导小组，全面加强对全市国家级示范区建设工作的领导和协调；各区成立相应机构，承担成果推广应用工作的组织实施，从政策、经费、优质教学资源等方面加大支持和推进力度；各实验校是成果推广应用的主体，加强实施"一把手"工程。二是专业指导机制。威海市组建了三大专业指导团队，包括聘请全国部分相关领域知名专家、教授、名师和优秀教研员等成立专家指导组；成立由市级、区级教研部门主要领导组成的项目推进组；建立由全市特级教师、省市名师、教学能手、学科带头人、教研员等组成的项目攻坚组。三是内外激励机制。"双管齐下"激发广大学校和教师对成果推广应用的积极性。四是闭环评价机制。建立了教学成果孵化、培育、推广、应用的闭环式"全链条"制度保障。另一方面，强化推广成果的本土化和再研究，形成"市级行政与教研联合规划、4大实验区协同攻关、32

所实验校强强联合"的"大兵团"作战推广模式、"教研训一体"推进策略以及融合创新策略。

威海示范区按照"边学习边吸收、边实践边改进"的原则，围绕融合后的成果项目深入探索和创新，取得了显著成绩和阶段性成果。核心素养导向的课堂教学质量不断提升。各实验校充分利用课堂主阵地，将深度学习、大单元整体教学、单元作业设计等理念融入学科教学，将实践成果有效迁移应用到课堂教学中，不断探索、完善课堂教学新模式，有效提升了课堂教学质量，促进了我市教育教学的提质增效。教师单元学习设计能力不断提高，全市实验区、实验校教师聚焦新课程标准，深度理解学科本质，关注单元学习的实践要素，把握实施的关键，深入开展教学实践，开发出了一系列单元学习的学科教学典型案例。

河北省石家庄市：系统应用海淀教研成果提升区域教育品质

石家庄市教科所立足学科基地建设，围绕科研兴教、创新发展的总体目标，提升学科育人能力，在落地转化、融合创生、迭代完善三个方面持续发力，辐射带动12个实验区、29所基地校，全面提升教学成果推广应用的质量和效果。

海淀区教研员多次到石家庄市，送培训、送工作坊式研修。石家庄市教育局以深度变革教研方式激发内生动力，由一校到多校、由点到线、由线到面、由典型到普遍，使优秀教学成果迭代升级。一是"点"上树示范，推行"沙龙式"教研。借助于"沙龙"形式，创造宽松、自由的研究氛围，及时抓住推广工作中的难点、热点问题，组建"专家沙龙""学科沙龙""区域沙龙"等，以此增强解决问题的实效性。二是"线"上重同步，推行"沉浸式"教研。遴选推广工作走在前沿的学校，搭建样板化平台，实现区县基地校同步教研。平台就像一个孵化器，通过再现教研"现场"和实际案例，实现共学、共研、共享。三是"面"上抓深化，推行"互动式"教研。多所实验校通过互动式教研实现从单向输出到双向交流、多向交流，由点到面、由典型到普遍，促使优秀教学成果在因地制宜的推广辐射中不断赋能增值、迭代升级，推动师生共同成长。

通过近三年的推广应用，学生学习从"知识获得"走向"素养发展"，从"浅层学习"走向"深度学习"，强调面向生活的真实任务，关注解决问题的价值导向，追求有目标、有引导、有选择、有评价的素养学习。教师专业发展动能得到激发，从以前的被动教研、主题教研，逐步走向有品质的深度教研，做到无数据不评课、无数据不教研，以研究促课改，以创新促发展。教师们俯身耕耘的每一段时光，都记录着他们成长的步伐。同时，区域教研深度增强。我们坚持"立足需求、问题导向、专业引领和实践研究一体"的原则，以文化为先导，通过案例式研讨、读书分享、沙龙式、论坛式、线上交流峰会式教研，在协作中激发灵感，碰撞思维，以"活"教研促进教师的反思性实践，让教研有深度。

二、承担社会责任，开展教育帮扶

习近平总书记指出，"教育是阻断贫困代际传递的治本之策"。教育帮扶坚持"扶志"与"扶智"并重，将教育发达地区的优质教育资源输入，通过教育问诊及问题解决，激发和唤醒受援地的发展热情与积极性，持续帮助、扶持、引领、辐射，为受援地教育发展提供内在原动力，切实改变受援地的教育现状，打造出带不走的教师队伍与教育内生力量。

我们积极承担社会责任，十余年来，对云南省怒江州，四川省凉山州，新疆维吾尔自治区和田地区，内蒙古自治区科右前旗、科右中旗、敖汉旗，湖北省丹江口市，陕西省榆林市，河北省昌黎县、易县、赤城县、青龙县，北京市密云区、怀柔区、延庆区等地因地制宜地持续开展教育帮扶，创新思路，专业指导这些地区的教师专业提升、学生全面发展和学校育人质量提升。

(一) 对于教育帮扶，海淀进校这样做

定制化"送研送教"。伴随教育帮扶实践的深入，海淀进校积极探索从示范性"送教"到跟进式"送教送研"，再到定制化"送研送教"帮扶模式的升级与迭代。"送教"是指通过入校教学示范，让受援地教师了解和感受不一样的课堂教学，以改变教师的认知，影响和改变教师的行为。"送教送研"，重点是在传统"送教"的基础上进行突破，以教学示范为基础，教研员根据教师的教学情况提供专业的点评和指导，给教师的教学行为提供更

加清晰的指引。"送研送教"是指由海淀区教研员先对教师或教研组进行整体指导，再让教师带着思考，精心设计，同上一节课。受援地教师完成研究课后，当地教研员和骨干教师对这节课进行评价，再由海淀区教研员站在课程和素养视角进行评价。评课之后，海淀区教研员针对"如何上一节好课"进行再一次专业指导，开展专题讲座辅导，与受援地教师和教研员进行互动交流，并提出相应的实践要求。通过定制化"送研送教"模式，受援地教师由被动的接受者、旁观者变成主动的思考者、参与者，增强对教材、教学内容和学生行为的深层次理解，从而有效改进教学行为。

海淀进校通过密集的组团式"送研送教"，对内蒙古、新疆、河北等地开展教育援助。2021年11月初，在充分调研和沟通的基础上，海淀进校组建由北京市特级教师、北京市学科带头人、海淀区学科带头人组成的教研员团队，赴内蒙古科右前旗开展教研专项调研暨组团式"送研送教"活动。活动由上研究课、评课、微讲座等环节组成。授课教师均是赴海淀参加培训的教师，他们将在海淀学习的内容转化为教学实践。授课中，他们充分理解课程改革的理念，借助于研究课的平台，积极开展基于学生发展的课堂教学探索，不断将教与学方式的变革转化成提高课堂效率的有效手段。在之后的活动中，科右前旗的教研员对研究课进行了评析，海淀进校的教研员对本节课和本次教研活动做了到位的点评。为了增强教研活动的针对性，海淀进校的教研员以微讲座为载体，做了教研现场的示范。

援建教师发展中心。区域教师发展中心在政策落实、课程改革、教学研究、教师发展和质量提升等方面发挥着举足轻重的作用。我们紧抓受援地教育发展的关键问题，以援建和升级区域教师发展中心为突破口，凝聚当地行政、教研和学校的力量，培养一支带不走的教师队伍。在援建过程中，一是对当地教师发展中心现有状况进行全面调研和把脉，分析其发展基础、特色优势和问题困境；二是对教师发展中心进行顶层设计，研制发展规划，明确职能定位，把握工作方向，统领教师发展中心的建设；三是在调研和规划的基础上，海淀进校利用专业优势，以问题为导向，在教师发展中心内设机构调整、干部教师队伍建设、教师研修课程构建、学生学业评价改进等方面提供高水平专业指导。

"三区三州"是国家脱贫攻坚重点帮扶地区。在教育部教师工作司的组织下，海淀进校与云南省怒江州教育局签订合作协议，共同建设怒江州教师发展中心。怒江州包含泸水市、兰坪县、福贡县、贡山县，根据这四个县(市)相距比较远的特点，海淀进校与怒江州4个县(市)结对帮扶，制订了"1+4"的援助计划，逐步走出了一条符合怒江州特色的区域教育发展之路。"1"指的是怒江州的州级教师发展中心，"4"是四个县的教师发展中心。海淀进校指导怒江州教师发展中心，整体设计怒江州的教师专业发展，关注教师的教学行为改进、新课标落地落实、教育科研水平提升等，指导怒江州教师发展中心组织州级教研活动、现场课展示与研究等；还联合怒江州教师发展中心，指导4个县级的教师发展中心完善职能机构，优化教研员队伍，整合优质资源、提升专业水平。在县级教师发展机构协同提质项目中，把大家接到北京来，先后组织云南省怒江州泸水市、福贡县的教育行政部门领导、县级教师发展机构管理者、教研员和培训者、中小学校长、中小学骨干教师，共计 60 余人，参加高水平学术会议、高端培训，到海淀区一线学校观摩，到北京市其他区域教师研修机构交流经验，以及同云南的教育同行们一道赴内蒙古科右前旗，创造性地开展了教研机构互访。

在承接对口帮扶内蒙古科右前旗的任务后，我们果断提出工作重点：教育帮扶要从"输血"走向"造血"，帮助当地建设教师发展中心，全面提升研训员的素养。通过充分论证，我们团队对帮扶工作进行了系统设计，带队到科右前旗实地调研，通过走访、座谈、听课、会商等方式，全面了解当地教育现状和发展需求，特别是少数民族地区学生素养提升和教师专业发展要求。通过召开专题会议，我们进行了多轮次磋商，围绕科右前旗教师发展中心职能定位、运行保障等问题，制订切实可行的行动计划。2020 年 11 月，海淀进校科右前旗研修基地暨科右前旗教师发展中心成立，明确职能定位，优化内设机构，建立工作机制，提高管理者的现代化管理水平。我们多次选派教研员前往指导，还专门委派中教研的夏满副主任驻地指导，从提升教研员和培训者的教师研修规划设计能力、组织实施能力、评价改进能力等方面给予专业化、有针对性和持续性的指导。

一体化深度教研。与受援地充分沟通需求，设计实施"骨干教师、教研员和教学管理者专业素养提升"项目，以及建立"名师工作室"团队，促进受援地骨干教师、教研团队和管理者专业力量的提升。

一方面，通过关注和培育"关键少数"，以"微项目"促进关键群体的专业素养提升。以"微项目"研修课程的建构和实施，帮助受援地骨干教师、教研团队和管理者在学科内容知识、一般教学法知识、课程知识和前沿理论知识等方面深化研究和理解，并进一步将其内化和转化为教育教学实践。

例如，2020年，海淀进校为怒江州专门设计了教研员研修课程，培养专职和兼职教研员79人，实施了"云南省怒江傈僳族自治州教研员和骨干教师集中培训"，即"金色种子"研修项目。该项目以"促进核心素养发展的学科教学能力提升"为主题，设计了文化培训、通识培训、学科工作坊培训和学员微论坛四个模块，聚焦于学科教学与教研能力建设，将发展教研员和骨干教师的学科素养落到实处。

又如，在河北省昌黎县帮扶工作中，特点是基于整体调研为县教育发展提供咨询，基于县级教师发展中心建设、基于骨干教师示范性培训为全县教师队伍建设赋能。

另一方面，通过建设名师工作室等"微团队"的形式，充分发挥海淀教研员的专业优势和辐射能力，通过共建"导师—领衔教师—学员"团队，进行学科内更精准的指导，提供"链条式""造血式"教育援助。

海淀进校在对北京市密云区的支持中，通过"海淀·密云"一体化教研发展项目名师工作室建设，推动海淀区对密云区的教研发展和名师培养指导，取得了良好的效果。密云区教师研修学院在"密海合作"三周年总结中写道：自 2021 年 9 月，"海淀·密云"一体化教研发展项目 12 个名师工作室成立以来，各工作室聚焦于"推动教育改革实践、打造高素质教师团队"这一核心，以育人理念为支撑，以立足发展为目标，以教学实践为载体，积极开展教育、教研和教学研究，在提高工作室教师自身业务能力的同时，系统推进高质量教师队伍建设，推动全区教师队伍能力和素质的整体提升。初中数学工作室导师薛钟俊老师协同专家及一线名师，就教师困惑的"单元的教学和作业设计""数学试题的命制"等问题开展 22 次专题讲座和经验交流，从理论和实践方法上为工作室成员答疑解惑。通过系列讲座的思想碰撞，工作室成员教师体会单元教学的宏观策略，感悟合理设计单元教学及作业的方法和路径，明确试题命制的原则、流程和方法，学习线上教学的组织实施策略。

(二)教育帮扶，给被帮扶地区带来了什么

回眸十余年的教研转型探索和教育帮扶实践，我们不禁要自我审视：基于海淀"大教研"开展的教育帮扶，究竟给被帮扶地区带来了什么？

以"有效的教研机制、持续的资源支持和灵活的课程选择"组合式服务，区校两级协同教研机制，为教师发展提供平台和渠道；线上和线下相结合的教师培训，持续提供优质的教学资源和教师学习资源；丰富可选择的培训课程，满足不同地区不同教师的个性化需求。所有这些措施成功地

助推了受援地教研水平的提升，区校两级教研能力显著增强，增强了受援地教师的终身学习意识，激发了他们转变教学理念和教学模式的意愿。教师们得到了更多高质量学习的机会，教师的教学能力和研究能力不断提升，并形成"以点带面、向外辐射、良性循环"的良好态势。受援地的学生们获得了更优质的学习体验，居家上课期间，受援地超过45万学生使用了"海淀·空中课堂"学科教学视频，直接得到了北京市海淀区优秀教师的教学服务。

"一花独放不是春，百花齐放春满园。"海淀进校持续开展教育帮扶工作，不断强化内涵发展，凸显实效，获得了社会各界的高度认可和广泛赞誉。教育部教师工作司和民建中央向海淀进校致感谢信，北京市教育委员会授予海淀进校"北京市脱贫攻坚嘉奖"，我荣获了"北京市扶贫协作先进个人"称号，赵杰志主席荣获"怒江州荣誉市民"称号。国家和市区级主流媒体，新浪网、腾讯网、新华网等平台，《中国教育报》《现代教育报》《北京考试报》《海淀报》等报纸多次深度报道海淀进校教育帮扶工作。《基础教育课程》杂志指出，海淀区教师进修学校的对口帮扶实践证明，研修转型有助于提高学校软实力，他们从"被动接受"到"主动作为"，抓内涵建设，以项目为载体破解学校发展难题，不断拓展渠道提升教师素养，真正成了学校发展的智囊、课程落地的转化者和教师专业成长的领跑者。

带动了受援地教研转型。海淀进校的教育帮扶工作，深深植根于中国教研特色和海淀"大教研"范式，专业指导和引领受援地干部和教师、教研员增强教研意识，提升教研能力，实现教研转型。

相伴成长

在海淀进校的帮扶和援建下，内蒙古科右前旗教师发展中心的教研员队伍已从原来的 10 人左右壮大到 100 人左右，以系统的教研思维激活内在生长能力，实现了跨越式内涵发展，其教研质量和教育教学指导水平明显提升，成为国家优质县级教师发展中心，成为海淀进校教育帮扶地区教研转型的典范。科右前旗教师发展中心在致海淀进校的感谢信中写道：在贵校的真切关怀和全力推动下，海淀区教师进修学校科右前旗研修基地于 2020 年 11 月 3 日正式挂牌成立了。我们万分激动，这是科右前旗教育发展史上的一件大事，是实现科右前旗教育事业跨越式发展的一次难得的机遇。在新的一年里，我们将主动作为，抓住机遇，进一步借助于海淀卓越的教研优势、丰富的资源优势、高端的平台优势，创新教研内容形式，提升研训专业水平，优化教师研修课程，提高教师整体素质，在"十四五"开局之年扎稳根，迈好步，以实际行动来回报社会对我们的厚爱和期望！

转变了受援地的教育理解。开展教育帮扶工作以来，海淀进校持续带领教研员为受援地学校提供智力支持和资源扶持，受援地依托海淀进校的资源供给和专业支持，积极为区域内学校和教研机构创设条件，更新当地教育教学管理干部、教研员、一线教师的教育认知，为教学改革赋能。

怒江州教育科学研究院李佳玲院长在海淀进校第十二届暑期全员研修发言中说道：教师发展中心实现了教科研训一体化，"1＋4"教师发展中心建设发展模式打造了州、县两级教师队伍建设的良好格局，海淀进校先后实施的"金种子计划""领头雁计划"等培训项目助推了怒江州教师的成长，改变了怒江州的教研生态，让更多的学生享受优质的教育。"金种子计划"学员在项目培训结束后说道：专业培训在提高怒江州教师专业能力方面将会起到积极作用，会点燃教师们的工作和研究热情，理解了教研员的工作价值和意义，触发了深度、真实的思考。回到怒江之后我们要充分发挥教研的作用，促进怒江教育的发展。在听了海淀教研员的讲座后，一位教师意识到校本研修意义重大，是教师实现专业再造的重要渠道。在听了海淀进校教研员的一节示范课后，一位教师表示，小组合作探究也可以在各种层次的班级中开展，小组合作探究可以促进学生素养的形成。

与受援地构建了发展共同体。伴随教育帮扶工作的持续深入开展，受援地与海淀进校逐步构建了不同形式的共同体：既是互学互鉴、共研共进的学习共同体，也是资源共享、优势互补的协作共同体，更是改革创新、携手前行的发展共同体。2021—2023年期间，受援地教师发表或交流教学案例230个，开展研究课300余节，在全国学术性会议上发言20余次。教育帮扶工作的推进，也不断激励和激发海淀进校更新教育帮扶理念，升级教育帮扶课程，优化教育帮扶机制，不断充实和丰富海淀"大教研"的内涵与外延，真正实现双方的共同体式成长。

> 湖北省丹江口市教育局副局长刘文远在《丹江口与海淀区教育对口协作十周年回眸》一文中深情写道：2013年至今，丹江口市与海淀

区因水结缘。两地教育同人在你来我往中相识，在合作交流中相知，在追求卓越中相敬。在特殊时期，海淀进校校长罗滨第一时间打来慰问电话，关心丹江口市"停课不停学"工作，把我市所有学校一并纳入海淀在线教学范畴，保证所有学生能够居家学习、所有教师能够开展在线教学活动。至今，海淀进校开展的32次在线教研活动，我们全部参与、一次不落。十年来，两地领导讲政治、顾大局，在对口协作工作推进中，量力而行、尽力而为，干成了许多大事、喜事、要事，实现了双赢。两地社会各界考察学习持续不断、交流合作历久弥新，两地"手拉手"学校之间业务往来频繁，合作交流丰富多彩。

十余年来，海淀进校教育帮扶工作取得了一系列成效和成果：在受援地建立了3个教师发展中心、200余个学科教研基地、40余个名师工作室，直接培训各地区教师及教研员近30万人次，组织各地区3 000余名教师及教研员到海淀参与研修，构建了符合受援地教育发展实际的多样化教育帮扶模式。

海淀进校的每位教师，在教育帮扶工作中以奋进的姿态，积极承担责任和使命，焕发出更加旺盛的生命力和感召力，为促进区域教育优质、均衡发展，助力国家脱贫攻坚和乡村振兴战略，贡献海淀教研独有的智慧和力量！

基础教育教研制度是具有中国特色、富有生命力的教师职后专业发展制度，是基础教育质量的专业保障制度，在地区推进课程改革、指导教学实践、促进教师发展、服务教育决策等方面发挥着不可替代的作用。面对百年未有之大变局，面向 2035 更高水平的育人目标，我们需要更高水平的教研。教学场景在变，教研场景也在变，面向未来，小班化、个性化、多样化、高质量、拔尖创新人才培养模式，将成为基础教育发展的必然追求。

未来，与局长相伴，就是要继续真正以学生为中心，以教师为中心，以前瞻性的思考力和落地的执行力，不断担当起新使命。

参考文献

[1] 北京师范大学、华中师范大学、南京师范大学无机化学教研室. 无机化学(下册)[M]. 2版. 北京：高等教育出版社，1986.

[2] 本刊编辑部. 研修转型提升学校软实力——北京市海淀区教师进修学校对口支持中小学校发展纪实[J]. 基础教育课程，2017(15)：51-57.

[3] 冯新瑞，田慧生. 区域推进：综合实践活动课程有效实施的重要策略[J]. 教育研究，2015，36(11)：69-75.

[4] 郭元祥. 综合实践活动课程的回顾与前瞻[J]. 基础教育课程，2010(5)：31-33.

[5] 李树培. 综合实践活动课程核心素养与评价探析[J]. 全球教育展望，2016，45(7)：14-23.

[6] 林秀艳，杨智君，耿雅静，等. 数字化环境下学习方式的创新探索[J]. 今日教育，2023(11)：15-19.

[7] 刘月霞，郭华. 深度学习：走向核心素养(理论普及读本)[M]. 北京：教育科学出版社，2018.

[8] 罗滨. 北京海淀：以"大教研"专业支撑区域教育高质量发展[J]. 中小学管理，2022(8)：10-13.

[9] 罗滨，陈颖. 穿越边界的STEM教师专业发展[J]. 中国民族教育，2018(Z1)：38-39.

[10] 罗滨，陈颖，李亦菲. 高中中等生学习心理品质现状调查分析——以北京市为例[J]. 中国教育学刊，2012(2)：20-23.

[11] 罗滨，陈颖. 一体化教学与教研："深度学习"教学改进的区域实践[J]. 中小学管理，2021(7)：10-13.

[12] 罗滨. 初中化学教学关键问题指导[M]. 北京：高等教育出版社，2015.

[13] 罗滨. 从班主任到学生成长顾问[J]. 北京教育（普教版），2018(5)：22-23.

[14] 罗滨. 父母的教育智慧[J]. 北京教育（普教版），2019(5)：30-31.

[15] 罗滨，高淑英. "双减"背景下学校高质量发展的思考[J]. 基础教育课程，2022(1)：9-14.

[16] 罗滨. 化学教育的生命色彩[M]. 北京：中国大百科全书出版社，2013.

[17] 罗滨. 基于课程标准的区域教学改进体系[J]. 未来教育家，2019(7)：56-58.

[18] 罗滨. 基于学生创新能力发展的体验式问题解决教学[J]. 创新人才教育，2015(2)：14-17.

[19] 罗滨. 加强教研员能力建设 全面提升教研服务水平[J]. 基础教育

课程，2016(3)：28-31.

[20] 罗滨. 见证成长——海淀教研叙事[M]. 北京：中国大百科全书出版社，2022.

[21] 罗滨. 教研应为教师迎接"双减"挑战赋能[N]. 中国教育报，2022-02-05.

[22] 罗滨. 教研员核心素养：教研转型背景下的新修炼[J]. 中小学管理，2016(4)：15-17.

[23] 罗滨. 教研员十大素养促教研升级[J]. 人民教育，2016(20)：28-31.

[24] 罗滨. 教研：在高处立，向阔处行[J]. 北京教育（普教版），2019(9)：20-21.

[25] 罗滨. 教研转型服务未来教师发展[J]. 北京教育（普教版），2016(4)：23-24.

[26] 罗滨. 老师为什么要上研究课？[J]. 北京教育（普教版），2018(4)：26-27.

[27] 罗滨，林秀艳. 如何全面提升教研员的学科教研能力[J]. 人民教育，2019(21)：26-29.

[28] 罗滨，林秀艳. 如何梳理与提炼教育教学成果？[J]. 中小学管理，2019(6)：14-16.

[29] 罗滨，林秀艳，杨智君. 成果推广应用的特征分析与路径选择——以海淀进校"创建基于课程标准的区域教学改进体系"为例[J]. 中国教育学刊，2022(S1)：12-15.

[30] 罗滨. 面向未来的区域教师学习中心建设[J]. 中国教师，2015(22)：81-88.

[31] 罗滨. 名师再成长：如何从优秀到卓越[J]. 北京教育（普教版），2018(11)：22-23.

[32] 罗滨. 努力！做一名好老师[J]. 北京教育（普教版），2018(9)：24-25.

[33] 罗滨. 人才培养升级需要具有创新能力的教师[J]. 北京教育（普教版），2019(3)：16-17.

[34] 罗滨，任兴来. 大中小学思政教育一体化的教研实践——以北京市海淀区为例[J]. 思想政治课教学，2024(2)：13-17.

[35] 罗滨. 三说"好课"[J]. 北京教育（普教版），2020(4)：33-34.

[36] 罗滨. 深度学习：从课时教学目标到单元学习目标[J]. 北京教育（普教版），2018(12)：18-19.

[37] 罗滨. 什么课算是一节好课[J]. 北京教育（普教版），2018(2)：26-27.

[38] 罗滨. 项目式学习给学生带来了什么[J]. 北京教育（普教版），2018(8)：26-27.

[39] 罗滨. 新时期，我们如何家访[J]. 北京教育（普教版），2019(7)：20-21.

[40] 罗滨. 学科德育：教书与育人的统一[J]. 北京教育（普教版），2018(10)：18-19.

[41] 罗滨. 学科教研基地给学校和老师带来了什么[J]. 北京教育（普教

版），2018(6)：18-19.

[42] 罗滨. 研修转型：专业地服务教师学科育人能力提升[J]. 中国教师，2017(11)：30-33.

[43] 罗滨. 一体化协同：让课后作业更丰富有效[N]. 光明日报，2022-05-03.

[44] 罗滨，余孟孟."双减"背景下学校教育如何提质增效[J]. 新课程评论，2022(1)：74-78.

[45] 罗滨. 再说"好课"[J]. 北京教育（普教版），2019(2)：16-17.

[46] 罗滨，支瑶，任兴来. 推进思政课一体化建设，落实立德树人根本任务[J]. 北京教育（普教版），2022(6)：47-48，65-66.

[47] 罗滨. 中国教师背后那群神秘的人[J]. 北京教育（普教版），2018(3)：26-27.

[48] 王磊，魏艳玲，胡久华，等. 教师教学能力系统构成及水平层级模型研究[J]. 教师教育研究，2018，30(6)：16-24.

[49] 魏易，罗滨，林秀艳，等. 区域教研对学生学业成绩影响的实证研究——以北京市海淀区为例[J]. 华东师范大学学报（教育科学版），2021，39(5)：12-54.

[50] 曾世彬. 利用化学学科特点培养学生创新能力[J]. 四川教育，2012(Z1)：71.

[51] 张华. 体现时代精神的综合实践活动课程：理念与实践[J]. 人民教育，2017(22)：40-43.

[52] 赵杰志. 中小学骨干教师"众筹工作坊"研修模式的建构与应用——以

北京市海淀区骨干教师研修为例[J]．中国教师，2023(5)：90-94.

［53］支瑶，罗滨．浸入式研修助力教师专业成长[J]．北京教育(普教版)，2017(9)：37-38.

后 记

随着书稿的完成，我对成长增加了一些不一样的理解和感受。

人的成长是一段奇妙又独特的旅程，每个人的理解和感悟都不尽相同。成长是一个复杂的过程，既关乎年龄的增长，又是心灵、智慧和人格的不断塑造及完善的过程，还是不断探索未知、超越自我的过程。

教师的成长，就是教育情怀不断加深、教学技能不断提高、教书育人能力不断提升的过程。教师成长的意义在于把光和热传递给学生，是照亮学生，同时自己又被学生激发的过程；教师成长的过程，是坚守教育初心，既能耐得住寂寞深耕细研，又能守得住繁华，让自己不断变强、变成熟的过程。

我三十余年的教育之路，便是在教学与教研的路上，与学生、教师、教研员、校长、局长相伴，彼此给予营养，一起走向更加美好的未来的过程。这，于我而言是一段宝贵的成长之旅，使我对教育的理解更加深刻，教育视野更加开阔，教书育人的责任感和使命感更加强烈。我有幸见证了无数学生和教师的成长，也看到了集团化办学和被帮扶地区教育焕发出新的生命力，同时也在他们的陪伴下，不断反思和提升自己。我深刻体会到，教育不仅是传道受业解惑，还是塑造心灵、启迪智慧的崇高事业。

做老师，就要努力做一名好老师，爱教育，爱学科，心系学生，坚持终身学习，善于创新，致力于上好每一节课，从"园丁""蜡烛"转向"引路人""筑梦人"；要对标大先生，要信仰高、修为深、学识深，能担大任，担起引导学生成人成才的大任，唯此，才能传递生命的力量。教师工作是一场没有终点的马拉松，更是爱与信任的双向奔赴。每一名学生都是一个独特的个体，他们的成长需要悉心呵护和用心培育。在成长的道路上，我们既是同行者又是彼此的陪伴者！

2024年是习近平总书记"四有"好老师重要讲话发表十周年，我很有幸能够加入北京师范大学出版集团"'四有'好老师"系列丛书的编写团队参与丛书的编写工作。作为本书的作者，我倍感荣幸和责任重大。在撰写书稿的过程中，我努力回忆成长过程中的关键事件和重要他人，把我个人的难忘经历、理性思考和点滴感悟凝结成文字，并尽量以故事性和典型案例的方式表述出来，使本书具有鲜活的记忆、生动的印象和真挚的情感。希望本书更有代入感，与大家分享，请大家与我共同感受那些温暖的经历。怀揣虔诚，感慨良多！

在本书即将付梓之际，我要衷心感谢每一位关心、帮助、陪伴我成长的人，是你们让我走过了那些闪烁着青春光芒的日子、攻坚克难的日子。感谢领导的信任和指导！感谢专家在课程、教学、评价、学生发展、教师培养、创新人才培养、学校管理、区域发展等领域持续地专业引领和指导！特别感谢曾经在人大附中、北航附中、海淀进校、海淀区委教育工委

相伴成长

和海淀区教委一起工作的同事们，感谢海淀区学校的书记、校长和老师们，特别是化学组的小伙伴们。正是有了大家的支持、理解和鼓励，我才能在教育这条路上走得更加坚定和从容。感谢一直以来为海淀教育挥洒青春与汗水、贡献智慧与力量的前辈和同伴们！感谢我的历届学生们，是你们成长的活力和不断的反馈，激励着我成长！还要特别感谢林秀艳、杨智君、耿雅静、韩巍巍、柯珊、王刘依、刘丽丽、皮国萃老师在本书组稿过程中的大力支持与帮助！真诚地感谢在本书修改过程中提出宝贵建议的顾明远先生和编写组的专家，感谢北京师范大学出版集团的祁传华老师为本书的出版所提供的专业、细致的帮助！还要感谢我的父母、丈夫和孩子，无论何时，他们都永远地支持我，使我在工作中能够坚持一路前行！

　　成为一名人民教师是我不悔的选择，也是我毕生持续奋斗的事业和使命！期待本书能够为更多的教育同行提供一些启示和思考，也期待与大家共同探讨教育的更多可能。未来，我们不是以"能做什么"为标准，而是以"应该做什么"为准则，将国家课程落地实施为方向和目标，以学生、教师、学校的需求为方向和目标，与大家继续相伴，通过链接、引领、信任、创新来赋能，在教育的道路上不断探索前行，共创美好未来！

罗　滨

2024 年 8 月

图书在版编目（CIP）数据

相伴成长／罗滨著．—北京：北京师范大学出版社，2025.1.
（"四有"好老师系列丛书）．—ISBN 978-7-303-30134-8

Ⅰ．K825.46
中国国家版本馆 CIP 数据核字第 20244WW568 号

营 销 中 心 电 话　010-58805385
北 京 师 范 大 学 出 版 社
主题出版与重大项目策划部

XIANGBAN CHENGZHANG

出版发行：北京师范大学出版社　www.bnupg.com
　　　　　北京市西城区新街口外大街 12-3 号
　　　　　邮政编码：100088
印　　刷：北京盛通印刷股份有限公司
经　　销：全国新华书店
开　　本：730 mm×980 mm　1/16
印　　张：24
字　　数：271 千字
版　　次：2025 年 1 月第 1 版
印　　次：2025 年 1 月第 1 次印刷
定　　价：98.00 元

策划编辑：祁传华	责任编辑：朱冉冉
美术编辑：王齐云	装帧设计：王齐云
责任校对：陈　民	责任印制：马　洁　赵　龙

版权所有　侵权必究

反盗版、侵权举报电话：010-58800697
北京读者服务部电话：010-58808104
外埠邮购电话：010-58808083
本书如有印装质量问题，请与印制管理部联系调换。
印制管理部电话：010-58808284